21世纪全国高职高专旅游系列规划教材

中国旅游地理

主　编　于春雨
副主编　孔德慧
参　编　鄂　华　宋书武

内容简介

编者为了适应当前我国旅游行业发展及旅游管理职业教育与导游、计调和景区规划专业人才培养需求，适应高职高专院校和应用型本科院校教学需要编写了本书。本书结合全国导游员资格证书考试的基本要求，以职业活动为导向，以职业技能为核心，以职业能力为目标，将理论与实践相结合、学习与应用相结合，旨在普及旅游地理知识，可以提高学生导游、计调与景区规划技能。本书共分为13章，系统地介绍了自然旅游资源、人文旅游资源、中国旅游交通与旅游路线、中国旅游区划、冰雪森林旅游区、大漠丝绸与草原旅游区、雪域藏乡旅游区、喀斯特与民族风情旅游区、山川巴楚文化旅游区、岭南山海风情旅游区、都市园林江南水乡旅游区、中原腹地名山胜水旅游区。

本书内容丰富、通俗易懂，融知识性、趣味性、故事性、历史性为一体，并以知识链接的形式，采取配合景点图片、历史故事、传说故事等手段来帮助学生加强记忆。

本书既可作为高职高专院校和应用型本科院校学生的专业教材，也可作为旅游爱好者的参考用书。

图书在版编目(CIP)数据

中国旅游地理/于春雨主编．—北京：北京大学出版社，2013.8
(21世纪全国高职高专旅游系列规划教材)
ISBN 978-7-301-23013-8

Ⅰ.①中…　Ⅱ.①于…　Ⅲ.①旅游地理学—中国—高等职业教育—教材　Ⅳ.①F592.99

中国版本图书馆CIP数据核字(2013)第187308号

书　　名：中国旅游地理
著作责任者：于春雨　主编
策 划 编 辑：刘国明
责 任 编 辑：刘国明
标 准 书 号：ISBN 978-7-301-23013-8/F·3714
出 版 发 行：北京大学出版社
地　　址：北京市海淀区成府路205号　100871
网　　址：http://www.pup.cn　新浪官方微博:@北京大学出版社
电 子 信 箱：pup_6@163.com
电　　话：邮购部62752015　发行部62750672　编辑部62750667　出版部62754962
印 刷 者：北京鑫海金澳胶印有限公司
经 销 者：新华书店
787毫米×1092毫米　16开本　19.75印张　468千字
2013年8月第1版　2013年8月第1次印刷
定　　价：37.00元

未经许可，不得以任何方式复制或抄袭本书之部分或全部内容。
版权所有，侵权必究
举报电话：010-62752024　电子信箱：fd@pup.pku.edu.cn

前　言

本书适合作为高职高专院校和本科院校旅游管理专业的教材，学生通过学习本书，可以为后续的专业学习和发展奠定基础，提高旅游管理的基本素养。编者借鉴和吸收了中国旅游地理相关理论和实践前沿的最新成果，主要根据高职人才培养目标的要求，兼顾应用型本科人才培养目标要求编写了本书。

本书的每部分内容都力求从实际应用出发，教会学生运用旅游地理知识解决旅游实际问题，用旅游地理的知识和理论，以创新思维指导实践活动。本书系统地讲述了有关旅游地理的基础理论、基本知识，尤其是中国旅游资源的基本特征、时空分布及其形成原因，分别介绍了我国各个旅游区的地理环境、资源，各地著名的旅游景点和重要的旅游线路。在编写本书的过程中，编者努力突出以下特点。

（1）编排形式活泼，结构合理。本书以激发阅读兴趣为出发点，以学习任务、知识导读为引导，每章均设有贴士导入、知识链接、课堂讨论、小结、课堂小资料、考考你等模块，便于读者阅读和理解相关知识。

（2）内容丰富多样，且加入了大量传说故事、诗词及景区景点图片，图文并茂，相得益彰。知识链接、课堂小资料的补充阅读，使学生在学习中国旅游地理基础知识的同时，可以提升文化素养、增长见闻。美丽图景的展现，使读者在阅读文字的同时，能更直观地体验到景点的美。以文字和图片相结合的方式，使学生更乐于去学习，更享受学习的过程。

（3）课后练习设计体现“知识、素质、能力三位一体”的思想，全方位培养学生成才。通过相关环节的设计，让学生更牢固地掌握其所学过的知识，使其更熟悉热点景区；调查熟悉的景区，分析景区的资源特征，帮助景区规划；运用旅游地理的基础知识，结合相应景点，编写导游词，锻炼就业能力；设计旅游路线，丰富市场现有旅游产品，培养学生创新能力，锻炼学生的职业技能，侧重强化知识应用和实践操作。因此，本书具有一定的新颖性、职业性、实践性和示范性。

（4）配合导游员资格证书考试，培养学生就业能力。本书涵盖了全国导游资格证考试的全国导游基础知识、黑龙江导游基础知识与导游业务等内容，使学生既能学习专业知识，又能学习有关导游员资格证书的知识，是学生和广大社会工作者考取导游员资格证书的参考用书。

本书重点突出，条理清晰，深入浅出，通俗易懂，并且注重理论与实践相结合，突出高职高专和应用型本科教学注重能力培养这条主线，有机地融合知识、技术、能力、素质等要素，结合实际强化训练，注重适应性、实用性和针对性，以方便学生学以致用，学有所成，具有前瞻性和可操作性。

本书由黑龙江工业学院的于春雨担任主编，由孔德慧担任副主编。本书的具体编写分工如下：第1~6章由于春雨编写，第7章、第11章、第12章由孔德慧编写，第9章和第10章由黑龙江工业学院鄂华编写，第8章和第13章由黑龙江林业职业技术

学院宋书武编写，全书由于春雨统稿。编者在编写本书的过程中参阅了大量的书籍，在此对其作者表示诚挚的谢意。

由于编写时间及编者水平有限，本书难免存在不足之处，恳请读者批评指正，为以后的修订提出宝贵意见，使本书日臻完善。

编　者

2013年3月

目　　录

1　绪论 …… 1

1.1　旅游地理学简介 …… 2
1.2　中国旅游地理简介 …… 3
1.3　旅游资源简介 …… 4

2　自然旅游资源 …… 17

2.1　地质地貌旅游资源 …… 18
2.2　水体旅游资源 …… 31
2.3　气象气候旅游资源 …… 39
2.4　生物旅游资源 …… 44
2.5　自然保护区 …… 50

3　人文旅游资源 …… 55

3.1　历史古迹类旅游资源 …… 56
3.2　宗教文化类旅游资源 …… 67
3.3　园林类旅游资源 …… 76
3.4　古城与民族民俗类旅游资源 …… 84

4　中国旅游交通与旅游路线 …… 95

4.1　中国旅游交通地理 …… 96
4.2　旅游线路设计 …… 100

5　中国旅游区划 …… 110

5.1　旅游点与旅游地 …… 111
5.2　旅游区与旅游区划 …… 115

6　冰雪森林旅游区 …… 124

6.1　冰雪森林旅游区概述 …… 125
6.2　黑龙江旅游亚区 …… 127
6.3　吉林旅游亚区 …… 133
6.4　辽宁旅游亚区 …… 136

7　大漠丝绸与草原旅游区 …… 143

7.1　大漠丝绸与草原旅游区概述 …… 144
7.2　甘肃旅游亚区 …… 146
7.3　新疆旅游亚区 …… 153
7.4　内蒙古旅游亚区 …… 158
7.5　宁夏旅游亚区 …… 163

8　雪域藏乡旅游区 …… 168

8.1　雪域藏乡旅游区概述 …… 169
8.2　西藏旅游亚区 …… 170
8.3　青海旅游亚区 …… 176

9　喀斯特民族风情旅游区 …… 182

9.1　喀斯特民族风情旅游区概述 …… 183
9.2　广西旅游亚区 …… 184
9.3　贵州旅游亚区 …… 187
9.4　云南旅游亚区 …… 194

10　山川巴楚文化旅游区 …… 204

10.1　山川巴楚文化旅游区概述 …… 205
10.2　四川旅游亚区 …… 207
10.3　重庆旅游亚区 …… 212
10.4　湖北旅游亚区 …… 215
10.5　湖南旅游亚区 …… 219

11　岭南山海风情旅游区 …… 226

11.1　岭南山海风情旅游区概述 …… 227
11.2　福建旅游亚区 …… 228
11.3　广东旅游亚区 …… 233
11.4　海南旅游亚区 …… 238
11.5　港澳台旅游亚区 …… 242

12　都市园林江南水乡旅游区 …… 250

12.1　都市园林江南水乡旅游区概述 …… 251
12.2　上海旅游亚区 …… 253
12.3　江苏旅游亚区 …… 258
12.4　安徽旅游亚区 …… 263
12.5　浙江旅游亚区 …… 267

12.6 江西旅游亚区 …………………… 273

13 中原腹地名山胜水旅游区 ……… 279

13.1 中原腹地名山胜水旅游区概述 …………………………… 280
13.2 北京旅游亚区 …………………… 282
13.3 天津旅游亚区 …………………… 286
13.4 河北旅游亚区 …………………… 289
13.5 山东旅游亚区 …………………… 292
13.6 河南旅游亚区 …………………… 297
13.7 山西旅游亚区 …………………… 300
13.8 陕西旅游亚区 …………………… 304

参考文献 ………………………………… 308

1

绪论

学习任务

（1）了解旅游地理学的相关内容。
（2）了解中国旅游地理的相关内容。
（3）熟悉旅游资源的特点与审美。

知识导读

中国旅游地理的学习，应是在了解旅游地理一般理论与方法的基础上，掌握中国及不同等级旅游区各组成要素的基本特征及主要特色，对其重要景区及旅游线路有所了解。中国国土广袤，山川秀丽，历史源远流长，文化灿烂夺目，民族众多，物产丰富，工艺美妙绝伦。因而，中国旅游具有广阔的发展前景。

1.1 旅游地理学简介

学习内容

（1）熟悉旅游地理学的概念。
（2）了解旅游地理学与旅游地理的区别。
（3）了解旅游地理学研究的基本内容。

贴示导入

旅游地理学是研究人类旅行游览与地理环境关系的学科，旅游地理学不仅同地理学的许多分支关系密切，而且与社会学、民俗学、考古学、历史学、建筑学、园林学、经济学彼此渗透，因此它又是一门边缘学科。

深度学习

1.1.1 旅游地理学的概念及与旅游地理的区别

1. 旅游地理学的概念

旅游地理学是研究人类的旅游活动与地理环境关系的一门新兴学科。

2. 旅游地理学与旅游地理的区别

旅游地理学偏重于对旅游地理理论的研究和阐述；旅游地理是在旅游地理理论的指导下对某一特定区域内旅游事实的记述和分析。

1.1.2 旅游地理学研究的基本内容

1. 旅游客源的研究

旅游客源的研究包括旅游产生的条件及其地理背景、旅游者行为规律、旅游流的预测等。

2. 旅游资源的研究

旅游资源的研究包括旅游资源的界定与分类、旅游资源的调查与评价等。

3. 旅游区划的研究

旅游区划的研究包括旅游区划的理论依据与区划方案。

4. 区域旅游发展规划的制定

区域旅游发展规划的制定包括旅游环境容量的估算、旅游通道的评估与建设、区域旅游开发的综合条件评价、区域旅游发展战略的制定、旅游地的规划等。

5. 旅游开发的区域影响研究

旅游开发的区域影响研究包括旅游开发对区域经济、环境与社会文化等方面的正面和负面影响。

6. 旅游信息系统与旅游地图的研究

旅游信息系统与旅游地图的研究包括旅游地理信息系统的建立和运用、旅游地图的绘制与表现形式等。

1.2　中国旅游地理简介

学习内容

（1）熟悉中国旅游地理研究的基本内容。
（2）掌握中国旅游地理的学习方法。

贴示导入

中国旅游交通网密集、旅游路线众多，旅游地域博大，旅游资源丰富，需要进行科学的区划、系统的学习，并掌握科学的学习方法。

深度学习

1.2.1　中国旅游地理研究的基本内容

中国旅游地理是一门在旅游地理学理论指导下关于区域旅游地理研究的学问，主要研究中国旅游地理环境、中国旅游地理、中国旅游客源与旅游地理、中国旅游服务地理、中国旅游区域开发、中国旅游区划与分区旅游地理。

为适应高等职业教育教学特点，本着“必需、够用”的原则，本书的研究内容有以下几个方面。

1. 旅游资源特点与审美

旅游资源包括共同特点、自然旅游资源与人文旅游资源的各自特点及审美。

2. 自然旅游资源

自然旅游资源包括分类、典型代表、特征和分布规律等。

3. 人文旅游资源

人文旅游资源包括人文旅游资源的分类、各类人文旅游资源的特征和表现等。

4. 旅游交通与旅游路线

旅游交通与旅游路线包括中国旅游交通线网分布、旅游路线设计原则、中国主要旅游路线。

5. 旅游区划

旅游区划包括旅游点及其建设、旅游地及其类型、中国旅游区划方案、相关分区内容。

1.2.2 中国旅游地理的学习方法

1. 地图辅助学习法

以中国地图及各地地图作为辅助学习工具，把课本的有关内容落实到图上，就会更为清楚明了，容易掌握。

2. 理论联系实际学习法

对书本上介绍的内容进行实地考察，不仅能增强理解，加深印象，而且可能会有新发现，产生新的体验。

3. 对比分析学习法

有比较才有鉴别，有鉴别才能学习到精确的内容。可以比较各地区旅游业发展的优势条件及旅游特色。

4. 阅读拓展学习法

中国旅游地理所涉及的知识面相当广，但各门相关知识又不可能在书本中系统介绍，因此对于其中的一些内容必须采用阅读拓展知识领域，才能学得更深更透。例如，学到园林旅游资源，可以阅读《中国园林史话》、《中国园林美学》等参考书。

5. 综合分析与主导原则法

旅游涉及面广，影响旅游业及区域旅游特色的因素较多，在进行区域旅游分析时，除进行各种要素的综合分析外，还要找出对区域旅游影响最大的主导因素，总结出区域旅游的特征。

1.3 旅游资源简介

学习内容

（1）掌握旅游资源的概念和分类。

（2）熟悉旅游资源的特点与审美。

贴示导入

中国的旅游资源种类繁多，吸引力强，自然旅游资源与人文旅游资源异彩纷呈，各具美感，如泰山之雄、黄果树瀑布之磅礴、故宫之精美、秦始皇陵之震撼。对这些旅游资源进行特点归纳和审美分析，将会促进中国旅游资源和旅游业的可持续发展，造福子孙后代。

深度学习

1.3.1 旅游资源的概念和分类

1. 旅游资源的概念

凡能够吸引旅游者产生旅游动机，并可能被利用来开展旅游活动的各种自然、人文客体或其他因素，都可被称为旅游资源。

（1）对游客的吸引力是旅游资源实用价值和基础性的主要体现。游客之所以到某一旅游地去旅游，就是因为这一旅游地有吸引游客的对象，如独具特色的民居建筑、异彩纷呈的民族服饰和饮食文化。

（2）旅游吸引力是判别是否属于旅游资源的重要依据。只有那些对社会旅游者有一定吸引力，有可能被旅游业所利用的内容才算旅游资源，如雄浑奇伟的名山大川、名泉飞瀑。像具有山石景观美的桂林漓江象鼻山、雁荡山的合掌峰；一些名厨师，造诣较高的书法家、艺术家，不仅他们的作品或产品被旅游者欣赏或享受，而且他们的劳动服务过程也可吸引游人参观。

（3）旅游资源既包括未被开发利用内容，也包括已被开发利用的内容。未被开发利用的内容，如一些原始的、人迹罕至的地点，经过开发可以被旅游业所利用，是旅游资源；已经开发的内容还可以继续开发，重复使用，如“水光潋艳晴方好，山色空蒙雨亦奇”的西湖、建筑艺术精美的孔庙等。

（4）旅游资源的范围在不断扩大。随着社会的进步，人们旅游需求的多样化、个性化，旅游资源的范畴在不断扩大。保健旅游、生态旅游、文化旅游的兴起；旅游的地点由地面到了空中、水下，战争遗址和皇家禁地成了旅游景点；综合大型游乐场（迪士尼）、微缩集锦式公园的出现。

（5）旅游资源既有物质的也有非物质的，既有有形的也有无形的。自然界赋存的瀑布、湖泊、森林、动物等，以及人工创造的、历史遗存的园林、宫殿等，都是有形的、物质的旅游资源。文化艺术、高尚的品德、神话故事、热情的服务等，是无形的、非物质的。例如黄鹤楼是有形的、物质的，仙人驾鹤而去的神话故事与崔颢的《黄鹤楼》诗是无形的、非物质的。

知识链接

人文旅游资源价值与时间存在着明显的正相关关系。对于自然旅游资源，人们错误地认为其不含人类劳动，是无价值之物，故无需进行价值补偿。实际上，许多无法用货币单位表明其自身价值的自然旅游资源，恰恰是它有价值的表现。

2. 旅游资源的分类

“两分法”分类方案是指把旅游资源首先分为人文与自然两大系列的一种分类系统。

1）人文旅游资源

城镇类可以分为历史文化名城、现代都市、特色城镇。

社会风情类可以分为民俗、购物。

文学艺术类可以分为游记、诗词、楹联、题刻、神话传说、影视、戏曲、书法、绘画。

历史古迹类可以分为古人类、古战场、名人遗址、重要史迹、其他古迹。

古建筑类可以分为防御工程、宫殿、水利、交通工程、瞭望观赏建筑、起居建筑。

陵墓类可以分为帝王墓、名人墓、其他。

园林类可以分为皇家园林、私家园林、寺观、公共游憩。

宗教类可以分为佛教、基督教、伊斯兰教、道教。

知识链接

平山堂位于扬州瘦西湖畔蜀岗中峰上，大明寺西侧。堂前古藤纠结，芭蕉肥美，“平山堂”三字匾额高悬于通堂式的敞厅之上。这是北宋庆历八年（1048 年），文学家欧阳修任扬州太守时营建的，他经常在这里饮酒、赏景、作诗。坐在堂内，南望江南远山，正与堂栏相平，故取名平山堂。

2）自然旅游资源

地质类可以分为岩石、化石、地层、构造遗迹、地震灾害遗迹。

地貌类可以分为山地、峡谷、喀斯特（岩溶）、风蚀风积景观、冰川遗迹、火山熔岩、黄土景观、丹霞地貌（丹霞山，如图 1.1 所示）、海岸与岛礁等。

水体类可以分为河川、瀑布、泉、海洋、湖泊（兴凯湖，如图 1.2 所示）。

气象气候类可以分为气象、气候、天象。

动植物类可以分为动物、植物、动植物园。

综合景观类可以分为自然保护区、田园风光、其他综合景观。

图 1.1　丹霞山

图 1.2　兴凯湖

1.3.2　旅游资源的特点与审美

1. 旅游资源的特点

1）旅游资源的共同特点

（1）广域性。旅游资源在地域分布上十分广泛，在地球上不同的区域都有旅游资源的分布，地球上各区域不存在是否有旅游资源的问题，而只存在旅游资源时空分布结构的问题。

（2）区域性。旅游资源的区域差异是客观存在的。地理环境的区域分布规律主要制约着自然地理环境，而人总是生活在一定的自然地理环境中，他们在适应自然的过程中，创造出灿烂的文化。这些文化不可避免地带上一定的地域色彩，如蒙古包、竹楼、四合院等。

知识链接

云南西双版纳在23°N线以南，气候炎热、多雨。人们为了避热、避湿，多建竹楼，往往搭傣家竹楼而居，如图 1.3 所示。

柯尔克孜族初来黑龙江时，住的是蒙古包。这种穹庐式建筑非常适合游牧生活，冬暖夏凉，轻便而易于拆卸，如图 1.4 所示。

图 1.3　傣家竹楼

图 1.4　蒙古包

（3）不可移动性。与旅游资源相适应的环境是旅游资源个性特征及内涵存在的必要条件。例如，民族歌舞可以在大都市上演，却失去了在它的故乡浓郁的风情。不少旅游资源也难于迁移，如名山胜水、海洋湖泊；微缩景观不能与原物相比，而且它也变成了一项新的旅游资源种类；自然类的旅游资源是在一定自然地理条件下形成的，无论其形态特征、生态环境还是旅游功能都是不可移植的。所谓泰山雄、黄山奇给人们的总体感受是不可以仿造的。旅游资源的不可移动性，保障了其在旅游业发展中的绝对垄断地位。

（4）组合性。旅游资源的组合性特征是指孤立的景物要素很难形成具有吸引力的旅游资源。例如，长江要形成风景走廊，是其两岸的远山近木、民风民俗、古建筑古战场、水乡泽国共同作用的结果。

旅游资源的结构是旅游资源的地质地貌、水体、植被、建筑、人文特色等要素的构成比例关系。旅游资源构成要素为山、水、天气、花木、建筑物、人文特色，它们之间可以排列成多种组合。

① 山水组合，是自然景观中最典型的结合体，所谓“山为水之筋骨，水为山之血脉”。古今文人不乏对美丽的山水风光的赞美之词，如“山清水秀”；毛泽东描绘庐山与长江的组合“一山飞峙大江边，跃上葱茏四百旋”。

知识链接

古人有诗赞美桂林风景：“撑空拔地碧波连，洞府桃源别有天。明秀共推天下甲，江山如画入图妍。”桂林的山清、水秀、洞奇被誉为桂林三绝，而孤峰和峰林又是桂林山水三绝之首。江水蜿蜒于群山之中，奇峰林立，形态万千，像玉笋、翠屏、笔架、老人、斗鸡，引人入胜。漓江和阳江汇流处的象鼻山，其形奇特、逼真。

② 建筑与植被的组合。巴西的库里提巴市的建筑墙壁处处是绿草，该市居民将土壤、肥料、草籽贮入空心砖内，才砌成大楼，很快长满绿色枝叶，隔热、隔音、净化空气。

知识链接

哥斯达黎加的萨而塞罗镇有一座用树木整形出的“绿色动物园”，园内有大象漫步、牛羊伫立、猴子嬉戏、孔雀开屏、长颈鹿远眺，长廊上还垂盘着六七米长的绿色巨蟒，这一切都是用意大利柏雕成的。有些国家还用花木拼成花钟，德国柏林玫瑰园用花草组成钟面的阿拉伯数字，用日晷的投影来指示这些数字，显示时间。还有一种特殊花钟是用花的生物钟来显示时间。例如，马来西亚的新宝树花凌晨3时开花，牵牛花4时，蔷薇花5时，龙葵花6时，芍药7时，莲花8时，夜来香20时，昙花21时。

（5）重复使用性。绝大多数旅游资源都具有长期重复使用的价值，旅游资源供旅游者就地享用，游客不可能占为己有，更无法随身带走。旅游者买到的是经历，带走的是感觉，旅游资源却安然不动。但是旅游资源也需要人进行保护，并为其存在创造良好的条件，否则旅游资源一旦被破坏将很难恢复。

（6）文化属性。一般的旅游资源都具有一定的文化内涵，即蕴藏着一定的科学性和自然或社会的哲理。一井、一石、一园都是有文化和故事的。

历史故事

珍妃井在紫禁城外东路的最北端。珍妃是光绪帝的宠妃，13 岁与姐姐瑾妃同时被选入宫中。她美丽聪慧，很得光绪的欢心，但她的受宠引起了隆裕皇后的忌妒，因而常在慈禧面前说她的坏话。珍妃思想较开放，当年光绪支持变法时，她也积极支持，为此遭到了慈禧的拷打。光绪二十四年（1898 年），慈禧捕杀维新六君子，把光绪幽禁在瀛台，将珍妃打入冷宫。光绪二十六年（1990 年），八国联军入侵北京，慈禧挟光绪逃往西安。临走前，她命太监总管将珍妃从冷宫中引出，以洋兵来犯难免受侮辱为借口，逼珍妃跳井。珍妃不从，慈禧命太监二总管崔玉桂强行把她推下井去，这时珍妃才 25 岁。次年光绪帝回京后，才把尸体打捞上来，追封珍妃为皇贵妃。慈禧死后，珍妃姐姐瑾妃在井北面设珍妃灵堂名怀远堂，每逢初一、十五就派人烧香祭奠。

旅游活动本身就是一种文化交流活动，文化修养和精神境界的高低直接影响人们对旅游景观的欣赏水平。例如，甲骨文具有很高的历史价值，但不可能吸引大批的人去观赏。

2）自然旅游资源的特点

（1）天然性。如果违背了生态规律，会造成资源、整个生态环境的破坏，旅游资源也就荡然无存。例如，旅游洞穴具有丰富的可供人们观赏和科学研究的古人的艺术品、人类活动遗迹、古人类和古生物化石等，但一经破坏就很难恢复。许多地方的经济效益却是以牺牲洞穴景观和洞穴生态环境为巨大代价取得的。

（2）季节与时限性。不同的季节、不同的气候条件下，自然景观有所不同。例如，我国亚热带以北的山地，春季山花烂漫，夏季浓荫滴翠，秋季色彩斑斓，冬季满目萧条。有些景观只能出现在一定时间内，如吉林树挂、北京香山红叶、钱塘江大潮等。有些则是一天内的变化，如朝霞夕阳。有些造型地貌，一日之内由于光影变化也会呈现不同形态。例如，雁荡山的合掌峰，到了夜幕降临时又成了夫妻峰。自然界中许多景物变化还有随机特点，如佛光、蜃景（海市蜃楼）等。

（3）地带性。构成自然景观的要素是地质地貌、水文气象、动植物等，这些自然地理因素必然受三方面影响。一是纬度地带性影响，不同纬度地区受到太阳辐射的程度不同，各地的热量条件也因此不同；二是受经度地带性影响，如海洋和大陆的不同存在；三是垂直地带性影响，海拔较高的山地，随山势高度，景色发生变化。

知识链接

纬度地带性分异规律：由于太阳辐射在地表按纬度分布不均，形成了各自然景观带东西延伸，沿着纬度变化的方向作有规律的更替。

经度地带性分异规律：在海陆分布因素影响下，由于水分条件的差异，从滨海往内陆方向显示出各种自然景观带大致沿着经度变化的方向逐渐更替。

垂直地带性分异规律：由于海拔的不同，从山麓到山顶的水热状况随着海拔高度的增加而变化。

3）人文旅游资源的特点

（1）人为性。人文旅游资源是人类创造的精神财富和物质财富，许多都是在自然基础上建立的，是自然美与人工美的结合。随着人类社会的发展、对旅游需求的扩大及旅游需求的多样化，必将会出现更多的可以满足各类人多种多样需求的人文旅游资源，以及和自然旅游相互融合的多样化的资源。

知识链接

德国科隆市修建了世界上唯一的巧克力博物馆，这座造型优美的船型建筑物拔地而起，馆前大门口有一个巨大的巧克力液体喷泉，游客只要把饼干往里一浸，即可吃到尚带余温、美味可口的巧克力饼。进入馆内，游客首先通过一个长长的温室过道，那里种植着开满白花的可可树。再往里走，展厅里陈列着各种干可可豆，工作人员将它们烧煮和碾磨后，再将可可粉抬到馆后的现代化车间里，加入牛奶和糖，在游客面前制成各式各样的巧克力。

（2）时代性。不同历史阶段、不同制度的国家，不同的民族，由于生产水平、科学技术、审美观点、道德规范不同，其人文景观的建造水平、风格、性质也就不同。有些内容在资本主义国家社会中可作为人文旅游资源，如美国拉斯维加斯赌城的种种赌技、赌具及与之配套的服务行业，泰国的人妖表演；而在社会主义制度的国家中，这是绝对不合法的。第二次世界大战中德国法西斯建立的赫尔辛基集中营、奥斯陆集中营，当时是法西斯血腥的杀人场所；法国的马其诺防线坑道堡垒是戒备森严的防御工事，今天作为历史的见证，是追讨法西斯罪行的有力武器。人文旅游资源具有随社会时代变化而性质变化的特点。

（3）文化内涵的丰富性。不同的人文旅游资源具有其特定的文化内涵，这些文化内容可以以一定的物质实体为载体，如古建筑、服饰、园林等，也可以是一些纯粹的人文精神文化的东西，如历史事件、传说典故、文学人物、诗词书画、民族风情等。有形的载体和无形的精神文化内容相互依赖、相互渗透，共同形成独具吸引力的资源。从秦始皇封泰山开始有摩崖题刻的做法，以后相沿而成习尚，题刻的作者多为帝王、名流、高僧、文人、墨客，不少题刻已成为传诵一时的篇章、书法艺

术的珍品；《岳阳楼记》、《滕王阁序》等使这些名楼名阁流传千古，所谓文因景名，景借文传。我们要挖掘其丰富的文化内涵，开阔思路，发现、形成、创造独具特色的旅游资源。

2. 旅游资源的审美

1）旅游资源美感分析

（1）形态美。无论是自然存在还是人类社会的产物，无不以某种形态而存在，包括体量、形状、色彩、线条、结构等。形态美包括以下几种。

① 雄，即雄伟、雄壮、壮丽、宏伟、雄浑等。人们常须用高仰角来观看，有压顶之势或铺天盖地、席卷一切之态，如“天下雄”的泰山、浩瀚的海洋、汹涌的江河、巨大的建筑物等。雄伟之美会使人产生仰慕敬畏，增人豪情，催人奋进。

② 险，即险峻、陡峭、岌岌可危等。高挺而陡峭，必须是“有惊无险”的。华山有“天下险”之称，即因其海拔为 2 200 米，且四壁陡峭如刀削斧劈，而路宽几乎不容置足，有“韩愈投书”的典故。黄山“鲤鱼背”、武陵源“天生桥”及“三根马尾吊半空”的浑源悬空寺等，都是“险”的代表。险峻之美激励人们不畏险阻，百折不挠，奋力进取。

③ 幽，即幽深、幽静、幽邃、幽暗、清幽等。其形势必曲、必静，光线也多数较暗，游人的视野受到局限，即“曲径通幽”。“青城天下幽”，是因为青城山竹树繁茂，山路曲折而静谧，人行山中，瞻前顾后皆疑无路，竟难辨身处何地。其他，如雁荡山筋竹涧、武夷山桃源洞等处亦以“幽”取胜。“幽”有“移步换形”之妙，同舒朗旷远成为对照，可成“柳暗花明又一村”的效果，所以在我国古典园林中常使用此种手法。“幽”的环境使人超然物外，可助人潜心静思，最宜养性颐情。

④ 秀，即秀丽、秀美、优美、柔美等。是体量较小、结构匀称而且线条柔美、富于弹性的事物。美术家和诗人都曾指出蛇形（波形）曲线是最优美的。“天下秀”峨眉山，因其主峰高 3 099 米，然而其大多数地区山势蜿蜒起伏，且植物蓊郁，岩石较少裸露，林木随风偃伏，形成富于弹性的曲线。秀美之境使人心绪平和，利于愉情养神，使人感到陶然自得，舒畅自由。

⑤ 奇，即奇特、奇丽、奇绝、怪诞、诡异等。因其数量稀少难觅，或因其特色突出、形态特异，或因其互相配合构成出人意料之情景。黄山有松、石、云、泉“四绝”，素有“天下奇”之称。其他，如桂林的“无山不洞，无洞不奇”、泉州的“碧玉球”、新疆乌尔禾的“魔鬼城”等。

知识链接

人文旅游资源中也不乏此种奇特之物，如承德避暑山庄的“月牙湖”、五台山的“滴水殿”、广西容县柱脚竟悬空不落地的“经略台真武阁”、甘肃武威古雷台出土的汉代“天马”等，构思之巧妙均出人意料。“天马”甚至被作为中国旅游的标志。

旅游资源或体现了自然界的天斧神工，或表现出人类的奇思巧构。有时某些因素的巧妙配合更有出奇之妙。雁荡山有二峰相临相对，而在高处正有一圆石夹在其间，故被称为“含珠峰”；北京慕田峪长城有“鸳鸯松”，一干而二枝，奇在其一枝为油松，另一枝为马尾松，而且天衣无缝。

知识链接

北京房山有花盆山，紧倚一上大下小的高约3米的巨石生长一古松，自山下远望恰如花枝摇曳的花盆。黄山有一巨石形似喜鹊，其旁恰有一松，构成了喜鹊登梅。奇特美启迪人的智慧，激励人们勇于创造和敢于超越的精神。

⑥ 旷，即旷远、辽阔、敞旷、浩渺、空阔等。人们的视线没有阻隔，放眼四望茫无际涯。如浩渺的水面、苍茫的原野等。杜甫《望岳》：“会当凌绝峰，一览众山小。”古诗《敕勒川》：“天苍苍，野茫茫，风吹草低见牛羊。”等所描写的均为旷景，在单纯与变化的协调中透出无限生机。旷远美使人解脱忧烦，心胸开阔，心情豁达，行事干练。

⑦ 野，即天然未凿、富有野趣、古朴等。纯属自然，妙境天成，“天然无雕饰”，或保持较古朴而少受现代文明影响者。

知识链接

王维《使至塞上》：“大漠孤烟直，长河落日圆”，是大漠荒原之野。李华《春行即兴》：“芳树无人花自落，春山一路鸟空啼”，是山林之野。李白《送友人入蜀》：“见说蚕丛路，崎岖不易行；山从人面起，云傍马头生”，是深山之野。岑参《走马川行奉送封大夫出师西征》：“君不见走马川，雪海边，平沙莽莽黄入天；轮台九月风夜吼，一川碎石大如斗，随风满地石乱走”，是边塞之野。

（2）色彩美。色是物的基本属性之一，凡物有其形即必有其色。红叶自古受到人们的赞赏，其实有些红叶树本身并不很美（如黄栌），但当满山一片火红的时候，欣赏的是整体上的生命的蓬勃活力。正像杜牧《山行》所云：“霜叶红于二月花”。“香雪海”（梅林）、林海雪原以其纯白洁净而富有魅力。九寨沟的美景给人影响最深的是其斑斓缤纷的色彩。

黑也是一种颜色，尤其是它能够有力地衬托出亮色的美。一切无关的因素都被黑色遮掩了，从而使明亮的色彩更为突出醒目。这正如杜甫在《春夜喜雨》中所描写的：“野径云俱黑，江船火独明。”香港、重庆等城市的夜景比白天更有魅力的原因即在于此。

不同国家或地区对某些颜色的理解有差别，在旅游接待中应注意这一点，在饭店建设中亦不可忽视色彩的运用。餐厅不可使用黄色，因为黄色会使人厌食；某饭店以

黑白二色为基调，在白墙上装饰着黑色饰物，工作人员身着黑色工作服，对经营造成了不利影响。

（3）声音美。声音效果有时还是某些旅游点的特色。俞越《九溪十八涧》诗真切地描写出杭州九溪十八涧的美景："重重叠叠山，曲曲环环路，咚咚叮叮泉，高高下下树。"这里既有形、色，也有声音之趣。北京天坛皇穹宇和圜丘中央的"亿万景（影）从石"、山西永济普救寺舍利塔、洛阳齐云塔等，都有回音之趣，有"此时无声胜有声"；而有时适当的声音却有助于创造幽静的气氛，此即所谓"鸟鸣山更幽"。

（4）嗅觉美。在中国古典园林中，很注意制造嗅觉美，番禺余荫山房的主要建筑之一即为"闻木樨香"。而且此种美感不同于其他美感，它诱使人们去亲自品尝体验。所以美食、佳酿、名茶、鲜果都成为旅游中不可缺少的项目，若有甘泉也定然引起游人品尝的兴趣，都包含着丰富的文化内涵。

（5）质感美。质感是物质的各种物理或化学属性，如硬度、温度、色彩、比重、弹性、韧性、光泽、光洁度、牢固度、稳定性等，对人的各种感官刺激所形成的综合印象。自然界的冰雪、草原、岩石等有时也以特殊的质感而引人注目。由于不同物质均有其特殊的质感，因而人们往往利用质感的作用，想方设法使普通的物质具有珍贵物质的质感，以提高其身价，如仿毛化纤织物、仿象牙塑料制品、仿金氧化铝制品、仿玉料器等。在旅游开发中，为了求得与环境的统一和谐，人们也常常利用质感效果，如用水泥模仿竹木或岩石、用玻璃钢模仿汉白玉进行雕塑等。

（6）动态美。运动有相对性，云飞而山摇，车行而地转，就是明显的例证。这是其空间位置相对变化的结果。静止的物体也能够产生动态。例如，由于地壳和岩浆运动造成倾斜的岩石"层理"，由于岩石纹理与植物共同组成的某种形态（如桂林漓江沿岸的"九马画山"），中国建筑中的飞檐等，都给人以动感；有一些建筑为了取得动态效果而建造为倾斜（包括螺旋）以至倒三角形，服饰上的不对称等。动态美使人活泼、有朝气，激励人进取。

（7）形式美。自然界许多物体都具有一定的组织结构。其形状、线条、色彩等都表现出整齐、对称、均衡、对比、节奏、多样统一的美，如岩石、动物羽毛的花纹等多是如此。在人类社会中，不自觉地运用了上述原则，并有所发展和创造。例如，在建筑、服饰、艺术等许多领域中都经常运用"黄金分割"、对比、对称、均衡、节奏、和谐等原则。优秀的建筑正是以此而被称为"凝固的乐章"。当然，和谐已经不仅局限于形式美，它更要求内容与形式的高度统一、单体与环境的高度统一。

（8）朦胧美。因照明强度较弱、距离较远、能见度较低或被其他事物半遮半掩所造成的虚无飘渺、似有若无的形象而产生的美感。朦胧美是对象隐隐约约、半为感受半为想象而产生的美感。它多是由于光线不足、烟雨飘忽、不同空气层的波动、水中倒影等原因形成。此种朦胧景固然使人不能一览无余，不能看清观赏对象的细部，但也因而掩饰了其某些不足，丰富了景物层次，加强了纵深感，产生了动态美，尤其是给人留下了充分想象的余地，使一切更为生动活泼。

知识链接

苏轼认为，杭州西湖不仅“水光潋滟晴方好”，周围一切历历在目，而且“山色空蒙雨亦奇”，在烟雨朦胧中，一切都变得虚无缥缈，披上一层神秘奇妙的轻纱，所以更像那美丽无比的西施了。

宋代画家郭熙在《林泉高致》中曾云：“山欲高，尽出之则不高，烟霞锁其腰则高矣；水欲远，尽出之则不远，掩映断其脉则远矣。”这是在自觉地运用朦胧美的效果。朦胧美最能引发人的想象力，使人思维活跃，启迪人的创造能力。

2）审美规律

（1）信息来源及途径。旅游者在整个旅游过程中所涉及的现象都可成为信息来源。这些信息最主要的是通过旅游者的视觉和听觉器官进入旅游者的大脑，此外还通过嗅觉、触觉、味觉等各种感官进入旅游者的大脑。在相当多的情况下，虽然某一信息只是通过某一特定感官接收到的，但其他某些感官也会有所反应。这种现象在视觉与听觉之间最易发生。例如，“此时无声胜有声”就说明视觉器官引起了听觉器官的连带反应。“望梅止渴”则是视觉器官所引起的味觉器官的连带反应。

（2）信息的加工。经过神经中枢对各种信息进行分辨、判断、综合、加工，即思维过程，形成形象和概念，对人的感情和思想产生影响，从而达到了旅游审美效果。其过程为“外界刺激—感官—情绪变化—分析判断—联想—思维—概念—理性认识—行为”。

（3）主客观的统一。审美的结果是最终使外界刺激引起人们情感的激动和思想的变化，从而达到精神的“净化”。故审美过程是客观外在世界与主观内在世界的统一过程。所以，审美必须是主客观的统一。因而，人们应放弃冷漠的态度，调动主观积极性，去努力追求美。

（4）形式与内容的统一。一般美学常将美分为自然美、形式美、社会美、艺术美等。它们又可细分为不同的类别，例如，形式美中包括和谐、对比等。

（5）美的时代性及阶级性。对于任何时代、任何民族和任何阶级、阶层而言，有其一致的一面，特别在形式美中表现得较为明显。例如，和谐与对比的规律从来为人所肯定。然而美又有明显的时代性和阶级性。中国历史上也有所谓的“环肥燕瘦”之不同。

（6）美学的“间离效果”。美学的“间离效果”也称“距离效果”。它包括以下两方面的含义。

其一是心理距离。一方面，即在审美过程中，虽然人们仍然会考虑现实需要，也正因此美具有了阶级性。但另一方面，包括旅游者在内的审美主体必须暂时超脱现实的功利目的，不能纯粹从实际利益出发，才能更好地进行美学欣赏。如果仅从功利出发，商人眼中的矿石就只有货币价值而无所谓美；木匠会觉得扭曲的树木毫无用途。然而上述景观却都具有很高的美学价值。

其二是空间距离和媒介的作用。古代女诗人郭六芳的《舟还长沙》："侬家家住两湖东，十二珠帘夕照红；今日忽从江上望，始知家在画图中。"正说明因为隔江相望，有了空间距离，并且是透过江上烟波相望，平常的景物就变得格外美丽了。当然，体验型旅游、健身运动、娱乐活动、科学考察、探险等旅游项目，则应尽可能减少此种间离作用，以求获得真切的感受和详尽的了解。

3）旅游审美方法

旅游审美是指旅游主体在旅游活动中在精神上追求享受的需求。

（1）定点透视法。指旅游者在欣赏旅游资源时，必须找到一个准确的审美视角，这种审美视角的定位关键在于选择最佳观赏点。

（2）散点透视法。指边走边看，随意转身，自由俯仰，多角度进行观赏。

（3）分离欣赏法。指将特定的对象从周围的现实背景中抽取剥离出来，使特定的旅游景观从其他复杂的自然现象中突出出来。

（4）联想欣赏法。是一种由某景物产生的感觉联想到另外某一形象的欣赏方法。它可以在物与物的相似性类比中形成，也可以在物与事、物与人的接近性联系中深化形象，使景物显示出新的意境。

（5）想象欣赏法。指在观察、采集到的某景物的基础上，经过旅游者头脑重新组合而创造出新的形象的欣赏方法。

（6）情景交融法。指欣赏者在旅游审美中，触景生情，并通过想象使情景交融，达到物我合一的境界。主要有两种表现方式：①触景生情，在旅游审美中，游客由不同的景物产生不同的情感；②寓情于景，指游客在审美中，把自己当时的心情或情感寄托于所欣赏的景物之中。

4）审美的总体要求

（1）把握观赏时机。观赏景物有一定的时间性，时间选择不当，会影响审美效果。

（2）选择好观赏位置和特殊的观赏姿态。每种景物都有其最佳的审美视角和审美距离，在进行旅游审美时，观赏位置和距离选择不当，同样会影响审美效果。

（3）安排好观赏节奏。观赏景物时，有时需要停下来，驻足观赏；有时需要走起来，边走边赏；有时需要快速游览观赏；有时需要慢速游览观赏。因此，在旅游审美时，要注意安排好观赏节奏，动静结合，快慢相宜。

（4）有针对性地选择审美对象。要能够根据游客不同的需求特点，选择适合游客需求特点的审美对象。

课堂讨论

（1）触景生情与寓情于景有何区别？

（2）自然旅游资源与人文旅游资源有何区别？

小　结

本章介绍了旅游地理学和中国旅游地理，介绍了旅游资源的概念、分类、特点、审美规律及审美方法。

课堂小资料

河川是具有多种功能的地理实体，其风景的变化，受地带性影响最为典型。①热带河川，如非洲刚果河等，水量大，河面开阔，水质澄碧，一般河汊支流较多、较复杂，两岸雨林茂密蔽空；②亚热带河川，如中国长江，水源充裕、江水浩荡，水景优美，两岸为常绿阔叶林和落叶阔叶林，四季分明；③暖温带河川，如中国黄河，水量四季不同，有汛水期和枯水期之分，汛期洪涛滚滚，黄浪汹涌，枯水期甚至出现断流；④中温带和北温带河川，如松花江一带，水量充沛，含沙量小，水色变白，两岸为针叶阔叶林混交，森林密布，夏季葱绿，冬季林海雪原；⑤寒带河川，如俄罗斯西伯利亚的叶尼塞河，暖季河水漫漫，寒季银河成带，两岸为寒带灌木和沼泽树木，一片空阔旷野的氛围。

考 考 你

（1）审美规律都有哪些？

（2）旅游资源美感有哪些？

2

自然旅游资源

学习任务

(1) 了解自然旅游资源与旅游的关系。
(2) 分析各类自然旅游资源吸引因素与旅游功能。
(3) 总结自然旅游资源类型。
(4) 总结各类自然旅游资源代表性景观。

知识导读

中国自然旅游资源类型丰富，美不胜收，如“五岳独尊”的泰山，“甲天下”的桂林山水，世界级文化遗产云南澄江动物化石群，有“世界屋脊”之称的青藏高原，世界第一大峡谷西藏雅鲁藏布江大拐弯峡谷，巨大的“天然雕塑博物馆”云南路南石林，“火山地貌博物馆”五大连池，“人间天堂”西湖。小桥流水，大漠孤烟、层峦叠嶂，美景遍中华，旅游在中国。

2.1 地质地貌旅游资源

学习内容

（1）了解地质作用与地貌的形成。
（2）了解地质地貌与旅游的关系。
（3）熟悉旅游资源吸引因素与旅游功能。
（4）掌握地质旅游资源。
（5）掌握地貌旅游资源。

贴示导入

地质是地球的性质和特征，地貌是地球表面的各种形态及起伏状况。地质地貌构成了区域性整体景观的轮廓，体现旅游地的总体特征和观赏效果。例如，“日照香炉生紫烟，遥看瀑布挂前川”的庐山，就在北临万里长江，南抱浩瀚碧绿的鄱阳湖的总体环境中。

深度学习

2.1.1 地质作用、地貌的形成与发展

1. 地质作用

地质作用是指由于自然动力所引起的地壳物质组成、地壳构造和地表形态变化、发展的作用。分为外力和内力作用。

1）外力作用

外力作用是指来自地球以外的能的作用，主要是太阳辐射的热能。它在地球表面分布的差异引起了四季变化、天气的阴晴冷暖、河水的流动，使地表物质分解移动，地表形态变化。外力作用主要有风化作用、剥蚀作用、搬运作用和沉积作用。

2）内力作用

内力作用是指由于来自地球内能的影响而形成的。内能主要指放射性元素产生的热能、地球自转产生的旋转能和重力作用形成的重力能。内力作用表现为地壳运动、变质作用、岩浆活动和地震。

2. 地貌的形成与发展

地貌是指地球表面的各种形态及起伏状况。按成因可分为构造地貌、流水地貌、喀斯特地貌、干旱风沙地貌、冰川冰缘地貌、湖成地貌、熔岩地貌等。按基本形态可分为平原、台地、丘陵、山地。

地球表面基本面貌、大的形态主要是在内力作用下形成的，内力作用的结果会增加地表的高差起伏，外力作用的趋势是削高填低；坚硬的岩石（石英岩）常形成山岭和峭壁，松软的岩石（页岩）形成和缓的低山、丘陵，可溶性岩石（石灰岩）形成喀斯特地貌；人类对地表的改造和利用给地貌的形成和发展也会带来影响，如梯田，如图2.1和图2.2所示。

图2.1 云南省红河元阳梯田

图2.2 广西省龙胜梯田

2.1.2 地质地貌与旅游的关系

1. 地质地貌是旅游环境的重要组成部分

除部分气象气候景观外，大多数自然景观总是孕育在特定的地质地貌中，为旅游活动的开展提供环境基础。

2. 地质地貌是区域整体景观的骨架

地势的高低起伏，各种地貌的空间格局，形成了自然景观的总体轮廓，决定了景观的特征、意境和观赏效果。

3. 地质地貌可以单独构景

山脉、沙漠、高原等地貌单元可以构成大型旅游地貌，山峰、峡谷等地貌单元可以构成中型旅游地貌，象形山石地貌单体可以构成小型旅游地貌。泰山、桂林、长江三峡、云南路南石林等都成为了主景。

4. 某些景区地质地貌的配景可以增加美感

地质地貌在有些景区可以强化主景的美学特征，使林更幽美，水更清澈。例如，镜泊湖和吊水楼瀑布，因为有大孤山、小孤山、珍珠门、道士山、熔岩隧道而愈发魅力四射。

传说故事

镜泊湖吊水楼瀑布，如图2.3所示。很久以前，在瀑布的水帘后面藏着一位聪明美丽的“红罗女”，深受远近青年人的爱慕。但她声言无论是谁向她求爱，都必须回答“什么是人间最宝贵的”问题。消息传开后每日来向她求婚的人络绎不绝。勇士回答说：“人间最宝贵的是武力。”书生说：“人间最宝贵的是诗书。”商人说：“人间最宝贵的是金钱。”而国王却回答：“人间最宝贵的是权势。”这些回答，红罗女都不满意。于是勇士含羞而去；书生浴耻而归；商人倾宝于湖，不再提亲。唯有国王厚颜无耻地呆立在“吊水楼”前苦思冥想不肯离去，最终老死在悬崖上葬身于乌鸦腹中。

图 2.3　镜泊湖吊水楼瀑布

2.1.3　地质地貌旅游资源吸引因素与旅游功能

1. 形态美

具有形态美，可以开展观赏性旅游活动。

1）雄伟美

雄伟美主要指一些具有高大形体的山地景观。作为五岳之首的泰山，素以雄伟著称，泰山的绝对海拔高度（1 545 米）并不高，但因对比度大，山坡陡峻，以“擎天捧日、拔地通天”的盖世雄风卓然屹立于齐鲁丘陵之上，“五岳独尊”。孔子“登泰山而小天下”的感慨；李白“凭崖望八极，目尽长空闲”的体验；杜甫“会当凌绝顶，一览众山小”的观感。

历史故事

一天，孔子早晨起床后，背着手倒拖着拐杖，在门前逍遥散步，口中哼着自编的歌：“泰山将要倒了！屋梁将要倒了！圣人将要死了！”唱完歌，回到屋里，当门而坐。子贡听见孔子唱歌，心里想道：“泰山就要倒塌了，我仰望谁呢？架屋的梁木断坏了，圣哲的人死了，我将仿效谁呢？——大概，夫子的寿命将要完结了。”结果，孔子病了七天之后就溘然长逝了。这一故事告诉我们：泰山，在孔子的心目中，是一座崇高的形象；泰山，在孔子的学生们的心口，也是一座崇高形象。从古至今，泰山在中国人民的心目中，永远是一座崇高的形象。现有泰山孔子登临处，如图 2.4 所示。

图 2.4 泰山孔子登临处

2）奇特美

奇特美是指一些少见，独具一格的地质地貌外部形态。天下山水之奇莫过于黄山了，黄山的奇峰怪石，层出不穷：猴子观海、喜鹊登梅、妙笔生花；贵州的织金洞是神奇、美妙、变幻无穷的溶洞地下宫殿。

3）险峻美

虽然有惧怕之感，但险峻可形成美景。“自古华山一条路”、“华山天下险”，鸟瞰华山，四壁陡立，几乎成 80°～90°。李白“西岳峥嵘何壮哉，黄河如丝天际来”；峨眉山的金顶、黄山的天都峰等，都是我国极其险峻的风景。站在庐山的仙人洞外凭栏远眺，但见绝壁危峰，千岩飞峙，毛泽东“天生一个仙人洞，无限风光在险峰。”

4）幽静美

在一些丛山深谷，由于道路曲折，视线狭窄，光量较小，空气洁净，人烟稀少，常形成幽境。陶渊明“采菊东篱下，悠然见南山”的蓄涵心境；柳宗元“千山鸟飞绝，万径人踪灭”的凄冷感受，是对幽静美的追求。“青城天下幽”群峰环抱，状若城郭，故名青城山，鸟鸣深涧，云霞缥缈，是一座人间仙境。

5）畅旷美

在广阔的高原、平原、戈壁，具有视野开阔，极目远眺，一望无际的特点。

2. 文化内涵

具有文化内涵，可以开展观光和文化旅游。

地质地貌之地往往是名人登临之地，佛教、道教修行居住之地，也是文人描写的对象。因而有泰山封禅的帝王文化，华山论剑的武侠文化，选择清修“天下名山僧占多”的佛教文化，祈求长生不老羽化升仙的道教文化，“相看两不厌，只有敬亭山”的诗词文化。

3. 科学文化属性

具有科学文化属性，可以开展求知、科学考察旅游。

各种地质现象、地貌形态及其过程，它们的形成、发生、发展都有一定规律性和一定哲理。登泰山不仅能体验“五岳独尊”，还可以了解泰山以雄著称的原因。

知识链接

孔子是中国古代著名的政治家、思想家、教育家和文学家。孔子登临泰山，抒怀畅志，开阔胸襟。考察封禅，学习礼仪，了解民情，观知时政。有关孔子的活动内容与历史遗迹十分丰富。孔子也开创了名人登泰山的先河。由于他的特殊地位和影响，后人竞起仿效，接踵而至。“登泰山而小天下”成为历代文人名士不可缺少的生活内容，沿袭成为积淀深厚的文化心理，蔓延成为流传久远的文化风气。

4. 空间载体特征

具有空间载体特征，可以开展休闲、游乐、体育活动。

沙漠、戈壁可以开展探险、访古旅游，沙滩、滨海可以开展游泳、冲浪等旅游，山峰可以开展登山、滑雪等旅游。

2.1.4 地质旅游资源

1. 岩石景观

地壳是由岩石构成的，按照成因，岩石可分为火成岩、沉积岩、变质岩。地壳中的岩石不下数千种，但在旅游资源中涉及最多、最易构景的有花岗岩、流纹岩、玄武岩、石灰岩、砂岩、大理岩等少数几种。

知识链接

大理岩由石灰岩、白云岩等经过再结晶变质而成，纯白而致密，俗称汉白玉。我国云南大理是大理岩的著名产地，大理岩就因此而得名。

2. 化石

1）古生物与化石

古生物是地质历史时期的生物，一般以第四纪全新世开始距今一万年作为划分古代生物和现代生物的时间界限。化石是保存在地层中的地质时期的生物遗体（海百合化石，如图 2.5 所示；热河龙化石，如图 2.6 所示）、遗物、遗迹。

2）自贡恐龙化石

恐龙是爬行动物古蜥亚纲中已灭绝的两个目，从三叠纪（始于距今 2.5 亿~2.03 亿年）开始出现到白垩纪（距今约 1 亿 4 550 万~6 550 万年）末期绝灭，在地史时期延续了 1.4 亿年左右，在这段时期形成了陆地上占统治地位的动物——恐龙。恐龙的体形一般都较大，最长者可达 25~27 米，生活时体重最重可达到 80 多吨，但也有纤细到只有一只鸡那样大小的。四川自贡侏罗纪的陆相地层相当发育，自贡的恐龙化石

为世界研究恐龙的演化提供了丰富的关键性的原始资料。自贡恐龙化石如图 2.7 所示。

图 2.5 古生物化石——海百合

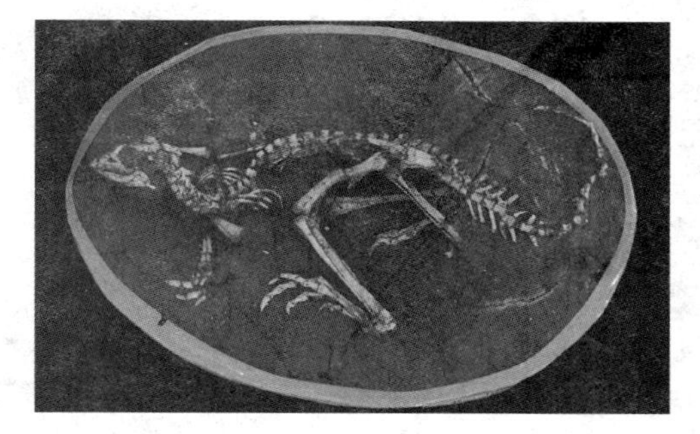

图 2.6 古生物化石——热河龙

图 2.7 自贡恐龙化石

3）山旺化石

山旺化石产于中新世（中新生代，距今约 2 300 万～533 万年），由于中新世的时代特点，生物遗体很难形成化石，保存下来更不容易，这是世界上在中新世地层中很难找到化石的主要原因。1976 年发现的一具鸟化石，完整清晰，是世界上目前保存最完好的中新世鸟类化石，也填补了我国第三纪鸟类化石的空白，该化石被命名为“山旺山东鸟”，如图 2.8 所示。

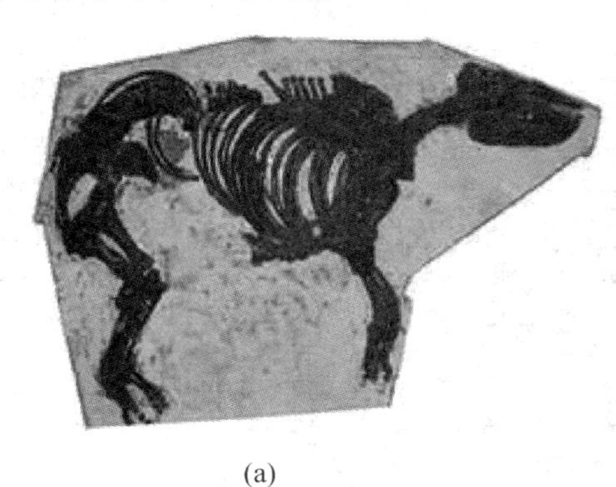

(a)

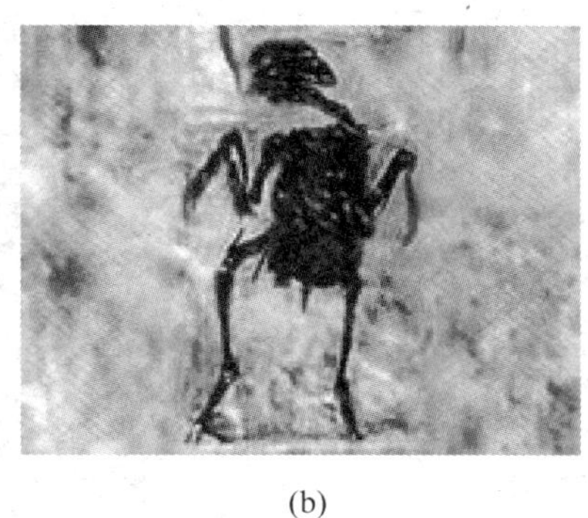

(b)

图 2.8 山旺山东鸟

1980 年 2 月 7 日，国务院批准山旺为“国家重点自然保护区”，山旺化石被列为世界遗产之最。

知识链接

中新世，山旺当时的古环境是一种典型的淡水湖，硅藻死亡之后，堆积于湖底，经过石化作用，就形成了层理非常清楚的硅藻土层。由于硅藻土十分细腻，许多微细构造都得以清晰地保存，这在其他岩性的地层中是不可能出现的。例如，蝌蚪化石丰满如生；青蛙的皮膜清晰细腻，山旺青蛙化石如图2.9所示；甚至连蜻蜓翅膀上最细小的纹路，蝙蝠的翼膜，老鼠的须毛等，都保存得完好无缺。鱼群化石更是栩栩如生，尤为珍贵的是还发现了带有颜色的昆虫化石。

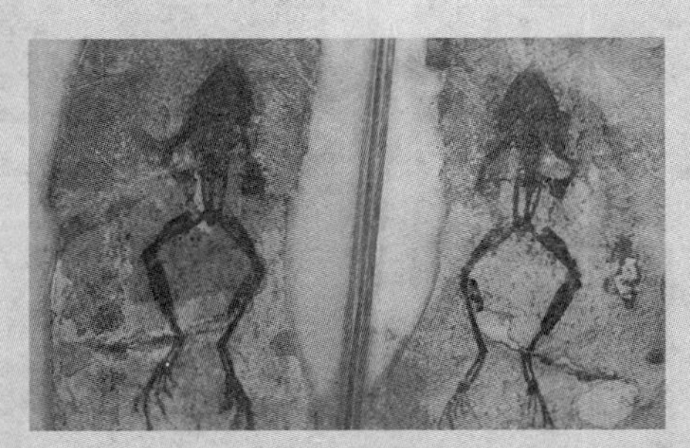

图2.9　山旺青蛙化石

4）云南澄江动物化石群

云南澄江动物化石群是目前世界上发现最古老、保存最完整的软体动物化石群，对研究5.3亿年前的寒武纪早期生物演化提供了重要依据。2012年，云南澄江动物化石群入选《世界遗产名录》。

知识链接

澄江化石遗址位于云南省的山地丘陵地区，占地512公顷，是目前保存最完整的寒武纪早期海洋古生物化石群，展现了门类广泛的无脊椎与脊椎生命体的硬组织及软组织解剖构造。澄江化石群记录了早期复杂海洋生态系统的形成。澄江化石遗址至少保存了160种生物门类、诸多神秘的种群及其他196个物种，它们是5.3亿年前地球生物大爆炸的证据——现今地球上主要动物群都在这一时期出现，如图2.10所示。

图2.10　澄江化石遗址

3. 典型地层

1）地层系统与地质年代

地层是指在地质营力作用下，所形成的各种成层岩石的总称。属哪个地质时代所形成的层状岩石，便称为哪个年代的地层。不同的地层反映了不同的地质环境，特别是含有生物化石、遗迹的地层，更能为研究生物演化及地质环境变化、地球发展历史提供重要的科学资料。

地质年代是地质工作者为了研究地壳的发展、变化规律，为了矿产资源的寻找和开发，将地球演化的历史划分为太古代、元古代、古生代、中生代、新生代五个大的演化阶段，再在每个代中又划分若干个纪。代和纪划分的依据是生物化石和地壳运动。

知识链接

新生代可划分为第三纪和第四纪，第三纪又可分为古近纪和新近纪。第三纪可划分为古新世、始新世，渐新世、中新世和上新世。第四纪可划分为更新世和全新世。

2）国家地质自然保护区——天津蓟县中、上元古界标准剖面

天津蓟县中、上元古界标准剖面（如图 2.11 所示）反映了地球早期 38 亿~8.5 亿年历史的地质剖面，有连续 10 亿年的沉积物，出露完整，厚度为 920 米，属于世界少见的剖面。发现了 10 亿年前的动物遗迹——古孢子和微体古植物。发现有距今 18 亿年的藻类真核生物化石，为生命科学研究提供了宝贵的实物。该剖面经国务院批准，已被列入国家级地质自然保护区。

3）云南晋宁梅树村剖面

云南晋宁梅树村剖面（如图 2.12 所示）属于前寒武系——寒武系界限的剖面。有腹足类、腕足类、软舌螺类等动物化石和遗迹化石，发现标本 5 万多件，共含有 100 多种、40 多个门类的动物化石，为研究 5.3 亿年以前的地球历史和生物演化提供了重要了依据。该剖面已被列入省级自然保护区。

图 2.11　天津蓟县中、上元古界标准剖面

图 2.12　云南晋宁梅树村剖面

4. 构造形迹

承受地壳运动的岩层或岩体，在地质营力作用下发生变形变位的结果，被称为构造形迹或地质构造。

知识链接

意大利那不勒斯湾附近的普佐奥里城遗址比较有名的是其塞拉比斯庙遗址。该庙建于公元前2世纪，现只保存下来三根约高12米的大理石柱。在古代是座被叫作普台奥里的小镇，曾遭地震毁坏，于63年修复，然而不久，维苏威火山爆发，小镇大部分被火山灰淹没。1749年，小镇从掩埋废墟中被发掘出来。在小镇的废墟中耸立着三根高12米的大理石柱。石柱底端的3.6米处，因被火山灰掩埋而光洁无痕，但再往上的2.7米一段石柱却布满了被海生介壳动物蛀蚀的小孔。这说明在某一时期，这三根石柱曾被海水淹没了6.3米。据考证，这一地区已经历了几度沧桑，大约13世纪下沉入海，18世纪中叶上升露出水面，19世纪初又下沉，到1945年，三根石柱又被海水淹没2.5米。现以年平均17毫米的速度下沉着。这里成了世界最有名的地壳升降运动遗迹景观的实例。意大利那不勒斯拉比斯庙石如图2.13所示。

图2.13 意大利那不勒斯塞拉比斯庙石

大连市白云山庄莲花状地质构造位于大连市白云山公园内，它是以中央高地为中心，周围由五组较大的环形山脊和沟谷组成的，空中俯视，像一朵盛开的莲花。我国著名地质学家李四光将其命名为莲花状旋卷构造。

清水断崖位于台湾，面向太平洋，南北长约21公里，海拔700米，是我国最大、最险、唯一的海岸断崖。沿海山地断裂，东侧断块陷落形成，如图2.14所示。

5. 地震灾变遗迹

地震是一种常见的自然现象，但由于绝大部分地震发生在海洋里和人烟稀少的地方，加上地震的分布很不均匀，因此使人感到地震是罕见的。地震灾变遗迹旅游资源是一种独特的地质旅游资源，其实质为破坏性的地震作用，以突然爆发的形式造成的具有旅游功能的自然遗迹景观。

各种自然、人文景物地震后都可以不同的震迹面貌出现；人类改造震迹而形成的

(a)

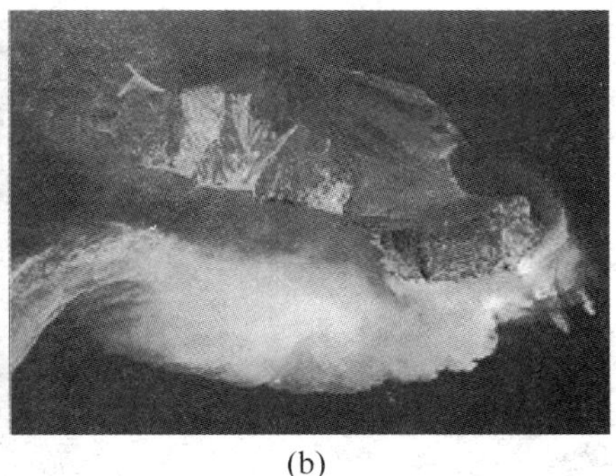

(b)

图 2. 14　台湾清水断崖

震后建设新貌及各种纪念性的地震标志，如纪念碑、展览馆等。地震灾变遗迹旅游资源作为景点，是以地震科学考察为主的，即通过参观、考察获得有关地震的知识，如地震的起因、破坏规律、建筑物的防震、抗震措施等。

知识链接

地震确实有着震撼山河的力量，造成刹那间的巨变，给人类带来巨大损失。1976 年 7 月 28 日凌晨发生的唐山地震，把一个人口稠密、工、矿企业发达，灯光通明达旦的现代城市，顷刻间变成了一片废墟，96%的民用建筑和 80%的工业建筑被摧毁，死亡 24 余万人。当时国外有人评论说“唐山被从地球上抹去了”，但重建后，今天的唐山因优美的环境和良好的居住条件，被联合国授予“人居荣誉奖”。

2.1.5　地貌旅游资源

1. 盆地

山地与平原相接，景观结构完整，山地与平原居民的生活、生产等方式均有差异，有利于旅游业发展；山水风光表现得最充分；风蚀和溶蚀盆地中具有特异的景色特征。

知识链接

著名盆地有以下几个。

1）世界

（1）分布有茂密热带雨林，盛产多种名贵木材的位于非洲中部的刚果盆地。

（2）以葡萄种植和香槟酒酿造业闻名的位于西欧法国北部的巴黎盆地。

（3）湖面低于海平面 12 米，深井水能自动流出的澳大利亚中东部的大自流盆地。

2）中国

（1）位于古丝绸之路重要地段，沙漠广布、文物古迹丰富的塔里木盆地，如图2.15所示。

（2）有“沙漠绿洲”之称的准噶尔盆地，如图2.16所示。

图2.15　塔里木盆地

图2.16　准噶尔盆地

（3）号称“聚宝盆”、“盐的世界”的柴达木盆地。

（4）气候温和、土地肥沃、物产丰富、风景优美，素有“天府之国”美誉的紫色盆地——四川盆地。

（5）有“火州”之称，盛产哈密瓜的吐鲁番盆地。

2. 平原

平原地形低平坦荡、幅员辽阔；交通便利；人文景观突出，生产发达，现代化水平高；园林建筑或城市建筑较多，以古代建筑著称，或是名人要事的纪念馆等，对旅游者有较大吸引力。

3. 高原

高原地势高平坦荡，具有特殊的生活习惯、生产设施，充满神秘感。

4. 山地

1）名山

形象美是名山秀色的基础和核心。安徽黄山（如图2.17所示）由花岗岩体组成，岩体形成后，经历过多次地壳运动，使山体发生了强烈的断裂和抬升，这些被裂解的

图2.17　黄山

岩块经日晒雨淋，被风化剥蚀成多姿多态的奇形怪石。奇松、怪石、云海、温泉堪称黄山四绝。

2）名峰

山峰是山地中高起的山顶，名山多有名峰，如喜马拉雅山的珠穆朗玛峰、九华山的天台峰、泰山的玉皇顶。

知识链接

玉皇顶为泰山极顶，因峰顶有玉皇庙，因而称玉皇顶，院中央有极顶石，石栏环围，上有题刻的“极顶”二字，并标有海拔 1 545 米的数码。玉皇殿两旁一副对联“地到天边天作界，山登绝顶我为峰”，揭示了玉皇顶的气势和游人到此的感慨之情。旁有“古登封台”碑，古代帝王登山就在这里设置祭坛。

5. 峡谷

峡谷谷地深狭，两坡呈陡峻的河谷地貌景观。其中横剖面呈“V”字形的峡谷最为常见。峡谷是由于地壳上升，流水或冰川强烈下切侵蚀而形成的。

6. 喀斯特地貌

喀斯特地貌是指地表水及地下水对可溶性岩石所产生的化学作用过程和机械作用过程中所形成的地貌。

知识链接

钟乳石：地下水从洞顶渗出时，碳酸钙滞留在洞顶上的小水滴的四周并不断沉积，以后逐渐积累伸展成悬挂状的突起，从洞顶向下悬挂。

石笋：从洞顶滴落下来的水溅到洞底，其中碳酸钙逐渐沉积起来，堆积而成，它因形似竹笋而得名。石柱：当钟乳石和石笋各自向相对方向伸展，最后连接起来就成为石柱。石笋、石柱如图 2.18 所示。

石幕：从洞壁沿裂隙渗出的水，碳酸钙呈片状沉积，如同帷幕一样展开，如图 2.19 所示。

图 2.18　九天洞——石笋、石柱

图 2.19　织金洞——石幕

石灰花：洞壁上的层状碳酸钙沉积物。

处于湖南桑植县城西15公里的九天洞，为亚洲第一大洞；世界之最为古巴马丁山溶洞。

7. 干旱风沙地貌

我国的干旱风沙地貌主要分布在西北、内蒙古等省区的内陆盆地或高原地区。主要有沙漠、雅丹地貌、戈壁景观、风蚀蘑菇石和风蚀柱、沙垄、黄土风景。

8. 火山与熔岩风景

我国火山与熔岩风景主要集中在东北大小兴安岭、长白山区、台湾及海南岛、雷州半岛、云南腾冲、山西大同等地。从吉林长春去长白山，在300多公里的公路旁，分布有260多座火山、12个火口湖，构成了我国又一条火山观光的旅游热线。

知识链接

五大连池因火山熔岩堵塞白河河道形成五个火山堰塞湖而得名，是我国著名的旅游疗养胜地。其特产铁硅质重碳酸钙镁型低温火山冷矿泉，系在火山爆发过程中，地热产生的大量二氧化碳气体溶解于地下水，对周围岩石进行长期溶蚀孕育而形成的，是世界三大著名冷矿泉（法国维希、俄罗斯高加索、中国五大连池）中品质最优异的矿泉水。

9. 冰川地貌

冰川地貌主要指第四纪古冰川在沿山坡或河谷运动过程中，对地表进行刨蚀、磨蚀作用后，遗留下的各种地貌形态。分布在中西部的中、高山地区，如青藏高原，新疆天山、阿尔金山，甘肃祁连山、兴隆山，四川西昌螺髻山、黄龙寺自然保护区，甘川交界处的岷山，台湾省雪山山脉等。

10. 丹霞地貌

丹霞地貌是指由一系列硬度较小，易受风化的红色砂砾岩，在风化剥落、流水侵蚀、重力坍塌等作用下，所形成的丹岩赤壁及有关地貌形态。主要集中在广东、福建、江西、广西北部、湘南（湖南南部）、云南、贵州、四川、甘肃、河北等地。

知识链接

丹霞地貌的代表有丹霞山、武夷山（碧水丹山，奇秀东南）、中国丹霞面积最大最典型的资新盆地、江西龙虎山、安徽齐云山、贵州梵净山、甘肃麦积山及崆峒山、四川青城山。

11. 海岸带、岛屿

1）海岸带

海岸带是海洋与陆地相互作用的地带。由海岸、潮间带、水下岸坡组成。海岸是海洋高潮线以上，到激浪作用所能到达的地方之间的狭窄的陆上地带；潮间带是高、低潮海面之间的地带；水下岸坡是低潮线以下直到波浪有效作用的下限。

2）岛屿

岛屿是被海水包围的小块陆地。我国有人居住的海岛 433 个，季节性利用海岛 1 000 多个。如辽东半岛东南的长山群岛，大连附近蛇岛，兴城附近的菊花岛，山东庙岛群岛、刘公岛，福建金门岛、鼓浪屿，台湾岛，香港诸岛，广西涠洲岛，海南岛，南海诸岛。

2.2 水体旅游资源

学习内容

（1）了解水体旅游资源与旅游的关系。

（2）了解水体旅游资源吸引因素与旅游功能。

（3）掌握水体旅游资源的类型及代表。

贴示导入

水体是以相对稳定的陆地为边界的水域，凡能吸引旅游者进行观光游览、体验、参与的各种水体及水文现象都可称为水体旅游资源。水是地球上以所有三种聚合态——液态、固态、气态存在于自然界的唯一物质，有液态的海洋水、河流水、湖泊水、水库水、地下水、涌泉、瀑布，有固态的冰川水、积雪，有气态的云雾。

深度学习

2.2.1 水体旅游资源与旅游关系

1. 水体是最宝贵的旅游资源之一

水体以它特有的魅力，成为旅游资源的重要组成部分，海洋的潮涨潮落，河流的平和从容，湖泊的轻柔幽静，瀑布的奔放勇猛，泉水的秀美清丽，都具有形、色、声、动态变化的多样性美感，使人心驰神往。

2. 水体是各类景区的重要物质基础

名山、园林、动植物都不能缺水。“山无云则不秀，无水则不媚。”

3. 水体可单独构景或与其他因素组合成景

黄果树瀑布、壶口瀑布是独立构景的典型，杭州西湖是西湖风景区主景，冰雪形成冰雪节。大多数情况下，水与山、动植物、季节气候、建筑物、人类活动组合成景“山清水秀”、“鸳鸯戏水”、“出水芙蓉”、“雾凇、雨凇”、“小桥流水”、“泛舟江山、一叶扁舟”。

4. 水体是最能满足游客参与需求的旅游资源

游泳、漂流、品茗、观赏等旅游活动都离不开水。

2.2.2 水体旅游资源吸引因素与旅游功能

1. 吸引因素

1）水量与水体状态

（1）水面大小。碧海蓝天，水天一色；湖天一碧，空明澄澈。

（2）水面形态。河岸曲折，增加深远感；平滑弧形岸线，增加完美无缺满足感；平直岸线，增加永往无前刚强感。

（3）水量。河川季节变化（夏季、冬季降水变化），湖泊变幅小；吊水楼瀑布少雨季节会停。

（4）水态。水态有静态、动态之分，湖泊以静态居多，大江、大海、瀑布以动态居多。

2）水的理化性质

（1）水温。太阳辐射是水体热量的主要来源。河流、湖水水温都有变化，海水表层温度的水平分布主要受地理纬度制约。

（2）水色和透明度。色彩指透入水中的光线，受到浮悬物或水底沉积物，以及水分子的选择吸收与选择散射的作用，则呈现出不同的颜色。例如，九寨沟的五彩池、五花海（如图 2.20 所示）和火花海（如图 2.21 所示）等呈现出多种色彩。水色通常用由 21 种颜色组成的水色计来测定。透明度是将透明度板放入水中所能看到的最大深度。日本麾周湖透明度达 41.6 米，为世界透明度最大的湖泊。

图 2.20　九寨沟五花海

图 2.21　九寨沟火花海

（3）水声。水声给人以听觉的享受，使人心情舒展，如惠山泉水叮咚声、钱塘江大潮、兴凯湖涛声。

（4）水味。很少含有有机质的林间溪谷、泉瀑的水流，给人以清心、养心的享受。

知识链接

有机质：植物体和动物遗体、粪便等腐烂后变成的物质，里面含有植物生长所需要的各种养料。特殊味道的河，如“甜河”希腊的奥尔马加河、“香河”非洲安哥拉的勒尼达河。

（5）水影。水影即倒影，山、石、树、花、白云、蓝天、飞禽、走兽、各种建筑，乃至人的活动都会在水中形成倒影，构成美不胜收的画面。九寨沟倒影，如图2.22所示。云南大理的洱海，碧波同苍山雪峰相映，如图2.23所示。

图2.22　九寨沟倒影

图2.23　大理苍山倒影

历史故事

天山天池，古称瑶池，位于新疆昌吉回族自治州阜康县境内的博格达峰山腰，海拔1 900米。天山天池分大天池和小天池。清乾隆四十八年（1783年），新疆都统明亮在天山天池渠口附近立石碑，亲题碑文《灵山天池统凿水渠碑记》，文中称“神池浩渺，如天镜浮空，沃日荡云”，所以天池一名来自天镜、神池的头尾二字。

传说故事

当年周穆王曾乘一辆八匹骏马拉的车子，来到天山天池。当时这里是西王母居住之地，称“瑶池”。西王母在风景秀丽的天山天池设宴款待周穆王一行，周穆王与西王母还互赠礼物，并游历当地的名山大川。临别时，西王母即席歌曰“祝君长寿，愿君再来！”后来唐朝诗人李商隐的《瑶池》一诗对此有所描述。“瑶池阿母绮窗开，黄竹歌声动地哀。八骏日行三万里，穆王何事不重来。”

2. 旅游功能

1）审美功能

水体以它具有的形、声、色、影、态变化的多样性，展示着其特有的美感，成为旅游中重要的审美对象。

2）疗养功能

温泉、矿泉、海水、湖泊等均具有疗养功能，这些水体中含有多种化学成分，通过对人体的药理和化学生物作用，使其具有治病健身的功效。

3）品茗功能

茶与水的关系非常密切，我国几千年的传统习惯，使人们既重视茶叶质量，更重视水的质量，名茶必须用好水。中国许多名酒佳酿使用的都是优质的水体。

知识链接

绿茶是最古老的茶叶品种，不发酵的茶叶，叶绿素未受破坏，香气清爽，味浓，收敛性强，绿叶绿汤，色泽光润，汤澄碧绿，清香芬芳，味爽鲜醇。著名的有西湖龙井茶（杭州西湖龙井村及其附近），尤其以狮子峰所产为最佳，被誉为“龙井之巅”，以虎跑水冲泡，号称“双绝”；太湖碧螺春（江苏吴县太湖上的洞庭山区），又名洞庭碧螺春，原名“吓煞人香”，后经康熙皇帝改名“碧螺春”，以产于碧螺峰茶质绝佳而闻名；黄山毛峰（安徽黄山市），又称黄山云雾茶，产量极少。

红茶出现于清朝，用全发酵法制成，红叶红汤，香甜味醇，有水果香气和醇厚的滋味，有耐泡的特点，以安徽祁门红茶、云南红茶尤为出众。著名的有祁门红茶，主要产于安徽祁门县、以黟县等。与国际市场上印度大吉岭茶、斯里兰卡乌伐茶齐名，并称世界三大高香名茶。

4）娱乐功能

清澈的河水、碧波荡漾的湖泊，水温在34℃以上的温泉，夏日的海滨，都具有极丰富的娱乐功能。例如，海滨可开展海水浴、帆板、冲浪、潜水、垂钓、观景等活动。

5）文化内涵

古往今来，不少文人墨客以秀丽的江河湖泊、雄壮粗犷的瀑布为对象，吟诗作赋，写下许多流传至今的优美诗篇。李白“飞流直下三千尺，疑是银河落九天”；陈毅“水作青罗带，山如碧玉簪。洞穴幽且深，处处呈奇观。桂林此三绝，足供一生看。”一些湖边水体边的摩崖题刻、传说建筑，形成了丰富的文化积淀，浓郁的文化氛围，提高了观赏价值。

知识链接

以西湖为中心的49平方公里的园林风景区，区内分布着40多处风景名胜，30多处重点文物古迹。西湖风景如画，胜景如烟，历代文人墨客在此留诗画甚多。

2.2.3 水体旅游资源的类型

1. 河川类旅游资源

1）河流水量有明显的季节变化

东部和西南受季风气候影响，夏季降水量大，冬季降水稀少，河流水量相应变化。降水集中或增多时，导致江河发生洪水。以冰雪为主要补给水源的河流，水位随气温升降而变化。

知识链接

河川旅游的意义：生产发达，人物荟萃，文物景观丰富多彩；交通发达，物产丰富，供应优越，通信方便；自然人文配合，现代古代结合，适宜观赏游览，激发情趣；以水景为主的综合美；乘船的体验；河川漂流；特殊水质的体验（酸河、哥伦比亚东部普莱斯火山的雷欧维拉力河）。

2）风景河段特点与选择

除区位条件外，主要应着眼于以下几方面。

（1）水质：含沙量和含有机质多少，以及受污染的程度。桂林漓江水，“群峰倒影山浮水”“曲水长流花月妍”；三门峡市的黄河段，每年凌汛之前的两个月，水流速度减缓，泥沙沉积，河水变清，“黄河水清，千古奇观”。

（2）河岸景色：山峰、奇石、植被、名胜古迹等的倒影。桂林山水漓江上游“几程漓江水，万点挂山尖”；钱塘江上游的富春江，江水清澈、澄碧，两岸奇峰插云，怪石凌空，景色奇秀。

3）最具旅游意义的风景河段

（1）沿江有景的河流，如植物、古迹、山川、飞瀑等。

（2）沿江有名城的河流。长江沿岸分布有110多座大中城市，著名古城、工商城、风景城，有上海、南通、扬州、镇江、芜湖、泸州、宜宾等；黄河及其支流沿岸的咸阳、西安、洛阳、开封，是显赫一时的历史古都，兰州、银川、包头、呼和浩特、济南等城市，既有大量风光胜迹，又聚集现代城市风情。开辟河流沿线的乘船旅游，既可以欣赏沿线风光，又可浏览沿线城市风貌。

（3）漂流探险河段。漂流最初起源于爱斯基摩人的皮船和中国的竹木筏，二战之后，一些喜欢户外活动的人尝试着把退役的充气橡皮艇作为漂流工具，逐渐演变成今天的水上漂流运动。

知识链接

漂流探险河段特点与选择如下。水流速度快；安全系数大（水不宜深：水太深，水流急，一旦落水，会有危险水深一般为0.5~1.2米；暗礁险滩少：避开或人工爆破；水温适中：衣衫湿透后易着凉）。

2. 湖泊景观

湖泊是大陆上较为封闭的集水洼地，其总面积占全球大陆面积的1.8%左右。我国是多湖泊的国家，湖泊面积在1平方公里以上的有2 600多个。分布以青藏高原和东部平原最为密集。按盐分高低可分为淡水湖、微咸水湖、咸水湖、盐湖等。按湖盆成因可分为构造湖、火口湖、堰塞湖、河迹湖、海迹湖等。

传说故事

兴凯湖为构造湖的代表，有大小兴凯湖之分，二湖之间有一道长约50公里的湖岗。湖岗宽处有一公里左右，窄处有几百米，岗上绿树成荫，鸟语花香，被称为“绿色长城”。一岗之隔竟形成了两个天地，大湖这边波涛汹涌，浊浪排空，拍岸之声不绝于耳；小湖那边波光潋滟，温文而恬静。相传，兴凯湖是玉皇大帝的女儿——七仙女姐妹经常偷偷下凡嬉戏的地方。一天，她们游兴正酣，突然狂风骤起，七仙女将一条纱巾信手抛出，纱巾立刻化作湖岗卧贯东西，从此将兴凯湖隔成大小两个湖，给人间留下不可多得的天然浴场。

3. 瀑布类旅游资源

瀑布类旅游资源是流水从悬崖或陡坡上倾斜而下形成的水体景观。按洪枯多寡可分为常年性、季节性、偶发性；按跌水次数可分为单级、多级；按气势造型可分为雄壮型、秀丽型；按产生环境条件可分为江河干支流、山越涧溪、地下飞瀑；按分布特点可分为孤立型、群体型；按成因可分为如下几个。

1）喀斯特型

黄果树瀑布是由于贵州打邦河上游白河河段，石灰岩岩层产生断陷，形成60多米落差的大瀑布。

2）构造型

构造型是指由地壳运动使地层发生断层而形成。例如，黄河壶口瀑布，落差34米；庐山香炉峰、三叠泉、石门涧瀑布。

知识链接

黄河壶口瀑布位于山西吉县城西南25公里的黄河之中。这里两岸夹山，河底的石岩冲刷成一大沟，其深约为50米，宽约为30米，滚滚黄河水奔流至此，倒悬倾泻而下，若奔马直入河沟，波浪翻滚，惊涛怒吼，其声音数里之外即可闻及，形状宛若从巨壶口中倒出一般，因而得名壶口瀑布。

1938年9月，正当抗日战争极其艰难的时候，著名诗人光未然带领抗战演出队伍来到瀑布前，他在这里流连忘返，滔滔的黄河水在他心中掀起了波澜，是壶口瀑布给他启示，使他获得灵感，挥笔写下不朽的诗篇《黄河颂》（为组诗《黄河大合唱》第二部）。后来，冼星海为他这首诗谱了曲，从此，《黄河大合唱》回荡在中华大地上。

3）堰塞型

堰塞型是指由火山喷发出来的熔岩漫溢，造成原来河流在熔岩陡坎上产生跌水；或由山崩、滑坡、泥石流等堆积物阻塞河道而形成。镜泊湖的吊水楼，夏季洪水到来时，镜泊湖水从四面八方汇聚于潭口，从溶岩坝裂隙渗流出来，跌落岩壁，形成20多米的落差瀑布。四川叠溪瀑布为地震引起山崩堵塞河道而形成。

4）差异侵蚀型

差异侵蚀型是指当两种不同抗冲能力岩层在一起，同时受到一条河流的冲蚀，如云南叠水瀑布、壶口后期发育。

瀑布景观特色突出，吸引力强，具有形、声、色、动态。雄、险、奇、壮的美感，似雷鸣声，似万马奔腾，“白绢”、“堆雪”，弥漫水雾，在阳光照射下，缤纷彩虹；与其他自然要素结合，更能形成美景，与山石、峰洞、林木、花草、蓝天白云结合，美若仙境。瀑后水帘洞，瀑下碧潭，瀑下霓虹；具有丰富的文化内涵，写壶口瀑布的“四时雾雨迷壶口，两岸波涛撼孟门”，李白写九华山瀑布“天河挂绿水，秀水出芙蓉”。

知识链接

黄山温泉一带，景色秀丽，流泉飞瀑，山水相映，真是美景数不胜数。站在观瀑楼前向前眺望，可见人字瀑如两条巨龙，从高大的峭壁上呈“人”字形飞腾而下。登观瀑亭，可见百丈泉迸出悬崖，一落千丈。此外还有鸣弦泉、三叠泉、水帘洞等。九龙瀑在云谷寺去苦竹溪的途中，从香炉、罗汉两峰间的悬崖上倾泻而下，九叠九折，一折一瀑，十分壮观。“飞泉不让匡庐瀑，峭壁撑天挂九龙。”

4. 泉景

按水温可分为冷水泉（低于当地的年均温）、温泉（当地年均温以上，45℃以下），热泉（45℃）及沸泉。

知识链接

被誉为“天下名泉”的黄山温泉，其水温经常保持在摄氏42℃左右，水质清澈，其味甘美。此泉源于朱砂峰。相传每隔300年左右，便涌出一次朱砂，泉水尽赤，因此自唐代

起，人们就称之为朱砂泉。其实根据现代科学分析，此泉水以含碳酸盐为主，并含有微量的钙、镁、钠等多种对人体有益元素。用此水浴疗，可以增进健康。所以古人有诗云："五岳若与黄山并，犹欠灵砂一道泉"。

泉水美化环境，造景育景，增加观赏点，如太原晋祠、甘肃酒泉公园、甘肃敦煌月牙泉、云南大理蝴蝶泉，济南趵突泉、黑虎泉、珍珠泉、金线泉。

知识链接

华清池位于陕西临潼城南骊山西北麓，是陕西有名的胜迹之一。唐玄宗并不因为长安豪华的宫殿而满足，又将骊山下修的汤泉宫大加扩建，改名华清宫。每年冬天，他都带着杨贵妃去那里避寒。华清宫有一组庞大的宫殿群，飞霜殿和九龙殿分别是玄宗居住和洗澡的地方。海棠汤是专供贵妃沐浴的地方。唐代诗人白居易在《长恨歌》中用"春寒赐浴华清池，温泉水滑洗凝脂。侍儿扶起娇无力，始是新承恩泽时"的诗句，来描述贵妃在芙蓉汤沐浴后的娇态。

5. 海洋

海洋是世界最大的水体，约占地表总面积的71%，大量旅游活动都集中在大陆边缘的海岸带、岛屿群。按海洋旅游的内容，可分为以下几种。

1）海洋风光的观赏

辽阔的海面，水天一色，海景的多变，令人神往，具有海滨观潮，极具吸引力。例如，我国钱塘江观潮、蓬莱阁观海市；海岸景观有沙滩、砾石、卵石、珊瑚、贝壳、礁石悬崖、海岸，名胜古迹、灯塔、海港、渔村、现代建筑；水族宫、海洋公园中可以欣赏到海洋奇特的生物。

知识链接

蓬莱阁位于山东省蓬莱县城北一公里的丹崖山巅。此处即秦始皇、汉武帝寻求海上仙山和长生不老药的地方。现在的蓬莱阁建在汉武帝当年祈海求仙的旧址上。方士徐福受秦始皇之命乘船去海上蓬莱、方丈、瀛洲三仙山求仙觅药的地方也在此处。蓬莱阁是因汉武帝在此观蓬莱仙岛而得名。北宋郡守朱处约在汉武帝观蓬莱仙岛的地方建阁命名。

2）海滨休疗与水上娱乐

海水中含有钠、钾、碘、镁、氯、钙等多种对人体非常重要的元素，尤其是碘的作用；海滨空气中含有这些元素较多，对人体健康有利，更有利于创伤、骨折等疾病的康复；海洋空气中的氧和臭氧含量较多，灰尘少，空气清新，太阳紫外线较多；由

于水的比热大，缩小了气温变化的幅度，环境比较舒适，是消暑、避寒、休息、疗养的好去处；海滨更提供了广阔的娱乐天地，如海浴、冲浪等体育活动，品尝海鲜；海滨也是避暑、疗养、休假胜地，气候适宜、阳光充足，有“三 S（sun，sea，sand，太阳、海洋、沙滩）”景观。

3）海底观光探秘

（1）潜水。游客在潜水督导员的指引下，潜在水下观赏鱼类、珊瑚等海生动物，或游览和考察海底地貌，或去探寻水下的古迹沉船，还可以在游览中进行水下狩猎、摄影、打捞活动。已有 30 多个国家建立了海洋旅游中心。美国、澳大利亚、新加坡、泰国、菲律宾、印度尼西亚海域都是令旅游者向往的地方。我国的潜水基地有湛江、海南岛等。

（2）人工海底乐园。美国佛罗里达州奥兰多迪士尼世界建立的“活海”，即人造海直径 62 米，深 8.2 米，“海’内养有热带珊瑚和鲨鱼等 4 000 种海洋动植物，“海底汽车”将通过水下走廊，把游客送到珊瑚礁餐厅，游客透过玻璃观看海底世界。

2.3 气象气候旅游资源

学习内容

（1）了解气象气候与旅游关系。
（2）了解气象气候旅游资源的特点。
（3）了解气候类型的旅游分析。
（4）掌握气象气候旅游资源的类型。

贴示导入

气象气候旅游资源影响景观季相变化，影响游客舒适指数，影响旅游计划和观赏效果，形成各地自然旅游资源的特色。气象气候也可以形成美景和景点，为旅游景点提供舒适环境。

深度学习

2.3.1 气象气候与旅游关系

1. 影响某些景观的季相变化

四季分明的北方，植物景观“春花、夏荣、秋萧、冬枯”，造成山“春山艳冶而如笑，夏山苍翠而如滴，秋山明净而如妆，冬山惨淡而如睡。”

2. 影响旅游流的时空分布

从全球来看，亚热带和温带适宜于多数人的一般旅游。这里大部分时间气候温和，雨量适中，水文及植被条件比较好，为游客提供了较好的环境及自然景观观赏条件。因而一年内，去亚热带、温带旅游的人比去寒带、热带旅游的人要多。地中海沿岸气候温和，阳光充足，有优良的海滩、海水，为寒冷、潮湿、少阳光的北欧、西欧地区的人们提供了良好的避寒、娱乐佳境，到这里旅游的游客经久不衰。

3. 影响游客计划和旅游观赏效果

（1）影响既定旅游计划能否顺利地执行，旅游路线及时间安排确定以后，如果遇到意外的天气变化，阴雨、大风、寒潮等，原计划就难于圆满完成，会给游客带来一定损失。

（2）天气的变化除影响游览计划外，对每次特定目的的游览观赏效果也会产生直接影响，日出、日落，应该是晴天无云无雾，能见度好。到海滨游泳，应该是好天气、阳光充足、水温适度，使水浴、光浴、沙浴有效地结合起来。

2.3.2 气象气候旅游资源的特点

1. 地域性

（1）地理纬度及海拔高度的影响，形成气候的水平地带性分布规律及垂直地带性分布规律。

（2）由于海陆分布的不同影响，近海与大陆内部气候有明显的差异。

（3）由于东西向延伸的高山的影响，南北坡气候也有所不同。

（4）城市有大量建筑、众多人口及工厂，形成“热岛效应”，与周围乡村不同的小气候。

（5）大片的森林、沙漠、水域等不同下垫面，都会对太阳辐射产生不同影响，形成不同的地方性小气候。

2. 季节性

不同季节的气候不同，因而形成不同景致。东北冬季千里冰封，万里雪飘；黄山云海，最好景致在秋季至春季；大理点苍山玉带云多出现于夏末秋初。

3. 瞬变性

云雾、雨、日出、朝晖夕阳等瞬息变幻。蜃景、佛光更是瞬间出现或消失。

4. 可做配景

除冰雪景外，气象气候无相对稳定的实体，需要与其他景观结合，起到配景、借景作用。海南岛成为避寒胜地，除气候条件优越外，蓝天、碧水、沙滩、黎族风情、五指山风光等都是重要的支撑点与组合要素。

诗词典故

五指山位于海南省通什市东北部，海拔1 867米，为海南岛的最高峰，也是海南岛的象征。其五座山峰高耸林立，并排成线，因形似五指而得名。明代诗人丘浚13岁时赋的《咏五指山》流传至今。诗曰：

五峰如指翠相连，撑起炎荒半壁天。夜盥银河摘星斗，朝探碧落弄云烟。

雨余玉笋空中现，月出明珠掌上悬。岂是巨灵伸一臂，遥从海外数中原。

2.3.3 气候类型的旅游分析

1. 地带性气候与旅游

1）中国的气候特点

季风气候明显，大陆性气候强，气候类型多种多样。大部分地区位于北温带和亚热带，属大陆性季风气候区。大部分地区四季分明，冬寒夏热。由于幅员辽阔，地形复杂，高差悬殊，因而具有多种多样的气候类型。我国的温带由南向北依次是热带、亚热带、温暖带、中温带、寒温带，此外还有一个青藏高原垂直温带。中国最北部黑龙江省漠河地区，位于北纬53°以北，属寒温带气候，而最南端的海南省曾母暗沙距赤道只有400公里，属赤道气候，南北各地气温相差十分悬殊。冬季，中国广大地区千里冰封，万里雪飘，漠河地区一月平均气温为-30℃左右，而此时海南三亚的平均气温却超过20℃。我国冬季气温的特点是大部分地区冬季寒冷，南北温差大。夏季，由于此时阳光直射点在北半球，北方白昼比较长，获得的光热与南方相差较小，因此，除地势特别高的青藏高原以外，全国普遍高温，南北气温差别不大。

中国大部分地区受海洋暖湿气流的影响，降水比较丰富，但降水存在着地区分布和时间分配不均匀。东部多，西部少，由东南向西北逐渐减少，多集中在夏季，南方雨季长，集中在5~10月，北方雨季短，集中在7~8月。降水量有的年份多、有的年份少，年际变化很大。中国绝大部分地区地处北回归线以北，冬季太阳入射角度小，日照时间短，获得的太阳光热较少，而且越往北越少；夏季阳光直射点在北半球，因而获得的光热普遍增多，且日照时间长。

知识链接

气候类型：云南西双版纳、广东雷州半岛、海南省属于热带季风气候，气候特点为全年高温，雨季集中在夏季；秦岭—淮河以南的亚热带地区属于亚热带季风气候，气候特点为冬季低温少雨，夏季高温多雨；秦岭—淮河以北的华北、东北地区属于温带季风气候，气候特点为冬季寒冷干燥，夏季炎热多雨；西北地区属于温带大陆性气候，气候特点为冬寒夏热，干旱少雨；青藏高原地区属于高原（高山）气候，气候特点为气候垂直变化明显，气温随高度增加而降低。

2）地带性气候对旅游的影响

地带性气候影响景观，使旅游有季节性特点，冬寒夏热使我国春秋两季形成旅游旺季。但可以因地制宜地充分利用气候特点。例如，海南岛每年春节可以吸引大量游客，哈尔滨冬季冰雪也吸引了很多游客，四川九寨沟四时美景不断。

2. 山地气候与旅游

在山地、高原地区，海拔高度较大，形成了气候的垂直变化。7 月，当关中平原为炎热的盛夏时，太白山山顶凉意浓郁“太白积雪六月天”；西藏南迦巴瓦峰海拔 7 765 米，冰雪终年不消，而相距不远的雅鲁藏布江谷地则呈现一片亚热带风光。

知识链接

气候垂直变化的基本原因：海拔高度增高，气温下降，其递减率为高度每增加 100 米，气温下降 0.6℃。山地气候的垂直变化，使山地气温低于临近的河谷、平原区的气温，因此山地成为夏季避暑的好地方。

3. 地方气候、小气候与旅游

（1）局部下垫面（地貌、植被、土壤、水体等）结构、性质及周围环境不同，会引起近地面层的热量与水分状况的差异，这种差异便形成了小范围的特殊地方气候或小气候。

地方气候范围较大，水平尺度可达 10～100 公里；小气候水平尺度不越过 10 公里，垂直范围不越过 1 公里，近地 1～2 米高度层称“贴地层”，故称“贴地气候”，这一层是人类和其他动物活动的场所，也是人类旅游活动的主要场所，小气候的形成与下垫面的关系密切，所以，人类活动在一定程度上可以改变小气候，小气候的差异是引起人们近距离旅游的一个主要因素。例如，从城市气候转到湖滨气候、森林气候、乡村农田气候、洞穴气候环境中。

（2）某些地方气候或小气候，适宜开展旅游或形成具有吸引力景观。沿海、沿湖地带，受水体影响，与原理海面的内陆相比，气温温差小，相对湿度大，冬季温度高、夏季温度低。我国的青岛、秦皇岛、广西北海、福建鼓浪屿，形成了著名的冬暖夏凉的旅游、度假、疗养胜地；在许多特殊地方，山谷口、海边常形成山谷风、海陆风，夏季凉风阵阵，可供人们避暑、纳凉，云南下关的风就是如此。

2.3.4 气象旅游资源

1. 云雾景

大气中的水分是通过地球表面的河流、湖泊、海洋等蒸发和植物蒸腾作用而来的。云雾景观以湿润的南方及东部沿海地区较为普遍，尤以山区为佳，如黄山云海、庐山瀑布云、点苍山玉带云等是云中奇景。

知识链接

黄山有五大云海区，即东海、西海、南（前）海、北（后）海、天（中）海。人们可以在玉屏楼观南海，在清凉台观北海，在排云亭观西海，在白鹅岭观东海，在平夫矼观天海。11月~翌年5月，尤其是在雨雪天气之后的日出或日落时更为壮观。

2. 雨景

降雨可形成自然美景，如漏天银雨（蓬莱十景之一）、洪椿晓雨（峨眉山旧十景之一）等。

3. 冰雪、雾凇、雨凇景观

“吉林树挂”是我国最著名的雾凇奇景，曾与桂林山水、路南石林、长江三峡并称为我国四大自然奇观。雨凇与云海、日出、夕阳、佛光、蜃景合称为“天象六景”。

（1）雾凇是一种白色凝结物，是呈针状或粒状的疏松微小的冰晶或冰粒。吉林雾凇如图2.24所示。

（2）雨凇是寒冷时过冷却的雨滴，碰到物体上很快冻结起来的透明或半透明的冰层。我国雨凇最多的地方是峨眉山。峨眉山雨凇如图2.25所示。

图2.24 吉林雾凇

图2.25 峨眉山雨凇

（3）冰雪：雪是中纬度地区的冬季和高纬度地区常出现的一种特殊天气降水现象，可以形成壮观的雪景。冰雪可以开展冰雪运动旅游，也可作为旅游观赏的内容，哈尔滨的冰雪节和吉林松花湖青山滑雪场都很有名。

知识链接

吉林雾凇为何多？因为松花江水流经吉林、哈尔滨等地，从“松花湖”流出，水温高于地面物体温度，蒸发的水汽在严寒条件下附着在树枝上直接凝结。吉林是一座化工、冶金工业城市，空气中烟尘杂质含量多，为过饱和水汽提供大量了凝结核，加上沿江又是绿化带，故雾凇出现次数最多。冬至以后，10~4月，雾凇每天从傍晚开始出现直到第二天午后，随气温升高而脱落，持续时间约为20小时。

雨凇产生条件：近地面层有温度向上递增的条件，所以从高层气温高于0°的气层中下降的雨滴，到了近地面层中，因为气温低于0°，使雨呈过冷却状态，这种过冷却水滴只要滴落于一切温度接近0°以下的物体便立刻凝冻成雨凇。

4. 佛光与蜃景

佛光、蜃景都是奇幻景观，均与大气对太阳光线的折射有关。佛光又称宝光（祥光），在多雾时站在山顶上，会看到前面的云雾天幕上出现一个人影或头影，周围环绕着一个彩色的光环。我国佛光以峨眉山金顶佛光最为著名；蜃景是太阳光线经远距离折射，将远处景物显现在空中或海面上空的一种幻景。山东蓬莱阁和浙江普陀山是观赏海市蜃楼的绝佳处。

5. 日出、日落和明月景观

“旭日东升”是泰山四大奇观之一。许多名山形成了固定的观日点，如泰山的观日峰、华山的东峰、峨眉山的金顶、黄山的翠屏楼等。夕阳西下也有难以道尽的妙处，如济南的“江波晚照”、西湖的“雷峰夕照”、台湾的“平安夕照”、西安的“骊山晚照”等。月相变化使人产生丰富联想，中秋赏月已成传统习俗。“洞庭秋月”（岳阳）、“三潭印月”（杭州）、“风花雪月”（大理）等是明月胜景。

2.4 生物旅游资源

学习内容

（1）了解生物与旅游关系及吸引因素。

（2）了解生物旅游资源的特点。

（3）掌握生物旅游资源的类型。

贴示导入

生物是自然界中具有生命的物体，包括动物、植物和微生物三大类。作为旅游观赏和活动内容的生物旅游资源，主要是动物和植物。动物是以有机物为食，有神经有感觉，能运动的生物。植物是有叶绿素，无神经，无感觉的生物。复杂的地表产生丰富多彩的植被类型，动物依赖于植物，不同植被类型有不同的动物相伴。地球上有植物30多万种，动物190多万种。

深度学习

2.4.1 生物与旅游关系及吸引因素

1. 生物与旅游的关系

（1）生物是富有生机的自然旅游景观所不可缺少的组成部分，如峨眉天下秀、青城天下幽、鸟语花香等。

（2）生物能使游客在旅游中获得知识，扩大视野，吸引游客探索大自然。

（3）生物可以根据游客的需求，更新、创造新的旅游景观，更紧密服务于旅游业。如植物园、动物园、田园风光、盆景、花雕、树雕等。

2. 生物旅游资源吸引因素

1）风采美

蓬勃的生机，这是生物旅游资源与其他自然旅游资源最大的区别；艳丽的色彩，给游人以丰富的色彩美；多姿的形态，如西湖的垂柳、黄山的迎客松、长颈鹿等。

2）珍惜美

珍稀的物种，如唯独在中国幸存下来的银杏树，中国的东北虎，澳大利亚的鸭嘴兽、树袋熊和大袋鼠属等。

3）寓意美

在世界上的许多国家、地区或民族，对某些动植物都赋予特殊意义。例如，以雄鹰、雄狮来象征民族的威武，坚强不屈；莲花是佛教的象征。

4）嗅味美

迷人的芳香给游人以神清气爽之感。

5）奇特美

奇特的现象，如产于我国和北美叶似马褂的鹅掌楸，如图 2. 26 所示；陆地上体积最大、长有长鼻子和长门牙的大象；世界上最大的不能飞翔的鸟——鸵鸟；最大的莲——王莲，如图 2. 27 所示。

图 2. 26　鹅掌楸

图 2. 27　王莲

6）医疗健身

动物植物的某些部分或器官，或由动物植物构成的环境对人有调节精神、抗病强身的功能。如人参、枸杞等名贵药材可以治病，“森林浴”可以解除疲劳，抗病强身，动物资源可以制作药品，如蛇胆川贝液。

2.4.2 生物旅游资源的特点

1. 生命性

生命性是指生物具有生长繁殖、衰老死亡、开花落叶、迁徙捕食等生命特性。

2. 可持续性

可持续性是指生物可以繁殖、驯化、进行空间移植。

3. 季节性

季节性是指生物随季节变化而发生的形态和空间位置变换，而形成季节性景观的特点，植物更显得突出。

4. 脆弱性

由于人类无休止的开发、利用资源，环境污染的加重，生态环境的恶化等，许多生物濒于灭绝，如大熊猫、华南虎、白鳍豚、丹顶鹤、褐马鸡、王莲等。

5. 丰富性

丰富性是指生物旅游资源在空间分布上的广泛性和多样性。由于生物物种的多样性而造成生物旅游景观的多样性。

6. 特色性

特色性指生物受地域分异规律控制而形成的不同地方有不同生物景观的特点。

7. 冶情性

冶情性，又称寓意性，是指生物的某些特征中蕴藏着某种备受人们推崇的精神，能够启迪人的心灵，陶冶人的情操，这就是生物景观的文化价值所在。例如，鸽子是和平的象征。

8. 多功能性

多功能性是指观赏、娱乐、狩猎、垂钓、疗养、食用、保健、医疗、启迪心灵、陶冶情操等。

2.4.3 生物旅游资源的类型

1. 植物旅游资源

根据植物美学特征，可将植物旅游资源分为观赏植物、奇特植物、珍稀植物、风韵植物（又称寓意植物）四大类。

1）观赏植物

根据观赏植物中最具美学价值的器官和特征，将其划分为观花植物、观果植物、观叶植物和观枝冠植物。

（1）观花植物。花是植物中最美、最具观赏价值的器官，花色、花姿、花香和花韵为观赏花卉的四大美学特性。

知识链接

牡丹（花中之王）、月季（花中皇后）、梅花（群花之冠）、菊花（寒秋之魂）、杜鹃（花中西施）、兰花（花中君子）、茶花（花中珍品）、荷花（水中芙蓉）、桂花（金秋娇子）、君子兰（黄金花卉）是我国的十大传统名花。

（2）观果植物。观赏果实的色彩以红、紫色为贵，黄色次之。

知识链接

榴莲（果中之王）、西瓜（瓜中上品）、中华猕猴桃（超级水果）、梨（百果之祖）、苹果（记忆之果）、葡萄（水晶明珠）、柑橘（美味佳果）、香蕉（长腰黄果）、荔枝（果中皇后）、菠萝蜜（微花巨果）被誉为世界十大名果。

（3）观叶植物。不少植物叶色随季节变化呈现出高的观赏价值，如北京香山红叶。

（4）观枝冠植物。树木的枝冠之美主要由树冠外形和棱序角决定。例如，棱序角为90°的雪松和棱序角为90°~180°的垂柳，棱序角为10°左右上向形的美国白杨，均具有极高的观赏价值。

2）奇特植物

奇特植物往往以其独特或地球上绝无仅有的某一特征而闻名，如结“面包”的树——面包树、最高的植物——杏叶桉、最粗的植物——百骑大栗树、最大的花——大王花、树冠最大的树——榕树等。

知识链接

世界著名的植物之最如下。

最高的植物：杏叶桉，澳大利亚草原上的杏叶桉，一般树高100米左右，最高竟达156米，比美国巨杉还高14米。

最粗的植物：百骑大栗树，地中海西西里岛的百骑大栗树主干直径达17.5米，周长为55米，巨大浓密的树冠可容百骑人马遮阳避雨。

最大的花：大王花，印度尼西亚的爪哇和苏门答腊热带森林中的大王花奇大无比，直径约 1.4 米，最重的超过 50 千克。

树冠最大的树：榕树，“独树成林”的榕树闻名世界，孟加拉的一颗榕树树冠投影面积达 1 万平方米之多，可容纳几千人在树荫乘凉。

最轻的树木：轻木，南美洲厄瓜多尔的轻木树生长速度特别快，植株的各部分异常松软，干燥的轻木重量只占原重量的 10%~25%。

最长寿的种子：古莲子，在我国辽宁省金县的深泥炭支中挖出的古莲子，寿命长达 830~1250 岁，经处理后仍能发芽、开花、结果。

最小的有花植物：微萍，我国南方池塘水面上生长的微萍很小，只有圆珠笔芯的 1/4，其花小如针尖，只有在显微镜下才能观察到。

最孤单的植物：独叶草，在中国的云南生长着一种植物，仅有一片叶子，真是孤单到“独花独叶——根草”。

3）珍稀植物

珍稀濒危植物是人类保护的主要对象，同时具有极高的景观价值。

知识链接

世界八大珍稀植物：世界上最大的莲——王莲；古老的活化石——水杉，如图 2.28 所示；热带雨林巨树——望天树；蕨类植物之冠——桫椤；奇异的长命叶——百岁兰；中国的鸽子树——珙桐，如图 2.29 所示；最重量级椰子——海椰子；稀世山茶之宝——金花茶。

图 2.28　水杉

图 2.29　珙桐

4）风韵植物

因植物物种及生长环境不同，而产生各自特殊的风韵，使之成为人类社会文化中某一种事物或精神的象征者。叶、花、果、枝、树都有风韵。“国花”和“市花”成了一个国家和城市的象征。

梅花（中国）；玫瑰（英国、美国）；樱花（日本）；茉莉（菲律宾）；郁金香

（荷兰）；石榴花（西班牙）；矢车菊（德国）；睡莲（泰国）；鸢尾（法国）；雏菊（意大利）；虞美人（比利时）；大丽花（墨西哥）；金合欢（澳大利亚）。

知识链接

市花：月季（北京、天津、河南郑州、河北石家庄）；菊花（山西太原、北京）；丁香（哈尔滨、青海西宁）；玫瑰（辽宁沈阳、甘肃兰州、新疆乌鲁木齐、西藏拉萨、哈尔滨）；白玉兰（上海）；桂花（浙江杭州、安徽合肥）；荷花（湖南长沙、山东济南）；石榴花（陕西西安、安徽合肥）；太平花（山西太原）；君子兰（吉林长春）；茉莉、水仙（福建福州）；瑞香（江西南昌）；梅花（江苏南京、湖北武汉）；木棉花（广西南宁）；夹竹桃（宁夏银川）；木芙蓉（四川成都）；琪桐（贵州贵阳）；山茶花（云南昆明）；三叶梅（海南海口）；木棉（广东广州）；山茶花（重庆）；荷花（山东济南）；梅花（江苏南京）；丁香花（内蒙古呼和浩特）。

2. 动物旅游资源

根据审美和构景，可将生物旅游资源分为观赏动物、珍稀动物、奇特动物和表演动物。

1）观赏动物

观赏动物是动物的体态、色彩、运动和发声等方面的特征能引起人们美感的动物。可分为观形动物、观色动物和听声动物。

知识链接

世界范围著名珍稀动物：无翼夜行的几维鸟；光彩夺目的极乐鸟，如图 2.30 所示；中国国宝——大熊猫；中国独有的猴——金丝猴；世界屋脊之鹿——白唇鹿；似猪非猪的美洲貘；最大、最珍贵的江河哺乳动物——白鳍豚，如图 2.31 所示。

图 2.30　极乐鸟

图 2.31　白鳍豚

2）珍稀动物

珍稀动物是野生动物中具有较高社会价值、现存数量又非常稀少的珍贵稀有动物。例如，大熊猫、金丝猴、白鳍豚、白唇鹿被称为中国四大国宝。

3）奇特动物

奇特动物有特殊的外形，如海龟、大象等；特殊的生态，如喜欢群居的蝴蝶。

4）表演动物

动物不仅有自身的生态、习性，而且在人工驯养下，某些动物还会有模拟特点，即模仿人的动作或在人们指挥下做出某些技艺表演，如大象、猴子、海豚、狗、黑熊等。

2.5 自然保护区

学习内容

（1）了解自然保护区的意义。

（2）了解自然保护区的类型。

（3）掌握自然保护区的功能划分。

（4）熟悉中国列入联合国《世界遗产名录》和“世界生物圈保护区”的项目。

贴示导入

自然保护区是指国家为了保护自然环境和自然资源，对具有代表性的不同自然地带的环境和生态系统、珍贵稀有动物自然栖息地、珍稀植物群落、具有特殊意义的自然历史遗迹地区和重要的水源地等，划出界线，并加以特殊保护的地域。

深度学习

2.5.1 自然保护区的意义

自然保护区的意义：为人类提供生态系统的天然“本底”；有利于生物多样性的保护和生物资源可持续利用；有助于改善环境，保护地区生态平衡；具有保护人类文化遗迹的重要功能；进行有关自然科学和环境保护教育的重要场地；自然保护区内一般有特殊的地理景观，是旅游者的向往之地。

2.5.2 自然保护区的功能划分

1. 核心区

核心区处于保护区中心地段，距保护区外围边界较远，保护对象分布比较集中，自然资源和环境未受到或很少受到人类活动干扰，需要严格保护。

2. 缓冲区

缓冲区位于核心区外围，可以防止和控制人类活动对核心区的不利影响，起缓冲作用；为科学研究提供场所。

3. 实验区

核心区和缓冲带外围是实验区，可以进行旅游、实验研究等。

2.5.3 自然保护区的类型

自然保护区可以分为自然生态系统类、野生生物类、自然遗迹类。

1. 自然生态系统类型自然保护区

自然生态系统类型自然保护区是指对各类较为完整的自然生态系统及其生物、非生物资源进行全面的保护。生态系统有陆地生态系统和海洋生态系统。陆地生态系统有森林、草原、湿地、荒漠、岛屿等类型，其中森林是陆地生态系统的主体；海洋生态系统，按生物群落划分，一般分为红树林生态系统、珊瑚礁生态系统、藻类生态系统等。自然生态系统类型自然保护区的面积一般都比较大，保护、研究的对象比较多，如吉林的长白山自然保护区、福建的武夷山自然保护区、云南的西双版纳自然保护区、陕西的太白山自然保护区等。

2. 野生生物类型自然保护区

1）野生动物类型自然保护区

野生动物类型自然保护区是指保护各种珍稀动物及其主要栖息、繁殖地，或以其他有科研、经济、医学等特殊价值的野生动物为主要保护对象而建立的特别保护区。如四川卧龙大熊猫自然保护区、江西桃红岭梅花鹿自然保护区、海南南湾猕猴自然保护区和安徽扬子鳄自然保护区等。

2）野生植物类型自然保护区

野生植物类型自然保护区是指以我国珍贵稀有的野生植物物种和典型、独有和特殊的植被类型为主要保护对象的特别保护区，如四川金佛山银杉自然保护区、新疆巩留野核桃自然保护区、四川攀枝花自然保护区等。

3. 自然遗迹类保护区

地球内部一直处于不断的运动之中，形成冰川、火山、喀斯特、温泉、洞穴等多种多样的自然历史遗迹。自然历史遗迹类保护区就是指对一些因自然原因形成的，有特殊价值而需要采取保护措施的非生物资源地区，如黑龙江五大连池保护区、吉林伊通火山群保护区和天津蓟县地质剖面保护区等。

2.5.4 中国列入联合国《世界遗产名录》和“世界生物圈保护区”的项目

1. 中国列入联合国《世界遗产名录》的项目

截止2012年7月7日，中国已有43处世界遗产，仅次于意大利（45处）和西班牙（44处），居世界第三位。其中文化和自然双重遗产4项、自然遗产9项、文化遗产30项（其中文化景观2项）。

（1）中国的世界文化和自然双重遗产包括泰山、黄山、峨眉山和乐山大佛、武夷山。

（2）中国的世界自然遗产包括武陵源风景名胜区、九寨沟风景名胜区、黄龙风景名胜区、云南三江并流、三清山风景名胜区、四川卧龙熊猫保护基地、中国南方喀斯特、中国丹霞、中国云南澄江化石遗址。

知识链接

云南三江并流是指金沙江、澜沧江、怒江这三条发源于青藏高原的大江在云南境内自北向南并行奔流170多公里，穿越崇山峻岭之间，形成世界上独有的三江并行奔流的自然奇观。其间澜沧江与金沙江最短直线距离为66公里，澜沧江与怒江的最短直线距离不到19公里。

（3）中国的世界文化遗产名单（30处）如下。周口店北京猿人遗址；长城；敦煌莫高窟；明清皇宫；沈阳故宫；秦始皇陵及兵马俑坑；承德避暑山庄及周围寺庙；曲阜孔府、孔庙、孔林；武当山古建筑群；布达拉宫（大昭寺、罗布林卡）；福建土楼；丽江古城；平遥古城；苏州古典园林；颐和园；天坛；大足石刻；明清皇家陵寝（明显陵、清东陵、清西陵、明孝陵、十三陵、盛京三陵）；皖南古村落（西递、宏村）；龙门石窟；都江堰—青城山；云冈石窟；高句丽王城、王陵及贵族墓葬；澳门历史城区；安阳殷墟；开平碉楼与古村落；登封“天地之中”历史建筑群；杭州西湖文化遗产；庐山（世界文化景观）；五台山；元上都遗址。

知识链接

位于长城以北的元上都遗址包含着忽必烈建造这座传奇都城的大量遗存，占地25 000多公顷。元上都是1256年由蒙古统治者的汉人幕僚刘秉忠设计的，这是一次特有的融合蒙古游牧民族文化和汉族文化的尝试。

2. 中国列入“世界生物圈保护区”的项目

中国列入“世界生物圈保护区”的项目包括以下32处。吉林长白山生物圈保护

区；广东鼎湖山生物圈保护区；四川卧龙生物圈保护区；贵州梵净山生物圈保护区；福建武夷山生物圈保护区；内蒙古锡林郭勒生物圈保护区；湖北神农架生物圈保护区；新疆博格达峰生物圈保护区；江苏盐城生物圈保护区；云南西双版纳生物圈保护区；贵州茂兰生物圈保护区；浙江天目山生物圈保护区；内蒙古达赉湖生物圈保护区；黑龙江丰林生物圈保护区；四川九寨沟生物圈保护区；浙江南麂列岛生物圈保护区；广西山口红树林生物圈保护区；甘肃白水江生物圈保护区；云南高黎贡山生物圈保护区；内蒙古赛罕乌拉生物圈保护区；河南宝天曼生物圈保护区；四川黄龙生物圈保护区；黑龙江五大连池生物圈保护区；四川亚丁生物圈保护区；陕西佛坪生物圈保护区；西藏珠穆朗玛峰生物圈保护区；黑龙江兴凯湖生物圈保护区；广东车八岭生物圈保护区；广西猫儿山国家级自然保护区；江西井冈山生物圈保护区；陕西牛背梁生物圈保护区；辽宁蛇岛、老铁山生物圈保护区。

知识链接

黑龙江兴凯湖自然保护区坚持以保护为重点，积极开展科学研究，湿地生物多样性得到了有效保护。保护区现有高等植物650种，脊椎动物319种，其中国家一级保护动物有丹顶鹤、东方白鹳、白尾海雕、虎头海雕、金雕5种，二级保护动物有36种。

课堂讨论

（1）地质地貌旅游资源的旅游吸引因素与旅游功能

（2）海洋可以开展哪些旅游活动？

（3）雨凇和雾凇有何不同？

（4）自然保护区建立的意义何在？

单元小结

通过本章的学习，使学习者了解地质地貌、水体、气象气候、生物、自然保护区自然旅游资源类型，熟悉自然旅游资源各类型的特点，掌握各种类型自然旅游资源的代表性景观。

课堂小资料

青藏高原，中国最大、世界海拔最高的高原，如图2.34所示。大部在中国西南部，包括西藏自治区和青海省的全部、四川省西部、新疆维吾尔自治区南部，以及甘肃、云南的一部分。整个青藏高原还包括不丹、尼泊尔、印度、巴基斯坦、阿富汗、塔吉克斯坦、吉尔吉斯斯坦的部分，总面积250万平方公里。境内面积240万平方公里，平均海拔4 000~5 000米，有“世界屋脊”和“第三极”之称。是亚洲许多大河的发源地。

塔克拉玛干沙漠位于中国新疆的塔里木盆地中央，中国最大的沙漠，也是世界第二大沙漠，同时还是是世界最大的流动性沙漠。如图 2.35 所示。整个沙漠东西长约 1 000 公里，南北宽约 400 公里。

图 2.34 青藏高原

图 2.35 塔克拉玛干沙漠

考 考 你

(1) 世界最深的湖泊是哪个?
(2) 世界第一大峡谷? 亚洲第一大洞? 世界最大的天生桥?
(3) 看黄山云海最好的时间?
(4) 德国和泰国的国花?
(5) 你能说出至少十个中国加入世界遗产的项目吗?

3

人文旅游资源

学习任务

（1）熟悉历史古迹类旅游资源类型及代表景点。
（2）熟悉宗教文化。
（3）掌握园林类旅游资源。
（4）掌握历史文化名城与民族民俗类旅游资源。

知识导读

中华文化源远流长，民族特色鲜明，孕育了中华大地异彩纷呈的人文旅游资源。人文旅游资源是由各种社会环境、人民生活、历史文物、文化艺术、民族风情和物质生产构成的人文景观，由于各具传统特色，而成为旅游者游览观赏的对象。

3.1 历史古迹类旅游资源

学习内容

(1) 了解历史古迹与旅游的关系。

(2) 掌握人类历史文化遗址的界定与类型。

(3) 熟悉古代建筑类型与代表。

(4) 熟悉古代陵墓形制与代表。

贴示导入

人类社会有长达300万年的发展历史。在这漫长的岁月中，人们通过自己的聪明才智和长期的社会实践，适应自然、改造自然，为旅游者留下了无限遐想的空间。长城再现了秦始皇统一中国的历史轨迹，旅游者可以走进古迹，畅游华夏历史。

深度学习

3.1.1 历史古迹与旅游的关系

1. 历史古迹的概念和界定

1) 定义

历史古迹是指人类社会发展历史过程中留存下来的活动遗址、遗迹、遗物和遗风等。

2) 广义

历史古迹包括古代遗址、古代建筑、古代陵墓、古代园林、宗教遗存、文物遗存、古代城市、古代文学艺术、古代风俗。

3) 狭义

历史古迹包括历史活动遗址、古代建筑、古陵墓和历史文物。

4) 古迹和文物的分别界定

(1) 古迹是指古代流传下来的建筑物或具有研究、纪念意义的地方。

(2) 文物则是指遗存在社会上或埋藏在地下的历史文化遗物。两者又统称文物古迹。

2. 历史古迹在旅游业中的利用

1) 社会历史的真实写照

追寻丝绸之路的踪迹，可以了解出使西域的张骞、投笔从戎的班超、去西天取经

的玄奘，了解西汉时中国和中亚及欧洲的商业往来。

2）人类文化的集中凝聚

金字塔是古埃及文明的充分展示，雅典神庙是古希腊文明的深刻反映，昭君墓是汉朝汉族和匈奴两族团结友好的见证。

3）古代科技的高度浓缩

在公元前12世纪曾制造出832.84千克重的司母戊鼎浓缩了商周时期是我国青铜文化的鼎盛时期的铸造技术。

4）景观美学的形象展示

古建筑、古园林、古陵墓及古代文物是景观美学形象展示的最好代表，表现出丰富的造型美、质地美、色彩美、意境美、环境美等美学内涵。

知识链接

后母戊鼎出土于河南安阳，现收藏于中国国家博物馆。是中国国家一级文物。重832.84千克，是世界迄今出土的最重的青铜器，享誉“镇国之宝”。后母戊鼎如图3.1所示。

图3.1 后母戊鼎

3.1.2 人类历史文化遗址的界定与类型

1. 古人类文化遗址

1）古人类文化遗址的界定

古人类文化遗址是指从人类形成到有文字记载以前的人类历史遗址，包括古人类化石、原始聚落遗址、原始人生产和生活用具、劳动产品等，如北京人遗址等。可以划分为旧石器时代和新石器时代两个区间。

2）古人类遗址的类型

（1）旧石器时代人类文化遗址，是指以使用打制石器为标志的人类物质文化发展阶段。是距今250~1万年的历史时期，可以划分为直立人阶段、早期智人阶段、晚期智人阶段。

（2）新石器时代古人类文化遗址，是指以磨制石器使用为主的原始社会中后期，持续6000年。可以划分为母系氏族公社阶段和父系氏族公社阶段。

2. 社会历史文化遗址

1）社会历史文化遗址的界定

社会历史文化遗址是指人类有文字记载以来活动场所的遗址，原貌虽毁，但与保存下来的文物古迹一样有着重要的旅游开发价值。

2）社会历史文化遗址的类型

（1）古城遗址。我国的古城起源于新石器时代后期，为较小规模的城堡。在商代发展成为规模较大、有防御设施的都城，如七大历史古都等。

知识链接

山西平遥古城（如图3.2所示）是中国境内保存最为完整的一座古代县城，是中国汉族城市在明清时期的杰出范例，在中国历史的发展中，为人们展示了一幅非同寻常的文化、社会、经济及宗教发展的完整画卷。平遥城墙总周长6 163米，墙高约12米，把面积约2.25平方公里的平遥县城隔为两个风格迥异的世界。城墙以内街道、铺面、市楼保留明清形制。

(a)  (b)

图3.2　山西平遥古城

（2）古道路遗址。秦始皇修了直道；被誉为“欧亚大陆桥”的丝绸之路，是我国古代最长的国际性道路，可欣赏绿洲、戈壁、沙漠、雪峰奇景，可寻古城探幽，可领略古长城、古隧道、古佛寺、古石窟的风采，都是探古旅游的好地方。

（3）古战场遗址。古战场遗址承载着历史战役、历史事件、历史人物和传说，对旅游者有比较大的吸引力，如比利时滑铁卢战场、法国的马奇诺防线、西藏江孜宗山炮台、赤壁之战遗址。

知识链接

西藏江孜宗山炮台是1904年西藏军民抗击英国侵略军的遗址，遗址炮台尚存。一部《红河谷》不仅艺术地再现了军民誓死抵抗的英雄气概，而且使宗山炮台成为知名全国的古战场遗址。清光绪二十九年（1903年），由荣赫鹏率领的英国近万人的武装使团从印度由亚东进入西藏，一路进攻，在1904年4月11日到达江孜。他们凭着先进的武器，强行推进，滥杀无辜。达赖13世下令西藏军民抵抗。西藏军民在宗山上用土制枪炮顽强抵抗两个多月，终因清政府的腐败无能、武器落后及火药库意外爆炸，弹尽粮绝，全部壮烈殉国。7月7日，宗山城堡失守。守卫宗山城堡到最后的藏军不愿被俘，全部跳崖。

3. 名人故居和活动遗址

历史上的名人是指在人类历史上有贡献、有影响的人物。后人为其建陵、修庙、立碑、塑像，保护和修葺其故居，保存遗物，供人参观、瞻仰或凭吊，如成都武侯祠等。

知识链接

成都武侯祠是中国唯一的君臣合祀祠庙，由刘备、诸葛亮蜀汉君臣合祀祠宇及惠陵组成。始于公元223年修建刘备陵寝时。一千多年来几经毁损，屡有变迁，现存祠庙的主体建筑于1672年清朝康熙年间（1661—1722年）重建，享有“三国圣地”之美誉。

4. 革命遗址及革命纪念地

为纪念革命先烈，弘扬爱国精神，保护革命遗址，修建了纪念馆，成为后人瞻仰的革命遗址和革命纪念地，如福建郑成功纪念馆、广东虎门炮台、广州黄花岗烈士陵园等。

3.1.3 古代建筑

1. 古代建筑的艺术特征

1）木构梁柱式构架的科学艺术

以木材作为主要建筑材料，中国古代建筑在结构方面尽可能使用木材，创造出独特的木结构形式、优美的建筑形体及相应的建筑风格。

2）优美柔和的轮廓造型艺术

中国古代建筑形成优美柔和的造型艺术美。中国古代的宫殿、寺庙、住宅等，其外观轮廓都由阶基、屋身、屋顶三部分组成。单体建筑的平面通常呈长方形，屋

顶造型可分为庑殿顶、歇山顶、盝顶、悬山顶、硬山顶、攒尖顶、卷棚顶、盔顶等形式。

3）整齐而又灵活的平面布局艺术

（1）重视建筑组群平面布局。中国古代建筑都是以“间”为单位构成单体建筑的，再以单体建筑组成庭院，进而组成各式组群。

（2）灵活的空间布局结构。由于中国古建筑采用框架式结构，墙体只起到分隔围护的作用，因而室内空间可以任意划分、随时改变。

4）丰富绚丽的建筑装饰艺术

中国古建筑装饰手法有雕刻、彩画、格纹等，有些建筑主体旁还常常建有衬托式建筑。古建筑中的雕刻又分为砖雕、木雕、石雕，应用尤其广泛。中国古建筑中另一种重要的装饰手法是彩画。

5）天人合一的环境艺术

建筑是空间和环境结合的技术，中国古建筑在天人合一思想的指导下，特别讲究与周围环境的和谐统一。民居村庄随山势而转折，园林借美色于园中。

2. 中国古代建筑的主要构件及等级

中国古代建筑表现出强烈的等级观念、敬天法地的崇拜思想、尊祖敬宗的宗法思想、皇权至上的统治思想、以家长为中心的家族思想。

1）建筑基座

台基用于乘托建筑物，防水隔潮，并使建筑物向高处延伸以显宏伟之势。分为普通基座，用于普通小式建筑；较高级基座，用于府宅大式建筑或宫殿中次要建筑；更高级基座，由砖石砌成，有汉白玉栏杆，又称须弥座或金刚座，多用于宫殿、寺庙、佛龛；最高级基座，由多个须弥座叠置而成，多重栏杆，尽量宏伟高大，为皇家宫殿所专用。

2）开间

“间”为四柱之间的空间，是基本单元，以间组屋，以屋组院，以院组群，是中国古代建筑的主要布局模式。古人以奇数为吉祥，面阔进深多为单数。九为阳数之极，所以面阔九间、进深五间成为皇权的象征，称“九五之尊”。

3）斗拱

斗拱处于梁柱和其他部件结合部，作用是加大木构件的接触面，增加抗震能力，是我国古建筑特有的构件。建筑物级别越高，斗拱层次越多。到周代初期，人们创造性地发明了斗拱结构，即由纵横相叠的短木和斗型方木相叠而成。

4）屋顶和屋檐

（1）屋顶和屋檐形式。屋顶和屋檐是宫殿、房舍的顶部，是整座建筑物暴露最多、最为醒目的地方，也是等级观念最强之处。清朝把《工程做法则例》中规定的27种房屋规格纳入《大清会典》，作为法律等级制度固定下来。

知识链接

(1) 重檐庑殿顶：这种顶式是清代所有殿顶中的最高等级。“四出水”的五脊四坡式，这种殿顶构成的殿宇平面呈矩形，面宽大于进深，前后两坡相交处是正脊，左右两坡有四条垂脊，分别交于正脊的一端。重檐庑殿顶是在庑殿顶之下，又有短檐，四角各有一条短垂脊，共九脊。现存的古建筑物，如太和殿，如图3.3所示。

(2) 重檐歇山顶：歇山顶亦称九脊殿。除正脊、垂脊外，还有四条戗脊。正脊的前后两坡是整坡，左右两坡是半坡。重檐歇山顶的第二檐与庑殿顶的第二檐基本相同，在等级上仅次于重檐庑殿顶。目前的古建筑，如天安门、太和门、保和殿（如图3.4所示）、乾清宫等均为此种形式。

(3) 单檐庑殿顶：其外形，即重檐庑殿顶的上半部，是标准的五脊殿、四阿顶。故宫中配庑的主殿，如体仁阁、弘义阁等均是。

(4) 单檐歇山顶：其外形如重檐歇山顶的上半部。大部分配殿是这种顶式，如故宫中的东、西六宫的殿宇等。

(5) 悬山顶：悬山顶是两坡出水的殿顶，五脊二坡。两侧的山墙凹进殿顶，使顶上的檩端伸出墙外，钉以搏风板。此种殿顶用处不少，如神橱、神库中的房屋等。

(6) 硬山顶：硬山顶亦是五脊二坡的殿顶，与悬山顶不同之处在于，两侧山墙从下到上把檩头全部封住，宫墙中两庑殿房以此顶为多。

(7) 攒尖顶：顶部都有一个集中点，即宝顶。攒尖顶有四角、六角和圆形之分。故宫中和殿、天坛祈年殿属攒尖顶。

(8) 卷棚顶：卷棚顶的最明显的标志是没有外露的主脊，两坡出水的瓦陇一脉相通。左右两山墙可有悬山顶和硬山顶的不同。此种建筑在园林中居多。宫殿建筑群中，太监、佣人等居住的边房多为此顶。

图3.3 太和殿重檐庑殿顶

图3.4 保和殿重檐歇山顶

(2) 用料和色彩。屋顶用料以瓦为主，主要有釉质琉璃瓦和灰陶瓦，琉璃瓦在南北朝开始使用，宋元开始全铺盖使用，琉璃瓦颜色丰富，以黄、绿、蓝色为主。到封建社会中期，黄色为五色中心，被尊为帝王之色，黄色琉璃瓦就成为皇宫主体建筑的专用色，王公贵族只可用绿色琉璃瓦覆顶。

(3) 屋脊装饰。古建筑多在屋脊上饰以动物雕塑，增加威严和神秘。正脊上的压脊兽名鸱吻，为龙之九子。垂脊上为垂兽，戗脊上为走兽。

5）彩画装饰

（1）和玺彩绘。和玺彩绘是彩绘等级中的最高级，用于宫殿、坛庙等大建筑物的主殿。梁枋上的各个部位用双线双曲线条分开。以龙凤为图案主体，间补花卉，主要线条全部沥粉贴金。金线一侧衬白粉或加晕。用青、绿、红色三种底色衬托金色，看起来非常华贵。如图3.5所示。

图3.5　和玺彩绘

（2）旋子彩绘。旋子彩绘（如图3.6所示）在等级上次于和玺彩绘，在构图上有明显区别，但也可以根据不同要求做得很华贵或很素雅。这种彩绘用途广，一般次要宫殿、官衙、庙宇、牌楼和园林中都采用，为双线单曲，画面为简化涡卷辫旋花，龙凤较少。

（3）苏式彩绘。苏式彩绘多用于园林和住宅，如图3.7所示。苏式彩绘除了有生动活泼的图案外，“包袱”内还有人物、故事、山水等。颐和园中的长廊是苏式彩绘的展览画廊。

图3.6　旋子彩绘

图3.7　苏式彩绘

3. 中国古代建筑的主要形式

古建包含陵墓、坛庙、园林、民居建筑等。这里主要介绍宫殿、楼阁、亭台、军事防御工程、古代桥梁建筑类型。

1）宫殿建筑

宫本为房屋的通称，殿为“堂之高大者也”。宫殿是我国古代建筑级别最高、技艺最精的建筑类型，规模之大、气势之宏、装饰之奢，无一类比。奴隶社会宫殿修建即始，从秦始皇开始，“宫”成为皇帝及其皇族居住的地方，宫殿是皇帝处理朝政的地方。秦朝有阿房宫，汉朝有未央宫、建章宫、长乐宫；唐有太极宫、大明宫、兴庆

宫，号称“三大内”；明朝有南京和北京宫殿群；清朝有沈阳故宫。

知识链接

(1) 宫殿的布局：严格的中轴对称；左祖右社，或称左庙有社；前朝后寝。

(2) 宫殿外陈设：华表、石狮、日晷、嘉量、吉祥缸、鼎式香炉、铜龟、铜鹤。

(3) 中国现存古代皇宫中保存完好的明清宫殿有北京故宫、沈阳故宫和西藏布达拉宫。

2) 楼阁建筑

楼阁建筑是两层或两层以上的古代木构建筑。楼的用途广泛，阁的用途主要为珍藏图书、佛经、佛像和观景。楼有浙江嘉兴烟雨楼、四川成都望江楼、云南昆明大观楼（如图 3.8 所示）、江南三大名楼等。阁有供佛阁，如北京颐和园佛香阁，藏书阁，如浙江宁波天一阁为我国古代藏书楼的典范，观景阁有滕王阁（如图 3.9 所示）、蓬莱阁等。

图 3.8　大观楼

图 3.9　滕王阁

知识链接

浙江宁波天一阁是中国现存最早的私家藏书楼，也是亚洲现有最古老的图书馆和世界最早的三大家族图书馆之一。天一阁占地面积 2.6 万平方米，建于明朝中期，由当时退隐的兵部右侍郎范钦主持建造。宁波市城市口号与天一阁有关：“书藏古今，港通天下。”天一阁博物馆宣传语：“风雨天一阁，藏尽天下书。”

3) 亭台

亭的用途可为观景、纪念、收存碑石、宗教祭祀等；台始于奴隶社会，如商纣的鹿台，绵延到魏晋，后来以台为台抬高建筑。河南洛阳汉魏故城南郊的灵台是已确认的最早的观象台遗址。

4) 军事防御工程

(1) 城防工程。筑墙护城在中国有着悠久的历史，目前我国保存较完整的城墙有

南京城、西安城、湖北江陵城、山西平遥城、云南大理城等。

（2）长城。长城是古代中国在不同时期为抵御塞北游牧部落联盟侵袭，而修筑的规模浩大的军事工程的统称。长城东西绵延上万里，因此又称作万里长城。始建于春秋战国；秦朝修筑第一条万里长城；汉朝修筑历史上规模最大的长城；明朝长城是最为坚固的万里长城。现存的长城遗迹主要为始建于14世纪的明朝长城。中国历代长城总长度为21 196.18公里；中国明长城总长度为8 851.8公里。它与故宫、泰山、兵马俑同为我国的第一批世界遗产，一起被世人视为中国的象征。

5）古代桥梁

（1）最古老、最负盛名的古代桥梁是距西安市东北10公里处灞水上的灞桥。灞桥是汉朝时期建造的一座石桥，是我国石柱桥墩的首创。

（2）河北省赵县的赵州桥，又称安济桥，赵州桥是用石头建造的拱桥，如图3.10所示。这种桥型结构又比灞桥进了一步。它是我国现存年代最早的一座单孔石拱桥。赵州桥建于隋朝大业初年（605—618年），是杰出的工匠李春、李通设计建造的，距今已有1 380多年的历史。

（3）苏州吴县境内的宝带桥，是苏州所有古桥中最宏伟的连拱石桥，桥长400多米，宽4.1米。宝带桥始建于唐元和年间（806—820年），以后又经过多次整修。瑰丽多姿的宝带桥共53个桥孔，与水中成半圈的倒影上下交映，别具佳趣。

（4）洛阳桥建造规模巨大，素有泉州“石桥甲天下”之称，并被誉为“海内第一桥”。并在桥基种牡蛎，依石而生，胶结成整体，首创生物固桥先例。

（5）卢沟桥是一座中外闻名的古桥。古代意大利旅行家马可·波罗在他的《马可·波罗游记》中称赞卢沟桥是“世界上最好的、独一无二的桥”。卢沟桥位于北京广安门外13公里的永定河上，建成于金代明昌三年（1192年），为11孔，桥两边栏杆上雕刻有石狮子485个，生动活泼，精美动人，如图3.11所示。卢沟桥是北京现存最古老的联拱石桥。

图3.10　赵州桥

图3.11　卢沟桥上的石狮子

3.1.4 古代陵墓

1. 中国古代陵墓概述

丧葬习俗是人类重要的生活习俗，丧是哀悼死者的各种礼仪，葬是处置遗体的方式。

1）墓葬的起源

大约从旧石器时代后期，人类开始对死亡的同类进行有意识的埋葬处理，最早的丧葬遗迹可追溯到1.8万年前。山顶洞人遗址的下洞就是氏族死者的埋葬墓地。说明怀念亲人社会伦理的进步和灵魂观念和原始宗教意识的形成。

2）墓葬形制

（1）坟丘形制。埋棺之处称墓或茔，墓上堆土称坟或冢，合起来称为坟墓。春秋前期及其以前，墓上不起坟冢，叫作“不封不树”；春秋晚期出现墓而封土为坟，成为墓的标志，到“又封又树”和“大封大树”。作为统治阶级的权威象征，帝王墓葬封土占地之广，封势之高，如崇高山陵，不称坟而称陵。

知识链接

（1）秦汉时期流行“方上”，即夯土筑就上小下大顶平的方锥体，又称覆斗形，方之形，上指位（墓室之上），方形为贵，代表主大地四方的帝王威严。

（2）唐代形成“因山为陵”的形制，一为节俭，二为防盗，根本原因还是以上为封土，取山之势造陵之威严。

（3）唐末至元末帝陵封土出现多种形制，南方为圆丘型，宋代为小规模重层方上形，元代为乱马踏平不起封土。

（4）明清时期流行“宝城宝顶”。地宫之上以砖砌圆形宝城，内填土成为圆形宝顶，在宝城向前突出的城台上建方城明楼，供立帝后谥碑，达到帝王陵封土形制的高峰。

（2）墓穴。墓穴又称墓室，有竖穴、横穴之别，随时代和身份而不同。墓穴置放棺木，逐渐形成等级森严的棺椁制度。有木棺、石棺、陶棺、金属棺之别。

（3）墓地建筑。墓地建筑有寝殿、祠堂、墓阙和神道。

2. 中国帝王陵园

中国古代有“视死如视生”的丧葬传统。帝王陵墓是最能体现中国古代丧葬观念的考古遗存，也是出土文物最为丰富的场所。

1）秦始皇陵

中国古代帝王陵墓中，规模最大、影响最深的是秦始皇陵。秦始皇陵陵园呈南北向长方形，有内外两重城垣，内城北部东侧为秦始皇臣僚的陪葬墓区，西侧为举行祭祀活动的便殿遗址。内外夹城之间还发现了守陵人的馆舍遗址。陵墓位于陵园南部，封土为覆斗形。

2）汉代帝陵

汉代帝陵都分布在西汉都城长安和东汉都城洛阳附近（唯汉献帝禅陵在河南焦作）。西汉诸帝以高祖刘邦长陵的陪葬墓最多，汉代开国元勋萧何、曹参、周勃等都陪葬长陵，其中周勃父子的墓葬已被发掘。

知识链接

茂陵始建于汉武帝即位后的第二年，汉武帝在位54年，茂陵历时53年，耗用全国每年赋税总收入的1/3，并动用人力几十万。汉武帝挥霍无度，陵园建筑不仅宏伟，墓内殉葬品也极为豪华。相传，汉武帝身穿的金镂玉衣、玉箱、玉杖及生前所读杂经30余卷，被盛入金箱，一并埋入。当年庙宇林立，房舍众多，仅看守陵园的人员就达5 000余人。茂陵西边是他宠爱的李夫人墓，东边是卫青、霍去病、霍光等的陵墓。

3）唐代帝陵

唐代帝陵是中国封建鼎盛时期帝陵的代表，除唐昭宗李晔和哀帝李祝的陵墓分别在河南渑池和山东菏泽以外，其余18座唐陵均分布在唐长安城西北。唐太宗昭陵因为以书法精品王羲之的《兰亭集序》随葬而令后人扼腕，又以石刻精品“昭陵六骏”而名闻天下。遗憾的是，“昭陵六骏”也于1914年被毁，其中的两石还被偷运出境。

唐代帝陵的代表是唐高宗李治和武则天合葬的乾陵，这也是关中唐陵中唯一未被盗掘的帝陵。乾陵的陪葬墓中，已发掘的有永泰公主墓。章怀太子墓、懿德太子墓等。章怀太子墓壁画中有反映外国使节来访的《客使图》和反映宫女生活的《观鸟捕蝉图》，懿德太子墓壁画中有描绘唐代宫殿城门建筑的《宫阙图》，都具极高的艺术价值和研究价值。

4）宋陵陵园

位于今河南巩县芝田镇一带的北宋帝陵，是历代帝王陵墓中保存较为完好的陵墓。巩县宋陵在勘舆方面有一个显著的变化——它一改中国古代陵墓背山面水、居高临下的传统，而是面嵩山而背洛水，地势也是南高北低，陵墓位于陵园地势最低处。陵墓四周筑墙垣，称上宫；作为日常奉飨之所的下宫，则位于帝陵的西北。

知识链接

成吉思汗陵距包头市185公里。凌空俯瞰像一只展翅欲飞的雄鹰。成吉思汗骑马铜像后面是富有民族特色的白色牌坊，上写“成吉思汗陵”五个金色大字。走到步道尽头，便见三座相互连接的蒙古包式陵殿，正殿内供有一尊汉白玉精工雕刻而成的成吉思汗坐像，让人肃然起敬。

5）元代帝陵

元代帝王驾崩多运草原深埋，马踏去迹，“不封不树”，难觅所在，仅存有成吉思汗陵。

6）明代帝陵群

明代帝陵包括位于安徽凤阳的皇陵、江苏泗洪的祖陵、江苏南京的明孝陵和北京昌平的明十三陵。位于南京的明太祖朱元璋孝陵，在古代陵园制度方面多有创新，它

新设明楼，改方丘为圆坟，外建宝城，又将享殿、神厨统一规划到陵园之内，这些都为以后的明十三陵所继承。

7）清代帝陵

清代帝陵共分三处陵区，即关外三陵、河北遵化清东陵和河北易县清西陵，其陵园制度大抵沿袭明代的制度。关外三陵是辽宁新宾的四祖永陵、沈阳东郊努尔哈赤的福陵、沈阳北郊皇太极的昭陵。

知识链接

清东陵位于河北遵化西北部马兰峪西昌瑞山南麓，始建于顺治十八年（1661年）。地势向阳，四周山脉起伏，气势宏伟，中间地势平坦、宽敞，河流环绕，山清水秀。清东陵建有帝陵五座，埋葬着顺治、康熙、乾隆、咸丰、同治5帝，即孝陵、景陵、裕陵、定陵、惠陵，还有后陵4座、妃园寝5座。清东陵埋5位皇帝、14位皇后和138位妃子。因雍正葬于清西陵，到乾隆时便有诏书规定：父子不葬一地，相间在东、西二陵分葬。

清西陵建于河北易县城西的永宁山下，这里群山耸立，树木茂盛，流水萦环，景色清幽。有4座皇帝陵墓：泰陵（雍正）、昌陵（嘉庆）、慕陵（道光）、崇陵（光绪），有皇后陵墓3座，妃陵3座，王公、公主园寝4座，共埋4位皇帝、9位皇后、29位妃子等。不但殿寺众多，而且林深树密，陵区宛如一片绿色的海洋，与那别致的殿寺构成一幅美丽图画，确为一处少见的旅游胜地。

3.2 宗教文化类旅游资源

学习内容

（1）熟悉宗教文化与旅游。
（2）了解宗教建筑旅游资源、宗教艺术旅游资源。
（3）熟悉宗教节日旅游资源。

贴示导入

宗教文化作为我国传统文化的重要组成部分，对社会的精神文化生活也产生了影响。宗教文化中浩如烟海的宗教典籍，丰富了传统历史文化宝库。宗教在漫长的发展历程中，形成了浩繁的书籍、绘画、建筑等宝贵财产。它们跨越历史的时空，传承着深厚的宗教文化传统。例如，道教经典之集大成者《道藏》、佛教经典丛书《大藏经》、伊斯兰教经典《古兰经》、基督教经典《圣经》，都是世界文化和知识宝库中的财富。

深度学习

3.2.1 宗教文化与旅游

1. 宗教文化

1）佛教文化

佛教产生于公元前6世纪，在世界各大宗教中，佛教创立的时间最早。创始人为名悉达多、姓乔答摩，佛教教徒尊称其为释迦牟尼。

佛教的基本教义为“四谛”，即“苦、集、灭、道”，派别分为大乘、小乘、密乘。大乘认为十方世界都有佛，修行果位分为罗汉、菩萨、佛三级，主张修行应以自觉和觉他并重，要普渡一切众生；小乘（上座部）认为世上只有一个佛，即佛祖释迦牟尼，修行的最高果位是罗汉，教义重自我解脱；密乘是大乘佛教部分派别、吸收婆罗门教、印度教及民间信仰诸神因素而成，受法身佛大日如来深奥秘密教旨传授。其他大乘派被称为显教，即受应身佛释迦牟尼所说种种经典的传授。公元前3世纪阿育王统治时期，佛教在印度国内得到广泛流传；到了公元前2世纪，佛教传向国外，流行于南亚、东南亚和东亚诸国；12世纪末~13世纪初，随着伊斯兰教的侵入，佛教基本上被逐出印度国境。世界上完整的佛教在中国，世界上完整的佛教经典也在中国。

知识链接

四大佛教圣地包括释迦牟尼的诞生地——蓝毗尼园、成佛处——菩提伽耶、第一次讲说佛法地——鹿野苑、涅槃之地——拘尸那迦。

2）基督教文化

基督教产生于公元1世纪，创始人是耶稣。耶稣是上帝耶和华之子，他出生在巴勒斯坦北部的加利利的拿撒勒，母亲名叫玛利亚，父亲叫约瑟。耶稣的传道引起了犹太贵族和祭司的恐慌，他们收买了耶稣的门徒犹大，把耶稣钉死在了十字架上。但三天以后，耶稣复活，向门徒和群众显现神迹，要求他们在更广泛的范围内宣讲福音。392年，基督教成为罗马帝国的国教，1054年，基督教分裂为天主教和东正教。16世纪中叶，兴起宗教改革运动，陆续派生出一些脱离罗马公教的新教派，统称新教，在中国称为耶稣教或基督教。基督教是天主教、东正教和新教三大教派的总称。基督教的教义归纳为两个字，即“博爱”。“博爱”分为两个方面：爱上帝和爱人如己。

知识链接

基督教的具体教义有三位一体；上帝造物；道成肉身；原罪救赎；天堂地狱说。

3）伊斯兰教文化

伊斯兰教创建于7世纪初，其教徒被称为穆斯林，穆斯林为阿拉伯语的音译，即顺服安拉意志的人。创始人为穆罕默德，他是宗教家、政治家、思想家、军事家。生于阿拉伯半岛麦加，40岁开始传教，622年，迁往麦地那，建立政教合一的宗教公社。630年，他亲率万人组成的穆斯林大军攻克麦加，并以麦地那为中心，统一阿拉伯半岛，建立政教合一的国家。632年6月8日，穆罕默德于麦地那归真。伊斯兰教主要分布于亚洲、非洲和东南欧，是仅次于基督教的第二大教，中东各国、巴基斯坦、印度尼西亚的信教人口都占其总人口的90%以上。最主要的有逊尼派和什叶派，逊尼派自称“正统派”，现为最大教派，世界上的穆斯林大都属于此派。什叶派则流传于也门、伊朗等国。教义为六大信仰、五功、善行。

4）道教文化

道教是中国土生土长的宗教，渊源于古代的鬼神思想、流行的巫术和求仙方法等。东汉顺帝时，张道陵创立五斗米道，又名天师道，稍后张角另创太平道，两者成为早期道教的两大派别。北魏嵩山道士寇谦之创立了北天师道，南朝宋庐山道士陆修静创南天师道，唐宋时，南北天师道与上清、灵宝、净明各宗派逐渐融合，至元代都归并于正一派；金大定七年（1167年），王重阳在山东创立全真派，其徒弟邱处机为元太祖成吉思汗所赏识，因此全真派盛极一时，此后道教正式分为正一、全真两派。目前全国道教宫观大部分属于全真派，正一派主要流行于江南和台湾。道教尊春秋时代的老子为教祖、“太上老君”，以老子的《道德经》为主要经典。道教的基本信仰和教义是“道”，道原是先秦道家的哲学概念，“万物之父母”，宇宙、阴阳等皆由此化生，众生皆可修道成仙。

2. 宗教的旅游功能

1）满足求知的欲望

通过对宗教文化遗产的接触，可以了解一个国家和城市一定历史时期的社会、经济、文学艺术等的发展面貌。

2）提供多种美感享受

宗教建筑、雕刻、绘画、音乐感染人的除领导、信仰的力量外，还有美的力量，包含和散发着强烈的艺术感染力。

3）满足旅游者的猎奇的心理

各种宗教仪式笼罩着浓重的神秘色彩，满足了旅游者猎奇的心理。

4）满足人们宗教式的情感需求

宗教情感可理解成追求宗教式的超脱出世；寻求温情与宽容；求善情结。旅游者并非都是信徒，通过宗教旅游可以达到心态平衡，把宗教场所视为慈善、圣洁的象征，愿意亲近它。

3.2.2 宗教建筑旅游资源

1. 佛教建筑旅游资源

1）佛教寺院建筑

佛教寺院是指安置佛像、经卷，且供僧众居住，以便修行、弘法的场所。佛教寺院最早出现于印度。中国早期佛寺建筑的布局大致沿袭印度形式。而后因融入固有的民族风格，遂呈现新貌。

汉传佛教寺院典型结构如下。殿堂是寺院中重要屋宇的总称。殿是供奉佛像供瞻仰、礼拜、祈祷的地方，堂是僧众说法、行道和日常生活的地方。一般的营造原则是把主要建筑建在南北中轴线上，附属设施安在东西两侧。寺院的主要建筑是山门、天王殿、大雄宝殿、法堂和藏经阁（楼）。这些都是坐北朝南的正殿。东西配殿有伽蓝殿、祖师殿、观音殿、药师殿等。寺院的主要生活区常集中在南北中轴线左侧（东侧），包括僧寮（僧人宿舍）、香积厨（厨房）、斋堂（食堂）、库房（办公室）、客堂（接待室）等。旅宿区则常设在中心轴线右侧（西侧），主要是云水堂（上客堂），以容纳四海来者。佛教传入中国后营建的第一座寺院是河南洛阳的白马寺。河南嵩山少林寺（如图3.12所示）、北京潭柘寺、陕西西安慈恩寺、江西庐山东林寺、浙江天台山国清寺、浙江杭州灵隐寺、西藏大昭寺、青海塔尔寺、甘肃拉卜楞寺等都是全国著名的寺院。

图3.12 河南嵩山少林寺

2）佛塔

随着佛教自1世纪初传入中国后，中国的工匠们将印度原有的覆盆式的塔的造型与中国传统的楼阁相结合，便产生多种类型的佛塔。分为楼阁式塔、密檐式塔、覆钵式塔、金刚宝座塔。

2. 基督教建筑旅游资源

基督教教堂的建筑风格主要有罗马式、拜占庭式和哥特式三种。其中，哥特式影响时间最长，哥特式建筑的特点是尖塔高耸、尖形拱门、大窗户及绘有圣经故事的花窗玻璃。在设计中利用尖肋拱顶、飞扶壁、修长的束柱，营造出轻盈修长的飞天感，以及新的框架结构以增加支撑顶部的力量，使整个建筑为直升线条、雄伟的外观和教堂内空阔空间，再结合镶着彩色玻璃的长窗，使教堂内产生一种浓厚的宗教气氛。哥

特式建筑的总体风格特点是空灵、纤瘦、高耸、尖峭。而那空灵的意境和垂直向上的形态，则是基督教精神内涵的最确切的表述。中国著名基督教堂：北京南堂、北京北堂、北京崇文门教堂、天津老西开教堂、哈尔滨圣索非亚大教堂、上海徐家汇教堂、上海国际礼拜堂、广州圣心大教堂（如图 3. 13 所示）、昆明三一国际礼拜堂。

图 3. 13 广州圣心大教堂

3. 伊斯兰教建筑旅游资源

清真寺是伊斯兰教建筑的主要类型，是信仰伊斯兰教的居民点中必须建立的建筑。清真寺建筑必须遵守伊斯兰教的通行规则。例如，礼拜殿的朝向必须面东，使朝拜者可以朝向圣地麦加的方向做礼拜，就是面向西方；礼拜殿内不设偶像，仅以殿后的圣龛为礼拜的对象；清真寺建筑装饰纹样不准用动物纹样，只能是植物或文字的图形。从主要建筑设置上看，中国清真寺一般都有礼拜大殿、邦克楼或望月楼、沐浴室，大殿的内部有圣龛（米合拉布）及其右侧（大殿西北角）的宣教台（敏拜尔）。中国著名的清真寺有广州怀圣寺、喀什艾提尕礼拜寺、宁夏同心清真寺等。

4. 道教建筑旅游资源

宫观是各类道教建筑的总称。它是道教徒们修炼、传道、举行各种宗教仪式及生活的场所。唐代以后的道观一般都是呈坐北朝南、东西对称的格局。在南北中轴线上修建有山门、中庭、殿堂和寝殿等建筑，作为主体。各种内部庭院多采用四合院形式。主要的殿堂有三清殿、玉皇殿、三官殿、重阳殿、七真殿及药王殿、关圣殿、灵官殿等。道观的首领一般称作监院，其下还设有都管、都讲、都厨等职务。而方丈则是一种荣誉性的头衔，由德高望重的老道士担任。

中国现存著名的宫观大都为明清时兴建或者重修的，如成都大邑鹤鸣山、青岛崂山太清宫、终南山楼观台、龙虎山天师府等。

3.2.3 宗教艺术旅游资源

1. 宗教雕塑

雕塑是展现艺术作品的方式之一，以可雕的木、石、金属等或可塑的土、石膏等为材料，制作各种立体形象。有寺院的雕梁画栋、塑像、石窟的佛像雕塑及各种佛教雕刻艺术品，其中以木刻、石雕或泥塑圣像为典型代表。佛教雕塑的范围很广，主要以佛、菩萨为对象，罗汉、天龙八部、天人、飞天、金刚力士，乃至佛经里的相关故事、人物、动物、花草、树木、景观等，都是丰富的素材，如河北龙兴寺内的铜铸观音像、北京十方普觉寺内我国最大铜铸释迦牟尼卧像、福州西禅寺内两尊玉佛。道教宫观中塑像，如玉皇大帝、王母娘娘、道教三尊、三官、老子、八仙、四大神将、张道陵、王重阳、丘处机等。另外，山西晋城玉皇庙内有塑像300余尊，武当山金殿内有真武大帝坐像等。

2. 宗教壁画

佛教壁画内容包括尊像画、佛教史迹画、佛教故事画（释迦牟尼的故事）、经变画（佛教经文图像化）等。洛阳敬爱寺、成都大圣慈寺、镇江甘露寺皆为名家壁画荟萃之所。

道教宫观也盛行壁画，有八仙故事，八卦太极图，四灵，动物中的鹤、鹿、龟，植物中的灵芝、仙草等图案。现存元代道教壁画较多，主要有山西洪洞县水神庙明应殿壁画、山西高平县圣姑庙壁画、山西稷山县青龙寺壁画、河北毗卢寺壁画、山西芮城永乐宫壁画。其中，山西芮城永乐宫壁画最为著名，如图3.14所示。

图3.14　山西芮城永乐宫壁画

3. 佛教石窟

中国佛教石窟大约始凿于公元3世纪，盛行于5~8世纪，16世纪以后开凿的数

量就较少了。现存石窟主要分布在新疆地区（古代的西域）、甘肃西部（古代河西地区）、黄河流域和长江流域地区，在南方也有一些零星分布。就规模或艺术成就而论，莫高窟（莫高窟如图3.15所示）、云冈石窟、龙门石窟和麦积山石窟堪称中国四大石窟。

图3.15 莫高窟壁画

4. 宗教摩崖造像

1）佛教摩崖造像

佛教摩崖造像属于石窟寺中的一种，但造像方式独特，是利用崖面的自然走向而布局规划开凿成像，这是随着佛教的发展，为了把佛的形象造得更大而产生的。它与石窟的区别是没有与崖壁相连的窟顶与窟门。为保护造像还修建了多层木构楼阁殿堂，如四川大足石刻、乐山大佛，浙江飞来峰造像等。

2）道教摩崖造像

著名的道教摩崖造像有鹤鸣山道教摩崖造像、西山观道教摩崖造像、老君山等。

3.2.4 宗教节日旅游资源

1. 主要佛教节日介绍

1）藏传佛教节日

（1）传大召，是藏传佛教的一种仪式，意为“大祈愿”法会。法会从藏历正月初三~二十四日，拉萨三大寺僧众及卫藏、安多和康区各地信众齐集大昭寺进行各种宗教活动。正月十五日夜拉萨八角街陈列酥油灯、酥油花，以歌舞庆祝，称为灯节。法会上举行辩经，考选藏传佛教最高学位——格西。法会最后以送鬼仪式结束。

（2）传小召，在藏历每年二月下旬，为期十天，进行有关宗教活动。法会期间三大寺僧侣在大昭寺参加辩经，选拔二等格西，由于规模小于传大召法会，故名传小召。

2）浴佛节

浴佛节为每年的农历四月初八日，是我国佛教教徒纪念教主释迦牟尼佛诞辰的一个重要节日。相传在2 600多年前，释迦牟尼从摩耶夫人的肋下降生时，一手指天，一手指地，说“天上天下，唯我独尊。”于是大地为之震动，九龙吐水为之沐浴。

知识链接

浴佛节前，佛教教徒早已将寺院打扫一新，殿堂佛像搽拭一净。一般在四月初七日，许多善男信女即已云集佛寺准备参加于次日清晨举行的纪念法会。香花丛中的几案上安放着一个铜盆，盆中注满了用旃檀、紫檀、郁金、龙脑、沉香、麝香、丁香等配制成的香汤，汤中立着一尊铜质童子像，一手指天，一手指地，即释迦太子像。沐浴开始前，寺院住持率领全寺僧众礼赞诵经，随后持香跪拜、唱浴佛偈或念“南无本师释迦牟尼佛”，僧众和居士们一边念一边依次拿小勺舀汤浴佛。浴完佛像后再用一点香汤点浴自己，表示洗心革面，消灾除难。在寺外，各种经贸和文娱活动亦丰富多彩，在许多寺院形成了传统的庙会。

3）盂兰盆节

盂兰盆节是佛教教徒举行供佛敬僧仪式及超度先亡的节日。根据戒律的要求，僧尼在每年农历的四月十五日~七月十五日必须结夏安居，即在此动植物生长繁衍期间，定居一处，一者可免伤虫蚁，二者可专心诵经或禅修。至七月十五日则须各作自我批评或介绍修行经验，称为“僧自恣”。经过三个月的专修，僧众的功行必然大有提高，令诸佛欢喜，因此此日被称为“佛欢喜日”。

4）腊八节

很早以来，我国老百姓即有在农历十二月初八吃“腊八粥”过“腊八节”的风俗，这是由中国佛教徒纪念释迦牟尼成道而形成的一个风俗。

知识链接

相传当年释迦牟尼为寻求人生真谛与生死解脱，毅然舍弃王位，出家修道，在雪山苦行六年，常常日食一麦一麻。后来他发现一味苦行并非解脱之道，于是放弃苦行下山。这时一位牧女见到他虚弱不堪，便熬乳糜供养他。释迦牟尼的体力由此恢复，随后于菩提树下入定七日，在腊月初八，悟道成佛。

2. 主要基督教节日介绍

1）圣诞节

圣诞节是基督教最重要的节日，为了庆祝耶稣诞生，定于每年的12月25日为圣诞日。12月24日通常称为圣诞夜。一般教堂都要举行庆祝耶稣降生的夜礼拜，礼拜中专门献唱《圣母颂》或《弥赛亚》等名曲。像国际礼拜堂、沐恩堂、景灵堂都以圣诞夜音乐崇拜水准较高而闻名于基督教界。

2）复活节

复活节是为纪念耶稣复活的节日，耶稣受难被钉死在十字架上后，第三天复活。根据325年尼西亚公会议规定，复活节在每年春分后第一个圆月后的第一个星期日，一般在3月22日~4月25日。最流行的是吃复活节蛋，以象征复活和生命。

3）受难节

受难节是纪念耶稣受难的节日。耶稣于复活节前三天被钉在十字架而死。这天在犹太教的安息日前一天，因此规定复活节前二天星期五为受难节。

4）感恩节

感恩节为美国基督教的习俗节日，起源于1621年，据传，初为迁居美洲的清教徒庆祝丰收的活动，后经美国总统华盛顿、林肯等定此节为全国性节日。1941年起定为11月第四个星期四举行，教堂在这一天举行感恩礼拜，家庭也举行聚会，通常共食火鸡等。

5）情人节

情人节即圣瓦伦丁节，在每年的2月14日，这是一个情侣们的节日，富有浪漫色彩。年轻的恋人一起到郊外旅游或去参加舞会，有的俱乐部还为年轻的朋友举行非常有趣味的化装舞会。恋人们互赠有纪念意义的礼品或精美别致的贺卡，印有象征爱情的图案，礼品的装饰大多是心形的糖盒、香水或饰物。

知识链接

据说瓦伦丁是最早的基督教教徒之一，那个时代做一名基督教教徒意味着危险和死亡。为掩护其他殉教者，瓦伦丁被抓住，投入了监牢。在那里，他治愈了典狱长女儿失明的双眼。当暴君听到这一奇迹时，他感到非常害怕，于是将瓦伦丁斩首示众。据传说，在行刑的那一天早晨，瓦伦丁给典狱长的女儿写了一封情意绵绵的告别信，落款是From your Valentine（寄自你的瓦伦丁）。当天，盲女在他墓前种了一棵开红花的杏树，以寄托自己的情思，这一天就是2月14日。自此以后，基督教便把2月14日定为情人节。

3. 主要伊斯兰教节日介绍

1）开斋节

开斋节在伊斯兰教历10月1日。教法规定，教历9月斋戒一月，斋月最后一天寻看新月，见月的次日开斋，即为开斋节，并举行会礼和庆祝活动。

知识链接

中华人民共和国成立以后，每逢开斋节，政府规定信仰伊斯兰教各民族的职工放假一天。上海穆斯林在节日那天都要沐浴，穿上节日盛装，到各清真寺参加会礼，庆祝“斋功”胜利完成。各国在上海的穆斯林，中国港澳台穆斯林同胞也到清真寺和上海穆斯林一起共庆开斋节，互道节日平安，馈赠礼品。各个清真寺也都打扫一新，准备鲜美的牛羊肉汤和油香、糕点、水果等食品，款待聚会的穆斯林。会礼之前，穆斯林要向清真寺交纳开斋捐（俗称麦子钱）。

2）宰牲节

宰牲节又称“古尔邦”节，是在伊斯兰教教历12月10日，即朝觐者在麦加活动的最后一天。相传先知易卜拉欣曾受安拉的“启示”，要他宰杀亲生儿子易司马仪作为“牺牲”，以考验他对安拉的忠诚。当易卜拉欣顺从执行“启示”的一刹那，安拉又差天使送来一只黑头白羊代作“牺牲”。伊斯兰教继承这一习俗，规定这天为宰牲节。

3）圣纪、圣忌

圣纪是穆罕默德的诞生日，圣忌是穆罕默德的逝世日。相传穆罕默德诞生于571年4月20日（教历3月12日），逝世于632年的4月20日。上海穆斯林习惯将圣纪与圣忌合并纪念，俗称为“圣会”。

4）登霄节

传说穆罕默德52岁时，在伊斯兰教教历7月17日的夜晚，由天使哲布勒伊来陪同，从麦加到耶路撒冷，又从那里“登宵”，遨游七重天，见到了古代先知和天国、火狱等，黎明时返回麦加。从此，耶路撒冷与麦加、麦地那一起成为伊斯兰教三大圣地。

5）盖得尔夜

盖得尔夜也称“平安之夜”，教历9月27日夜。传说安拉于该夜通过哲布勒伊来天使开始颁降《古兰经》，据《古兰经》载：该夜做一件善功胜过平时一千个月的善功。很多穆斯林往往彻夜不眠，因此盖德夜也称“坐夜”。

4. 主要道教节日介绍

道教的节日很多，凡诸天上帝、尊神圣诞、得道之日，均作为道教节日举行斋醮法会庆贺。主要节日有以下几个。

（1）三清节。三清为道教最高神，即玉清元始天尊、上清灵宝天尊、大清道德天尊，其诞辰分别是冬至日、夏至日、二月十五。

（2）三元节。上元节为正月十五；中元节为七月十五；下元节为十月十五。祀天、地、水官。后第四代天师张盛每逢下元节在龙虎山开坛授箓。

（3）诸神圣诞。玉皇大帝圣诞（正月初九）；祖天师张道陵圣诞（正月十五）；邱祖圣诞（正月十九）；天皇大帝圣诞（二月初一）；文昌帝君圣诞（二月初三）；西王母娘娘圣诞、真武大帝圣诞（三月初三）；财神赵天君圣诞（三月十五）；吕祖圣诞（四月十四）；斗姆元君圣诞（九月初九）；妈祖圣诞（三月二十三）；许真君圣诞（八月初一）等。

3.3 园林类旅游资源

学习内容

（1）熟悉园林按区域划分的类型。

（2）掌握园林的构景手法。

（3）熟悉园林的主要景观建筑。

贴示导入

在一定的地域运用工程技术和艺术手段，通过改造地形（或进一步筑山、叠石、理水）、种植树木花草、营造建筑和布置园路等途径创作而成的美的自然环境和游憩境域，就称为园林。世界上的园林可分为三个系统——欧洲园林、西亚园林和中国园林。我国园林有着悠久的历史，它那“虽由人作，宛自天开”的艺术原则，那集传统建筑、文学、书画、雕刻和工艺等艺术于一身的综合特性，在世界园林史上独树一帜，在中国汉族建筑中独树一帜，在古典园林建筑上取得重大成就。

深度学习

3.3.1　园林按区域划分的类型

1. 江南园林

江南园林是指长江下游太湖流域一带的古园，常是住宅的延伸部分。例如，苏州小园网师园殿春簃北侧的小院落，十分狭窄地嵌在书斋建筑和界墙之间，而造园家别具匠心地在此栽植了青竹、芭蕉、腊梅和南天竹，还点缀了几株松皮石笋，这些植物和石峰姿态既佳，又不占地，非常耐看。沧浪亭、狮子林、拙政园、留园分别代表着宋、元、明、清四个朝代的艺术风格，被称为“苏州四大名园”。江南园林的特点：规模有限，精细别致，布局巧妙，构景雅丽；强调诗情画意和寓意美；多以山池为中心，以花草为衬托，环以建筑，叠石堆山。总之，玲珑纤巧，轻盈秀丽，有田园和真山真水的情趣，可称为“南方之秀”。

知识链接

沧浪亭在江苏吴县城内，宋代苏舜钦得之，筑亭为沧浪，因作《沧浪亭记》，积水弥数十亩，旁有小山，高下曲折，与水相萦带，舜钦死后，屡易主，南宋绍兴（1131—1162年）时曾归韩世忠家，俗名韩王园，由元代到明代，被废为僧居，至今为吴中胜境。如图3.16所示。

狮子林占地为1.1公顷，开放面积为0.88公顷。园内假山遍布，长廊环绕，楼台隐现，曲径通幽，有迷阵一般的感觉。长廊的墙壁中嵌有宋代四大名家苏轼、米芾、黄庭坚、蔡襄的书法碑及南宋文天祥《梅花诗》的碑刻作品。狮子林如图3.17所示。

拙政园是苏州园林中面积最大的古典山水园林，现被列为全国重点文物保护单位。此地初为唐代诗人陆龟蒙的住宅，元朝时为大弘（宏）寺。明正德四年（1509年），明代弘治进士、明嘉靖年间（1522—1566年）御史王献臣仕途失意归隐苏州后将其买下，聘著名画家、吴门画派的代表人物文征明参与设计蓝图，历时16年建成。

图 3.16　沧浪亭

图 3.17　狮子林

留园修建于明天顺四年（1406 年）。原为明代徐时泰的东园，清代归刘蓉峰所有，改称寒碧山庄，俗称“刘园”。清光绪二年（1876 年）又为盛旭人所据，始称留园。留园占地约 30 亩（1 亩≈666.7 平方米）。

2. 岭南园林

岭南园林主要指广东珠江三角洲一带的古园。现存著名园林有顺德清辉园、东莞可园、番禺余荫山房及佛山梁园，人称“岭南四大名园”。岭南园林的水池一般较为规正，临池向南每每建有长楼，出宽廊；其余各面又绕有游廊，跨水建廊桥，尽量减少游赏时的日晒时间。其余部分的建筑也相对比较集中，常常是庭园套庭园，以留出足够的地方种植花树。受当地绘画及工艺美术的影响，岭南园林的建筑色彩较为浓丽，建筑雕刻图案丰富多样。

3. 蜀中园林

首先，蜀中园林较注重文化内涵的积淀，一些名园往往与历史上的名人轶事联系在一起。例如，邛崃县城内的文君井，相传是在西汉司马相如与卓文君所开酒肆的遗址上修建的，井园占地 10 余亩，以琴台、月池、假山等为主景。再如，成都杜甫草堂、武侯祠、眉州三苏祠、江油太白故里等园林，均是以纪念历史名人为主题的。其次，蜀中园林往往显现出古朴淳厚的风貌，常常将田园之景组入到园内。最后，园中的建筑也较多地吸取了四川民居的古朴典雅风格，山墙纹饰、屋面起翘及井台、灯座等小品，亦是古风犹存。

4. 北方园林

北方园林指北京及其附近的皇家和私人园林。北京是我国北方城市中园林最集中之处，其中很大部分是古代皇帝的花园。建造精良，是我国古典园林中的精华，可概括为“北方之雄”。另外，北方还保留了一些历史较悠久的古园。例如，山西新绛原绛州太守衙署的花园，建于隋代开皇十六年（1596 年），至今还丘壑残存，是我国留存最早的园林遗址。又如，河南登封的嵩阳书院、山东曲阜孔府铁山园等，亦均是北方纪念性园林中的代表作。再如，北京的香山、玉泉山、万寿山，北方园林以北京为

代表，西安、洛阳、开封等古都也较为集中。

一般说来，江南园林比较典雅秀丽，岭南园林比较绚丽纤巧，蜀中园林则比较朴素淡雅，北方园林规模宏大，气势雄厚。

3.3.2 园林主要构景手法

1. 借景

借景是指有意识地把园外的景物“借”到园内视景范围中。

唐代所建的滕王阁，借赣江之景：“落霞与孤鹜齐飞，秋水共长天一色”。岳阳楼近借洞庭湖水，远借君山，构成气象万千的山水画面。杭州西湖，在“明湖一碧，青山四围，六桥锁烟水”的较大境域中，“西湖十景”互借，各个“景”又自成一体，形成一幅幅生动的画面。借景作为一种理论概念提出来，则始见于明末著名造园家计成所著《园冶》一书。计成在“兴造论”里提出了“园林巧于因借，精在体宜”。

1）借景种类

借景可以分为近借、远借、邻借、互借、仰借、俯借、应时借等。

知识链接

在园林中，或登上亭、台、楼、阁、榭，可观赏堂、山、桥、树木…… 或在堂、桥、廊等处可观赏亭、台、楼、阁、榭。这种从甲观赏点观赏乙观赏点，从乙观赏点观赏甲观赏点的方法（或构景方法），叫作对景。

仰景与俯景是指风景园林利用改变地形建筑高低的方法，改变游人视点的位置，必然出现各种抑视或俯视视觉效果。例如，创造狭谷迫使游人抑视山崖而得到高耸感，创造制高点给人的俯视就会产生凌空感，从而达到小中见大和大中见小的视觉效果。

季相造景是指利用四季变化创造四时景观，在风景园林被广泛应用。例如，用花表现季相变化的有春桃、夏荷、秋菊、冬梅，树有春柳、夏槐、秋枫、冬柏，山石有春用石笋、夏用湖石、秋用黄石、冬用宣石（英石）。又如，扬州个园的四季假山，西湖造景春有柳浪闻莺、夏有曲院风荷、秋有平湖秋月、冬有断桥残雪。

一组园林空间或园林建筑以内观为主的称为内景，以外部观赏为主的称作外景。如亭桥跨水，既是游人驻足休息处，又为外部观赏点，起到内外景观的双重作用。造园家充分意识到景观的不足，于是创造条件，有意识地把游人的目光引向外界去猎取景观信息，借外景丰富赏景内容。例如，北京颐和园西借玉泉山，山光塔影尽收眼底。

2）借景方法

（1）开辟赏景透视线，对于赏景的障碍物进行整理或去除，如修剪掉遮挡视线的树木枝叶等。在园中建轩、榭、亭、台作为视景点，仰视或平视景物，“收云山之耸翠，看梵宇之凌空，赏平林之漠漠”。

（2）提升视景点的高度，使视景线突破园林的界限，取俯视或平视远景的效果。在园中堆山、筑台，建造楼、阁、亭等，让游人放眼远望，“欲穷千里目”。

（3）借虚景。例如，朱熹的“半亩方塘”，圆明园四十景中的“上下天光”，都俯借了“天光云影”；上海豫园中的花墙下的月洞，透露了隔院的水榭。

知识链接

借景内容：①借山、水、动物、植物、建筑等景物，如长桥卧波、田畴纵横、竹树参差、鸡犬桑麻、雁阵鹭行、丹枫如醉、繁花烂漫、绿草如茵；②借人为景物，如渔舟唱晚、古寺钟声、梵音诵唱、酒旗高飘、社日箫鼓；③借天文气象景物，如日弯月、蓝天、星斗、云雾、彩虹、雨景、雪景、春风、朝露等；此外还可以通过声音来充实借景内容，如鸟唱蝉鸣、鸡啼犬吠、松海涛声、残荷夜雨。

2. 主景与配景

突出主景的方法有：主景升高或降低，主景体量加大或增多，视线交点、动势集中、轴线对应、色彩突出、点据重心等。配景，又称次景，对主景起陪衬作用，不能喧宾夺主，是园林中主景的延伸和补充。

3. 抑景与扬景

在人口区段设障景、对景和隔景，引导游人通过封闭、半封闭、明暗交替的空间转折，再通过透景引导，终于豁然开朗，到达开阔园林空间，如苏州留园。也可利用建筑、地形、植物、假山台地在入口处设隔景小空间，经过婉转通道中逐渐放开，到达开阔空间，如北京颐和园入口区。

4. 实景与虚景

以无门窗的建筑和围墙为实，门窗较多或开敞的亭廊为虚；植物群落密集为实，疏林草地为虚；山崖为实，流水为虚；喷泉中水柱为实，喷雾为虚；园中山峦为实，林木为虚；晴天观景为实，烟雾中观景为虚。例如，承德避暑山庄“烟雨楼”，设在水雾烟云中，是朦胧美的创造。

5. 夹景与框景

在人的观景视线前，设障碍左右夹为夹景，四方围景为框景，如图 3. 18 所示。常利用山石狭谷、林木树干、门窗洞口等限定视景点和赏景范围，从而达到深远层次的美感，也是大环境中摘取局部景点加以观赏的手法。

6. 前景与背景

任何园林空间都是由多种景观要素组成的，为了突出表现某一景物，常把主景适当集中，并在其背后或周围利用建筑墙面、山石、林丛或草地、水面、天空等作为背景，用色彩、体量、质地、虚实等因素衬托主景，突出景观效果。在流动的连续空间中表现不同的主景，配以不同的背景，则可以产生明确的景观转换效果。例如，白色雕塑易用深绿色林木作为背景，水面、草地作为衬景；而古铜色雕塑则采用天空与白

色建筑墙面作为背景。这些处于次要地位的前景常称为添景。

图 3.18 框景

知识链接

当甲风景点在远方，或自然的山，或人文的塔，如没有其他景点在中间、近处作为过渡，就显得虚空而没有层次；如果中间、近处有乔木、花卉作为过渡，景色就显得有层次美，这乔木和花卉就是添景。如当人们站在北京颐和园昆明湖南岸的垂柳下观赏万寿山远景时，万寿山因为有倒挂的柳丝作为装饰而生动起来。

7. 漏景

园林的围墙上，或走廊（单廊或复廊）一侧或两侧的墙上，常常设以漏窗，或雕以带有民族特色的各种几何图形，或雕以民间喜闻乐见的葡萄、石榴、梅花、修竹等植物，或雕以鹿、鹤、兔等动物，透过漏窗的窗隙，可见园外或园外的美景，这叫作漏景，如图 3.19 所示。

图 3.19 漏景

3.3.3 园林的主要景观建筑

1. 中国园林建筑类型

1）厅、堂

厅、堂是园林中的主体建筑，其体量较大，造型简洁精美，比其他建筑复杂华丽。园林中，厅、堂是主人会客、议事的场所。布置于居室和园林的交界部位，既与生活起居部分有便捷的联系，又有极好的观景条件。厅、堂一般是坐南朝北的。

2）阁、楼

在古代，把一座建筑物底层空着，上层作为主要用途的建筑物叫作阁，阁带有贮藏性，用来藏书、藏画等；楼是上下都住人，多用来居住，也可贮藏、瞭望。阁、楼常建于建筑群体的中轴线上，起着构图中心的作用；也可独立设置于园林中的显要位置，成为园林中的重要景点。

3）榭

榭建于水边或者花畔，借以成景，平面常为长方形，一般多开敞或设窗扇，以供人们游憩、眺望。水榭则要三面临水，如图 3.20 所示。榭是中国园林建筑中依水架起的观景平台，平台一部分架在岸上，一部分伸入水中。榭四面敞开，平面形式比较自由，常与廊、台组合在一起。

图 3.20　水榭

4）轩、馆、斋、室

（1）轩，一般高爽精致，地处高旷、环境幽静，周围环绕游廊与花墙。

（2）馆，休息会客场所。建筑尺度不大，入园后可便捷到达。

（3）斋，有书屋性质，常处于静谧、封闭的小庭院内，与外界隔离，相对独立。

（4）室，辅助性用房，体量较小，常和庭院相连，形成幽静舒适、富有诗意的小院落。

5）舫

舫类似船形建筑，供游赏、饮宴、观景、点景之用，如图 3.21 所示。

图 3.21　舫

6）廊

廊是指由两排列柱顶着不太厚实的屋顶，常一边通透，形成过渡空间，其列柱、横眉在游览中构成一系列取景框架，增加景观层次。步移景异，造型曲折迂回、高低错落。传统形式的廊按横剖面划分，可分为双面空廊、单面空廊、复廊（如图 3. 22 所示）、双层廊等。按其平面划分，可分为直廊、曲廊和回廊（如图 3. 23 所示）。

图 3. 22 复廊

图 3. 23 江南民居中的短式回廊

7）亭

亭的体量小，结构简单，造型别致，选址灵活，方便游人驻足休息、纳凉避雨。

8）塔

塔常作为园林中的构图中心，往往作为主景，丰富了园林的轮廓线。

2. 园林建筑小品

1）园门、景墙、景窗

园门设计追求自然、活泼，多用曲线、象形形体和一些折线的组合，如月牙形、梅花形等。并衬有山石、竹木等。景墙、景窗可有分隔空间、遮蔽视线、引导游览、丰富层次、装饰美化等作用，景墙有波形、梯形、漏明窗等。景窗的窗框有长形、方形、扇形。

2）花架、花坛

花架是指以植物材料为顶的亭和廊。造型更灵活，富于变化。结构更为简洁和开敞通透。花坛的点景较多，有时也可布景，成为景点中心。

3）园林雕塑

园林雕塑主要指园林中具有观赏性的小品雕塑，既是点缀，又是艺术。

4）梯级、蹬道、园路、铺地

梯级与蹬道在园林中都用于组织竖向交通，可打破水平构图的单调感，处理得好，可视为景点。园路、铺地可用卵石、石板等。

5）园桥、汀步、水池

园桥和汀步组织水景，人行于上，宛若飘于水面。喷泉、雕塑小品在水池中大量运用，还可结合水幕、壁泉、滴泉等。

6）园凳、园桌

园凳、园桌一般轻巧美观、活泼多样、自然亲切，富有特色。并与环境相协调，有仿树桩凳、仿蘑菇凳。

3.4 古城与民族民俗类旅游资源

学习内容

(1) 熟悉历史文化名城。

(2) 熟悉民族民俗类旅游资源。

贴示导入

根据《中华人民共和国文物保护法》，历史文化名城是指保存文物特别丰富，具有重大历史文化价值和革命意义的城市。这些城市，有的曾被各朝帝王选作都城；有的曾是当时的政治、经济重镇；有的曾是重大历史事件的发生地；有的因拥有珍贵的文物遗迹而享有盛名；有的则因出产精美的工艺品而著称于世。

深度学习

3.4.1 历史文化名城

1. 历史文化名城的类型

1) 古都型

古都型是指帝王居住的城市，即封建王朝的都城。帝王行使特权统治和居住的宫殿、坛庙及园圃、陵墓均集中于此。以都城时代的历史遗存物、古都的风貌为特点，如我国著名的七大古都——北京、西安、洛阳、开封、南京、安阳、杭州；意大利的罗马；埃及的开罗等。

2) 地区统治中心型

古代的诸侯国君各立郡国。自汉代到明代，还有分封各地的藩王。这些诸侯国君、藩王所在地一般都是地区统治的中心，后来大多成为各省的省会和地区所在的城市。例如，成都，历史上曾先后为三国蜀汉、十六国成汉、十国前蜀和后蜀的都城，现为四川省会；江陵，是楚国都郢所在地，现为荆州地区中心城市。

3) 风景名胜型

风景名胜型是指城市中或城郊有众多优美的景点，它们与城市建设发展紧密结合，优美的自然风景与丰富的人文景观相互交融，由建筑与山水环境的叠加而显示出鲜明的个性特征，形成美丽的城市风光，如桂林、大理（如图 3. 24 所示）、苏州（如图 3. 25 所示）。

图3.24 大理

图3.25 苏州

4）地方及民族特色型

地方及民族特色型城市多分布在少数民族聚居的区域，具有明显的民族特色，反映了我国悠久的传统和多民族的文化特征，是由地域特色或独自的个性特征、民族风情、地方文化构成城市风貌主体的城市，如丽江、拉萨、呼和浩特、喀什、日喀则等。

5）近代革命史迹型

近代革命史迹型城市是中国近代许多革命事件的发生地，是反映历史上某一事件或某个阶段的建筑物或建筑群为其显著特色的城市，如延安、南昌、上海、徐州、遵义等。

6）传统风貌型

传统风貌型是指保留一个或几个历史时期积淀的有完整建筑群的城市，如平遥、韩城等。

知识链接

平遥古城是中国境内保存最为完整的一座古代县城，是中国汉族城市在明清时期的杰出范例。位于中国北部山西省的中部，始建于西周宣王时期，明代洪武三年（1307年）扩建，距今已有2 700多年的历史。迄今为止，它还较为完好地保留着明代、清代时期县城的基本风貌，堪称中国汉族地区现存最为完整的古城。平遥曾是清代晚期中国的金融中心，并有中国目前保存最完整的古代县城格局。北魏改名为平遥县。清代晚期，总部设在平遥的票号就有二十多家，占全国的一半以上，更被称为“古代中国华尔街”。

7）特殊职能型

特殊职能型是指城市中的某种职能在历史上占有极突出的地位，如“盐城”自贡、“瓷都”景德镇等。

2. 中国七大历史古都

1）北京

50万年前的“北京人”、1.8万年前的“山顶洞人”就在北京繁衍生息，后来一直是兵家必争之地。中国西周时成为周朝的诸侯国之一的燕国的都城。自中国金朝起

成为古代中国首都——中都。自元代起，开始成为全中国的首都。北京有着3 000余年的建城史和859余年的建都史。北京旅游资源丰富，有世界上最大的皇宫紫禁城、祭天神庙天坛、皇家花园北海、皇家园林颐和园和圆明园，还有八达岭长城、慕田峪长城及世界上最大的四合院——恭王府等名胜古迹，是全国政治、文化、科技、交通中心。

2）西安

西安是中国历史上建都时间最多、建都朝代最多、影响力最大的都城，是中华文化的代表区域之一，是中华民族的摇篮、中华文明的发祥地，有着“天然历史博物馆”的美誉。2011年，西安成功举办“世界园艺博览会”。有着3 100多年的建城史和1 200多年的建都史。西安曾经是中国政治、经济、文化中心和最早对外开放的城市，著名的丝绸之路以西安为起点。

西安是人类历史上最早的城市之一，据《广博物志》、《述异志》、《山海经》等记载，传说中的盘古开天辟地、女娲补天等故事都发生在这里。据考古证实，早在旧石器时代，这里就是蓝田猿人的聚居区；新石器时代早期，这里就已经形成了原始聚落“华胥古国”、“半坡”、“姜寨”、“灰堆坡”等。西安高陵杨官寨遗址发现，西安将中国城市历史推进到了6 000年前的新石器时代晚期，同时确定了西安是世界历史上第一座城市。公元前12世纪，周文王在这里建立丰京、镐京两京，从此，西安作为中国的政治、经济、文化中心长达1 200多年，先后有21个王朝和政权建都于此，是13朝古都，中国历史上的鼎盛时代周代、秦代、汉代、隋代、唐代均建都西安。西安旅游资源有蓝田猿人遗址、半坡遗址、丰镐遗址、阿房宫遗址、汉长安遗址、唐长安遗址、大雁塔、小雁塔、钟楼、鼓楼、明城墙、秦始皇陵、碑林、骊山国家级风景名胜区等。

知识链接

世界四大文明古都是指意大利罗马、希腊雅典、埃及开罗和中国西安；另有一说为意大利罗马、土耳其伊斯坦布尔、希腊雅典和中国西安。第一种说法可见于各种典籍，第二种说法只由法国前总统希拉克提出。

3）洛阳

洛阳有5 000年文明史、40 00余年建城史、1529年建都史，是17朝古都，是我国建都最早，建都时间最长的古都。以洛阳为中心的河洛地区是中华文明的重要发祥地，河洛文化是中华民族的根文化。另有传说洛阳是中华大地的龙脉集结之所，所以历朝历代均为诸侯群雄逐鹿中原的皇者必争之地，成为历史上最重要的政治、经济、文化中心。中国古代伏羲、女娲、黄帝、尧、舜、禹等神话传说多传于此。洛阳旅游资源有关林、周公庙、杜甫墓、二程墓等。洛阳唐三彩为著名传统特产，市花牡丹素有“甲天下”的美誉。

4）开封

开封古称东京、汴京，是我国七大古都之一。夏朝（帝杼）曾在开封一带建都

157年，史称老丘。商朝曾在开封一带建都27年，史称嚣。公元前361年，战国时期的魏惠王迁都大梁，这是开封有明确历史记载的第一次建都。魏国在大梁建都，历六世136年。五代时期的后梁、后晋、后汉、后周，北宋和金代相继定都于此，所以开封素有“七朝古都”之称。开封旅游景点有铁塔、龙亭、相国寺、禹王台、镇河铁犀等，汴绣、汴绸、草编、玉雕、年画为著名传统工艺品。

知识链接

公元前8世纪，春秋时期的郑庄公在今开封城南朱仙镇附近修筑储粮仓城，取“启拓封疆”之意，定名启封。汉初因避汉景帝刘启之名讳，将启封更名为“开封”，这便是“开封”的由来。

5）南京

南京是国家重要的政治、军事、科教、文化、工业和金融商业中心、综合交通枢纽。南京历史悠久，有着超过2 500余年的建城史和近500年的建都史，是中国七大古都之一，有“十朝都会”之称。今南京图书馆保留有六朝建康城遗址。六朝建康城为当时世界上最大的城市。著名旅游资源有雨花台烈士陵园、中山陵、明孝陵、栖霞寺、紫金山、秦淮河、莫愁湖、玄武湖等。

6）安阳

安阳是闻名世界的世界文化遗产——殷墟所在地、汉字之都、甲骨文之乡、《周易》的诞生地、上古颛顼和帝喾二帝陵墓所在地、魏王曹操墓所在地、隋唐著名的瓦岗寨起义地、精忠报国民族英雄岳飞故里、红旗渠精神发源地。同时也是中原城市群、中原经济区重要的中心城市。中国七大古都之一、中国历史文化名城、中国优秀旅游城市、国家级园林城市。世界上最大的青铜器——后母戊鼎在这里出土。旅游资源有小南海原始人洞穴，闻名的殷商帝都废墟，文峰塔，并称“三袁”的袁寨、袁府、袁世凯墓。

知识链接

早在2.5万年前的旧石器时代晚期，人类就在安阳留下了活动的遗迹，创造了著名的“小南海文化”。约公元前1300年，商王盘庚率邻部族迁徙到安阳，历八代十二王，共255年。这一时期的商王朝疆域辽阔，国力空前强盛，开创了中国上古史的新纪元，也成为公元前14世纪~公元前11世纪世界青铜文明的重要代表。此后，相继有三国时期的曹魏，十六国时期的后赵、冉魏、前燕，北朝时期的东魏、北齐等在此建都，殷都废而邺都起，邺都衰而相州继，相州改而彰德立，古都文明的薪火，在安阳这片土地上传承不断，安阳成为七朝古都。

7）杭州

杭州是浙江省的金融中心和行政中心，大陆国际形象最佳城市之一，中国七大古都之一。古时杭州曾称“临安”、“钱塘”、“武林”等。处杭嘉湖平原南缘，拥有约2 300年的建城史，是一个典型的山水文化名城。西湖、钱塘江、千岛湖及周边丘陵构成了杭州的山水美景。自古以来，杭州的经济和文化比较发达，素有“东南第一州”之称。旅游资源有西湖、秋瑾墓、黄龙洞、岳飞庙、虎跑泉、钱塘江大桥等胜迹。丝绸业发达，有“丝绸之府”之称，织锦为我国名锦之一。著名特产是茶叶，龙井茶享誉海内外。

知识链接

杭州历史源远流长，自秦代设县治以来，已有2 200多年历史。杭州还是五代吴越西府和南宋行都，“上有天堂、下有苏杭”，表达了古往今来的人们对于这座美丽城市的由衷赞美。元朝时曾被意大利旅行家马可·波罗赞为“世界上最美丽华贵之城”。

3.4.2 民族民俗类旅游资源

1. 民族传统文化艺术

1）戏剧艺术

中国戏剧主要包括戏曲和话剧，戏曲是中国传统戏剧，话剧则是20世纪引进的西方戏剧形式。中国古典戏曲是中华民族文化的一个重要组成部分，堪称国粹。而且，在世界剧坛上也占有独特的位置，与古希腊悲喜剧、印度梵剧并称为世界三大古剧。京剧最有代表性、影响最大，杰出的表演艺术家有谭鑫培、马连良、梅兰芳等，传统剧目有《霸王别姬》、《三岔口》等。

2）中国画艺术

从美术史的角度讲，1912年前的中国画都统称为古画。国画在古代无确定名称，一般称为丹青，主要指的是画在绢、宣纸、帛上并加以装裱的卷轴画。汉族传统的绘画形式是用毛笔蘸水、墨、彩作画于绢或纸上，这种画种被称为中国画，简称国画。

3）书法艺术

中国的文字始于书法艺术，始于黄河中游的仰韶文化时期，书法艺术也从甲骨文开始。历经2 000多年的沿袭和发展。中国书法是中国汉字特有的一种传统艺术。汉字书法为汉族独创的表现艺术，被誉为无言的诗、无行的舞、无图的画、无声的乐。

中国书法的五种主要书体，即楷书体、行书体、草书体、隶书体、篆书体。中国古代有许多著名书法家，其中以王羲之、欧阳询、颜真卿、柳公权、苏轼最为出色。

知识链接

王羲之所书的行楷《兰亭序》最具有代表性。东晋永和九年（353年）农历三月三日，王羲之同谢安、孙绰等41人在绍兴兰亭修契（一种祓除疾病和不祥的活动）时，众人饮酒赋诗，汇诗成集，王羲之即兴挥毫作序，这便是有名的《兰亭序》。此帖为草稿，共28行，324字。记述了当时文人雅集的情景。作者因当时兴致高涨，写得十分得意，据说后来再写已不能逮。其中有二十多个“之”字，写法各不相同。宋代米芾称之为“天下行书第一”。传说唐太宗李世民对《兰亭序》十分珍爱，死时将其殉葬于昭陵。留下来的只是别人的摹本。

2. 风物特产

1）织绣工艺品

刺绣、织锦、缂丝工艺主要产在江苏、浙江、广东、湖南、四川等地；地毯工艺主要产在新疆、宁夏、青海、西藏、天津、北京等地；抽纱、花边、绒绣工艺主要产在烟台、上海、潮州、汕头、萧山等地。织绣工艺品的典型代表如下。

（1）刺绣。刺绣是针线在织物上绣制的各种装饰图案的总称。中国刺绣主要有苏绣、湘绣、蜀绣和粤绣四大门类。

① 苏绣，以苏州为中心，现已遍衍江苏的扬州、无锡、常州、宿迁、东台等地。素以绣工精细、技法活泼、图案秀丽、色彩雅洁的风格见长。双面绣《猫》是其现代作品的代表作，如图3.26所示。

② 湘绣，是以湖南长沙为中心的带有鲜明湘楚文化特色的湖南刺绣产品的总称，吸收苏绣、粤绣优点演变而成。作品构图优美、绣艺精湛、神态生动，《虎》是其代表作，如图3.27所示。

图3.26　双面绣《猫》

图3.27　湘绣《虎》

③ 粤绣，包括广绣和潮绣，是产于广东地区的刺绣品，以广州市和潮州市为中心。以构图饱满、色彩浓郁、立体感强著称，代表作为《百鸟朝凤》，如图 3. 28 所示。

图 3. 28　粤绣《百鸟朝凤》

④ 蜀绣，又称川绣，是以四川成都为中心的刺绣品的总称。产于四川成都、绵阳等地。以针法严谨、针脚精细、色彩明快为特点。代表作为《芙蓉鲤鱼》，如图 3. 29 所示。

图 3. 29　蜀绣《芙蓉鲤鱼》

（2）织锦。织锦是我国古代传统的用彩色经纬提花织成各种图案花纹的熟丝织品，在古代丝织物中“锦”是代表最高技术水平的织物。

① 南京云锦，因其绚丽多姿、美如天上云霞而得名，至今已有 1 580 年的历史。是一种始于南朝而盛于明清的丝织工艺品，纹样精美、配色典丽、织造细致，如图 3. 30 所示。它汇集了丝质肌理美、色彩和谐美、纹样情愫美的装饰美化特征，以“质与纹”、“巧与艺”、“意与象”三者结合为内容与形式。

② 成都蜀锦，是指中国四川省成都市所出产的锦类丝织品，大多以经向彩条为基础起彩，并彩条添花，其图案繁华、织纹精细，配色典雅，独具一格，是一种具有民族特色和地方风格的多彩织锦，如图 3. 31 所示。

图 3.30　南京云锦龙袍局部

图 3.31　蜀锦

③ 宋锦，是中国传统的丝制工艺品之一。开始于宋代末年（约公元 11 世纪），产品分大锦、小锦、彩带等数种。大锦又称“仿古锦”，花色有 40 多种。宋锦的产地主要在苏州，故又称“苏州宋锦”。宋锦色泽华丽，图案精致，被赋予中国“锦绣之冠”，如图 3.32 所示。

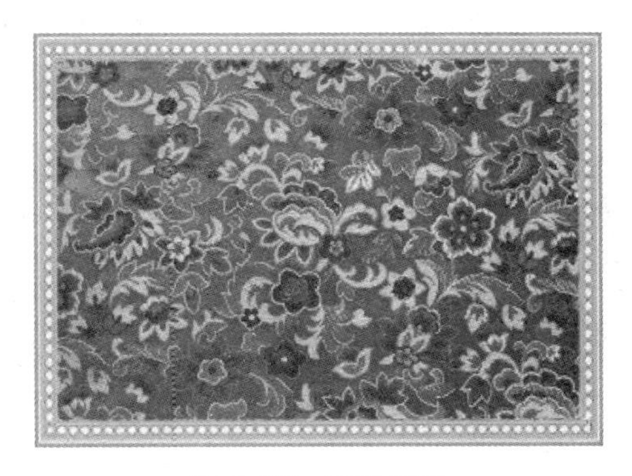

图 3.32　宋锦局部

2）陶瓷器

陶瓷器是我国古代劳动人民的发明创造之一。陶瓷器制作在我国已有数千年历史，其制品工艺精湛、种类繁多，在世界上享有很高声誉。

（1）瓷器。中国是瓷器的故乡，瓷器的发明是中华民族对世界文明的伟大贡献。大约在公元前 16 世纪的商代中期，中国就出现了早期的瓷器。瓷器因其较为低廉的成本和耐磨不透水的特性广为世界各地的民众所使用，是中华文明展示的瑰宝。

① 景德镇瓷器，是中国国家地理标志产品，如图 3.33 所示。景德镇自五代时期开始生产瓷器，素有“瓷都”之称，产品以“白如玉，明如镜，薄如纸，声如磬”的独特风格蜚声海内外，被人们誉为“中华民族文化之精华”、“瓷国之瑰宝”。青花瓷、青花玲珑瓷、粉彩瓷、薄胎瓷是闻名中外的景德镇四大名瓷。

② 醴陵釉下彩瓷，是湖南醴陵瓷器，画面五彩缤纷，犹如罩上一层透亮的玻璃纱，

如图 3. 34 所示。醴陵釉下彩瓷的釉是一种很坚硬的玻璃质，它保护着画面，耐摩擦、耐高温、耐酸碱腐蚀，能始终保持原来色彩，瓷器的颜色像宝石那样晶莹润泽。

图 3. 33　景德镇青花瓷

③ 德化白瓷，因其产品制作精细，质地坚密，晶莹如玉，釉面滋润似脂，故有“象牙白”、“猪油白”、“鹅绒白”等美称，在我国白瓷系统中具有独特的风格，在陶瓷发展史上占有重要地位，在国际上有“东方艺术”之声誉，如图 3. 35 所示。

图 3. 34　醴陵釉下五彩陶

图 3. 35　德化白瓷

（2）陶器。陶器的品种有灰陶、红陶、白陶、彩陶和黑陶等。中国早在商代就已出现釉陶和初具瓷器性质的硬釉陶。陶器的表现内容多种多样，动物、楼阁及日常生活用器无不涉及陶器。在中国，陶器的产生距今已有 11 700 多年的悠久历史。

① 宜兴紫砂陶，制作原料为紫砂泥，原产地在江苏宜兴。据说紫砂壶的创始人是中国明朝的供春。紫砂陶以紫砂壶最常见，其特点是既不夺茶香气又无熟汤气，壶壁吸附茶气，在使用时间较长的空壶里注入沸水也有茶香。江苏宜兴素有“陶都”之称，所产的紫砂陶、均陶、彩陶和精陶是陶制品中的名品。

② 洛阳唐三彩，是以黄、绿、褐三色为主的彩釉陶器。制品以唐代尤负盛名，故

名唐三彩，因唐三彩最早、最多出土于洛阳，亦有洛阳唐三彩之称。它具有自然而又斑驳绚丽的色彩，是一种具有中国独特风格的传统工艺品。

3）雕塑工艺品

（1）玉雕。在商周时期，制玉成为一种专业，玉器成了礼仪用具和装饰佩件。在中国古代，玉被当作美好品物的标志和君子风范的象征。玉雕的品种很多，主要有人物、器具、鸟兽、花卉等大件作品，也有别针、戒指、印章、饰物等小件作品。以北京、上海、江苏、新疆的玉器最著名。

（2）石雕，著名的有福建寿山石雕、浙江青田石雕、昌化鸡血石雕。

此外，北京和上海的象牙雕、浙江的东阳木雕、海南的椰雕、湖北的贝雕、抚顺的煤精雕及上海的竹刻、天津和江苏无锡惠山的泥塑等都是有名的工艺品。

4）漆器

北京的雕漆（又名“剔红”）、福建福州的脱胎漆器、江苏扬州的镶嵌漆器等是我国著名的漆器工艺品。

5）金属工艺品

北京的景泰蓝、花丝镶嵌和安徽芜湖的铁画都很著名。北京景泰蓝、福建脱胎漆器与江西景德镇瓷器并称中国传统工艺美术“三绝”。

此外，浙江东阳的竹编、山东的草编和天津杨柳青的木板年画及福州的软木画、北京的内画壶等都是我国的传统工艺品。

课堂讨论

（1）宫殿的屋顶有哪些样式？

（2）夹景与框景有何不同？

（3）作为古都，北京与西安的有何区别？

单元小结

通过本章的学习，使学习者了解历史古迹类、宗教文化类、园林类、古城与民族民俗类旅游资源，熟悉各类人文旅游资源的特点，掌握各类型的典型代表。

考 考 你

（1）龙的九个儿子都是谁？

（2）双线双曲的是哪种彩画？

（3）借景方法有哪些？

（4）以双面绣《猫》著称的属于哪种刺绣？

课堂小资料

在庆祝逾越节的前夜，耶稣和他的十二门徒坐在餐桌旁，共进庆祝逾越节的一顿晚餐。餐桌旁共十三人，这是他们在一起吃的最后一顿晚餐。在餐桌上，耶稣突然感

到烦恼，他告诉他的门徒，他们其中的一个将出卖他；但耶稣并没说他就是犹大，众门徒也不知道谁将会出卖耶稣。

意大利伟大的艺术家列奥纳多·达·芬奇的《最后的晚餐》，是所有以这个题材创作的作品中最著名的一幅，如图3.36所示。这幅画，是他直接画在米兰一座修道院的餐厅墙上的。现藏米兰圣玛利亚德尔格契修道院。

图3.36　最后的晚餐

4

中国旅游交通与旅游路线

学习任务

（1）了解旅游交通的含义。
（2）熟悉旅游交通线网的分布。
（3）掌握旅游路线的概念和分类。
（4）熟悉中国主要旅游路线。

知识导读

旅游交通是实现旅游活动的必要手段，是旅游发展的命脉；现代交通可以促进旅游景区的兴起和发展；交通是旅游业创收的重要渠道；旅游业交通设施可以增添旅游的乐趣。旅游路线是联系旅游者和旅游景区、客源地和目的地的重要环节，旅游线路设计对旅游目的地、旅行社和旅游者来说，都具有十分重要的意义。

4.1 中国旅游交通地理

学习内容

（1）了解旅游交通的含义。

（2）熟悉中国旅游交通线网线的分布。

贴示导入

旅游交通可以分为铁路旅游交通、公路旅游交通、水路旅游交通、航空旅游交通、特种旅游交通。各种交通运输方式各有其特点和优势，在具体运作过程中应有机结合、优势互补、协调发展，形成交通线网。

深度学习

4.1.1 旅游交通的含义

旅游交通的核心内涵是因旅游需求而伴随着旅游全过程的交通线路、工具、设施及服务的总和。

4.1.2 中国旅游交通线网的分布

1. 铁路线网分布

我国铁路网的骨架基本上以北京为中心，由多条纵贯南北的干线和横贯东西的干线交叉组成，再通过无数支线、专用线等，把全国大中城市、工矿区、农林牧生产基地联结成一个整体，构成全国铁路运输系统。

1）南北方向的铁路干线

（1）哈大铁路是中国铁路的一段，始建于1898年，1903年建成通车。该铁路北起哈尔滨，南到大连，途经长春、四平、沈阳、鞍山等18个城市，全长946.5公里，并同沈山、沈吉等23条干线衔接。它是纵贯东北三省的南北主干线，是东北路网运输最繁忙的干线。它与滨洲铁路、滨绥铁路共同构成东北“T”字形铁路网的骨架，并通过京沈、京通线进入关内。

（2）京哈—京广铁路。北起哈尔滨，经长春、沈阳至北京，再经郑州、武汉、长沙至广州，这是我国南北交通的中枢。该线不仅经过许多省会城市，还连至保定、邯郸、安阳、岳阳、韶关等历史文化名城。该线向西南接湘桂、湘黔、汉丹等线。

知识链接

京哈铁路是南起首都北京市，北至黑龙江省哈尔滨市，途径河北、天津、辽宁、吉林、黑龙江等四省二市。主要经天津、唐山、秦皇岛、山海关、葫芦岛、锦州、沈阳、四平、长春、哈尔滨等城市。全长1 388公里，共有车站171个。京哈铁路是联络我国华北地区和东北地区，把首都北京和我国北方大城市之一哈尔滨市连成一线的一条干线铁路，也是中国和俄罗斯联运旅客列车通往莫斯科的的通道之一。京哈铁路的和谐号如图4.1所示。

京广铁路是贯通中国南北的重要铁路大通道，国家铁路南北交通大动脉，是中国线路最长、运输最为繁忙的铁路，具有极其重要的战略地位。起自北京西站，止于广州西站，全长2 284公里。这条铁路由原京汉铁路和粤汉铁路组成。1957年10月武汉长江大桥建成后，京汉、粤汉两铁路连通，11月被命名为京广铁路。它途经保定、石家庄、邢台、邯郸、安阳、鹤壁、新乡、郑州、许昌、漯河、驻马店、信阳、孝感、武汉、咸宁、岳阳、长沙、株洲、衡阳、郴州、韶关、广州等大中城市，纵贯北京、河北、河南、湖北、湖南、广东六省市，并与京山、京包、丰沙、京秦、京承、京原、京通、石太、石德、新焦、陇海、漯宝、宁西、汉丹、武大、石长，沪昆、湘桂、广三、广九等铁路相接，还与海运连通。京广铁路的高速动车如图4.2所示。

图4.1　京哈铁路的和谐号

图4.2　京广铁路的高速动车

（3）京沪铁路。由北京至上海，贯穿东部四省，连接三大直辖市。所经城市，如济南、徐州、蚌埠、南京、无锡、苏州等都是我国历史文化名城，旅游景观丰富。该线向南接沪杭、浙赣、鹰厦等线。

知识链接

京沪铁路是中国东部南北大干线之一。从北京开始，由天津向南，经沧州、德州、济南、徐州、蚌埠、南京到上海。今全为复线。全线纵贯海河、黄河、淮河、长江四大流域，穿过冀、鲁、皖、苏四省，连接津、沪两大直辖市。该线北端与京哈铁路相接；途中于德州会合石德线；于济南会胶济线；于兖州与附近会兖荷线和兖石线；于徐州会陇海线；于蚌埠会淮南线；于南京会宁铜线；在上海与沪杭线相连接。津沪铁路是由过去的津浦（口）、沪宁（南京）二铁路组成，南京长江大桥建成后把二线联为一体。也有的将京津线

联合称京沪线。沿线是沿海人口密集、经济发达的地区，有许多重要工业城市，是大型煤、铁、石油基地，粮棉集中产区和鱼米之乡。南运货物以钢铁、煤炭、木材、棉花、油料和杂粮为主；北运货物以机械设备、机电设备、仪表、布匹、百货、面粉和茶叶等为主。

（4）京九铁路。由北京至香港的九龙，途经九个省市，是介于京沪和京广两线之间的一条南北交通动脉。它沟通了华北、华东、中南广大地区，对沿线地区经济和旅游事业发展起到重大促进作用。特别是对扩大和加强内地与港澳地区（不包括台湾）的经济文化交流将产生深远的影响。

知识链接

京九铁路是我国目前仅次于长江三峡工程的第二大工程，投资最多，一次性建成双线线路最长的一项宏伟工程。它于1996年9月1日通车，北起北京西客站，跨越京、津、冀、鲁、豫、皖、鄂、赣、粤九个省级行政区的98个市县，南至深圳，连接香港九龙，包括同期建成的天津至霸州和麻城至武汉的两条联络线在内，全长2 553公里。

（5）集二铁路—同蒲铁路—焦柳铁路。北起中蒙边陲地二连浩特，南至广西柳州。北接蒙古国、俄罗斯铁路，可通往莫斯科；南连湘桂线抵凭祥市与越南铁路接轨。在湖北连襄渝线，成为进入四川盆地及西南地区的主要路线。

知识链接

集二铁路自内蒙古自治区乌兰察布市集宁区至中蒙边境的二连浩特，全长336公里，是连接乌兰巴托、莫斯科的国际联运干线。

同蒲铁路是贯穿山西省中部的南北铁路干线。自山西大同经太原、侯马至蒲州镇以南的风陵渡。全长865公里，以太原为界，分为北同蒲和南同蒲。同蒲铁路北起京包铁路大同站，南至陇海铁路华山站，经过八市31县市区。它为国家1级干线，也是山西铁路的中轴线。沿途共有车站108处。

焦柳铁路是中国一条从河南焦作通往广西柳州的铁路。起于月山站（河南焦作博爱县），止于柳州南站，全长1 645公里。全线共有车站179个。原分为北、南两段。北段从河南焦作到湖北枝城，称为焦枝铁路。南段从湖北枝城到广西柳州，称为枝柳铁路，于1970年动工，1978年建成。1988年两条铁路合并，改称焦柳铁路。焦柳铁路连接数座工业重镇，与太焦铁路等共同构成了中国中西部地区的一条南北向铁路干线。

（6）宝成—成昆—南昆铁路。北起宝鸡，经成都到昆明，再向南通达广西南宁，并可经昆河线至中越边境河口，是西南地区一条南北交通干线。它与成渝、襄渝、武丹、川黔、黔桂、湘黔、贵丹等线构成西南地区内部及与湖北、湖南、广西联系的交通线，沟通了西南地区和中南地区。

2）东西方向铁路干线

（1）京沈—京包—包兰—兰青铁路。这是一条联系东北、华北、西北“三北”地区的东西向交通大干线。

（2）陇海—兰新铁路。它东起江苏的连云港，经过著名的古都开封、洛阳、西安和历史文化名城徐州、郑州、天水、兰州等地，西至新疆的阿拉山口。该线将我国的东、中、西三大地带联系起来，沿途文物古迹众多，是开发“丝绸之路”旅游的重要交通线。

（3）沪杭—浙赣—湘黔—贵昆铁路。该线从上海向西南经杭州、鹰潭、株洲、贵阳至昆明，是我国南方的一条东西向铁路干线。

2. 公路线网分布

中国公路网由国道、省道和一般公路组成的公路网。国道主干线是全国公路网的主骨架，它贯通了首都北京和各省（区）省会和首府，能连接百万余公里。从北京出发的国道线命名为101~112线，共12条，其他南北纵向国道线命名为201~228线，共28条，东西横向国道线命名为301线、302线等。高速公路是公路运输发展的方向，我国自1988年修筑上海—嘉定的第一条高速公路以来，沈大、京津塘、广深、京石等高速公路陆续投入运营。近年来由于旅游业的迅速发展，各地区也建设了一批旅游公路干线，它们主要分布在近距离的城市之间，以及大中城市连接其周围地区的旅游点。

3. 水路线网分布

我国发展水路运输的条件优越。20世纪50年代水运事业即迅速发展，目前已基本形成一个具有相当规模的水运体系。

远洋航线有30余条，与世界上150多个国家和地区的400多个港口相联系。沿海航线可以分为北方航线和南方航线。我国沿海从鸭绿江口至厦门以北为北方航线，以大连和上海港为中心，厦门以南至广西北仑河口为南方航线。沿海中小港口之间都辟有地方航线。沿海主要港口有大连港、天津港、青岛港、上海港、厦门港、香港港、黄埔港、湛江港等，其中香港港、上海港为世界著名大港，如图4.3和图4.4所示。我国内河航运里程达11万多公里，重要内河航运干线有长江航运线，珠江航运线，黑龙江、松花江航运线和京杭大运河航运线。这些航线沿途风光秀丽，如长江三峡、桂林山水可谓人们旅行游览的最佳河川旅游选择路线。

图4.3　大连港

图4.4　上海港

4. 航空线网分布

我国地域辽阔，长距离旅游占的比重很大，发展空运旅游势在必行。目前，我国已形成以北京为中心，辐射全国各省会等80多个城市和边远地区，以及通往四大洲近百个国家的航空网络。就连一些边远地区，新开发的旅游地，如喀什、伊宁、西双版纳、九寨沟等地，也都相继开辟了航空线。为适应新航线的开辟，新建了一批机场，如安徽安庆机场、江西九江机场等。一批机场进行了改扩建，如北京首都机场（如图4.5所示）、桂林机场、拉萨贡嘎机场（如图4.6所示）等。

图4.5　北京首都机场

图4.6　拉萨贡嘎机场

5. 特种交通

指用于景点、景区或旅游区内的专门交通工具。在景区或景点内的某些特殊地段，为了旅游者安全或辅助病、老、残、幼旅游者节省体力而设置的交通工具，如缆车、索道等；带有娱乐、体育、特色体验和特种欣赏意义的旅游交通，如滑杆、轿子、羊皮筏子、独木舟、橡皮艇、马匹、骆驼等。

4.2　旅游线路设计

学习内容

（1）了解旅游路线的概念和分类。
（2）掌握旅游路线设计的原则。
（3）熟悉中国主要旅游路线。

贴示导入

旅游路线在时间上是从旅游者接受旅游经营者提供的服务开始，直至脱离这种服务为止；在内容上包括旅游过程中旅游者利用和享用的一切因素，涉及行、食、住、游、购、娱等诸要素。从旅游服务贯穿于整个旅游过程这一角度看，旅游路线又是旅游产品销售的实际形式。

深度学习

4.2.1 旅游路线的概念和分类

1. 旅游路线的概念

旅游路线是指在一定地域空间，旅游经营者针对旅游客源市场的需求，凭借交通路线和交通工具，遵循一定原则，将若干旅游地的旅游吸引物、旅游设施和旅游服务等合理地贯穿起来，专为旅游者开展旅游活动而设计的游览路线。旅游路线是旅游供给和旅游需求联结的纽带，是实现旅游者旅游欲望的重要手段。

2. 旅游路线的分类

1）按旅游者活动行为划分

（1）周游观光性旅游路线。该路线游客的目的主要在于观赏，路线中包括多个旅游目的地。同一旅游者重复利用同一路线的可能性小，其成本相对较高，在设计周游性旅游路线时应“从单纯的周游性向线性多样化转移”。

（2）度假逗留性旅游路线。此种路线主要为度假旅游者设计。度假旅游者的目的在于休息或娱乐，不很在乎景观的多样性变化。因此，该路线所串联的旅游目的地相对较少，有时甚至可以是一两个旅游点，同一旅游者重复利用同一路线的可能性大。

2）按旅游路线的结构划分

（1）环状旅游路线。该路线一般适用于大、中尺度的旅游活动。例如，我国以北京（入境）为起点的东线和西线串联合并而成旅游环状路线。“东线”，北京（入境）—南京、苏州—上海、杭州—广州、香港（出境）；“西线”，北京（入境）—西安—成都、昆明—桂林—广州、香港（出境）。这类路线的特点：一是跨度大，主要由航空交通联结，铁路或公路交通主要用于连接站点相对密集的区段；二是所选各点均为知名度高的“精华”旅游城市或风景旅游地；三是基本不走“回头路”，境外游客的出入境地点一般安排在不同口岸。

（2）节点状旅游路线。该路线是一种小尺度的旅游路线。旅游者选择一个中心城市或自己的常居地为节点，然后以此为中心向四周旅游点进行往返性的短途旅游。这类旅游路线在国内游客出游中，较为常见。原因在于：其一，节点多为旅游地或旅游点的依托城市，游客对中心城市有归属感，食、宿、行、购等条件较好；其二，节点的交通联系更方便；其三，游览路程短，可以在短期内往返；其四，经济适用，多种因素促使游客宁愿走“回头路”，而不选环状旅游路线。

3）按旅游活动的内容划分

（1）综合性旅游路线。该路线所串联的各点旅游资源性质各不相同，整条路线表现为综合性特色。例如，1997 年中国旅游年推出的 16 条“精选旅游路线”中，“神州精华游”一线即为综合性路线。综合性旅游路线能使旅游者得到更多的体验和经历，它比下述专题性旅游路线具有更广的大众化意义。例如，我国东部旅游线包括的北京、南京、杭州各点都是中国古都，南京、杭州更有江南山水风光特色，苏州为中

国园林城市，上海、广州则为现代工商业大都市和出入境口岸，风景、都市与古城巧妙配合，相得益彰，能使游客获得良好的印象和综合性旅游满足。

知识链接

1995年推出的“中国民俗风情游”依托风格独特的民俗节庆活动逐月展开，贯穿全年，并按照历史上形成的地方传统习俗和民族风情，推出了北方风情卷、中原民俗画廊、大漠丝路情怀、江南水乡风物集锦、西南民族风情、一江两湖漫游和南国风景窗七大旅游区。这七大旅游风情区域的民俗风情异彩纷呈，基本涵盖了我国各个各族传统文化的特点，其产品具有大众化的鲜明特点。

（2）专题性旅游路线。该路线是一种以某一主题内容为基本思想串联各点而成的旅游路线。全线各点的旅游景物或活动有比较专一的内容和属性，因而具有较强的文化性、知识性和趣味性，受到不同兴趣爱好的游客的欢迎。例如，1997年中国旅游年推出16条“精选旅游路线”中，有15条路线属于专题性旅游路线，这些路线把我国大部分精华旅游点、旅游地用各种专题串联，供不同兴趣爱好的游客选择。此外，各地也曾依据当地的资源特色和主题，组织，如“三国旅游线”、“吴越春秋旅游线”、“马可·波罗足迹旅游线”、“文成公主进藏线”等专题旅游路线。

知识链接

专题性旅游路线又称特种旅游路线，具有主题繁多、特色鲜明的特点。专题性旅游线路包括探险旅游、烹饪旅游、保健旅游、考古旅游、漂流旅游、登山旅游、自驾车旅游、品茶旅游、书画旅游、朝圣与祭祀旅游等。专项旅游路线适应了旅游者个性化、多样化的需求特点，广受旅游者的青睐，是今后旅行社产品的开发趋势。专题性旅游路线的缺点是开发难度大，操作程序多，需要多个政府部门、社会组织的协作，成本一般较高。

4）按旅游组织的形式划分

按旅游组织的形式划分，可分为面向包价旅游的传统旅游线和面向散客旅游的“灵便式”旅游线。其中“灵便式”旅游线又可分为“拼合选择式”旅游线——整个旅程有几种分段组合路线，游客可以自己选择拼合，并可在旅游过程中改变原有选择；“跳跃式”旅游线——旅游部门只提供整个旅程中几小段路线或大段服务，其余皆由旅游者自己设计。

此外，按旅游目的划分，可分为公务旅游、休闲旅游（含观光和度假）、探亲旅游和专项旅游（奖励、农业、工业、会议、会展、修学、文化、考察、生态、宗教、康复、新婚、购物、探险、体育、特殊兴趣等）；按旅游活动的时间划分，可分为一日游线、多日游线；按产品的档次划分，可分为豪华旅游、标准等旅游和经济等旅游；按旅游线路跨越的空间尺度划分，可分为洲际游线、周边国家旅游线、国内旅游

线、邻近省际旅游线及区内旅游线等。无论设计何种旅游路线，都是为了增强旅游活动组合的科学性，提高旅游组织的效能，方便游客，使其达到满意的旅游效果。

知识链接

按旅游者的旅游目的划分，可分为观光旅游路线、探险考察旅游路线、文化旅游路线、宗教旅游路线、度假休闲旅游路线、民族风情旅游路线、节庆活动旅游路线等。以下具体介绍两种。

观光旅游路线是指利用旅游目的地的自然旅游资源和人文旅游资源，组织旅游者参观游览及考察。观光旅游路线的内容包括文化观光、自然观光、民俗观光、生态观光、艺术观光、都市观光、农业观光、工业观光、科技观光、修学观光、军事观光等。观光旅游路线一般具有资源丰富、可进入性大、服务设施齐全、安全保障强等条件。观光旅游路线的优点是开发难度小，操作程序简易，使旅游者能在较短的时间内领略旅游目的地的特色；缺点是旅游者参与的项目少，旅游者对旅游目的地感受不深。

度假旅游路线是指组织旅游者前往度假地区短期居住，进行包括娱乐、休憩、健身、疗养等消遣性活动。度假旅游路线的内容包括海滨度假、山地度假、湖滨度假、温泉度假、滑雪度假、海岛度假、森林度假、乡村度假等。度假旅游路线要求度假地（区）具备四个条件：环境质量好、区位条件优越、高标准的住宿设施和健身娱乐设施、服务功能强。度假旅游路线所含的项目都是参与性很强的户外休闲、健身、娱乐运动等。度假旅游路线中的旅游者在旅游目的地停留的时间较长、消费水平较高且大多以散客的形式出行。度假旅游产品适应了散客旅游、自助旅游日益增多的潮流，是值得开发的旅游产品。

4.2.2 旅游路线设计的原则

其一，旅游产品所针对的目标市场及其变化趋势，决定了旅游路线设计的需求背景；其二，旅游接待国发展水平、国际旅游发展水平、体制和管理水平等相联系的旅游供给一体化程度，决定了旅游路线设计的销售背景；其三，旅游者在接待国消费旅游产品的行为自主程度，构成了旅游路线的设计背景。

旅游路线的设计在考虑旅游资源、基础设施、旅游专用设施、旅游成本因子的前提下，大致可分为四个阶段：第一，要确定旅游目标市场的成本因子，从总体上确定旅游路线的性质和类型；第二，根据旅游者类型和期望，确定旅游路线组成内容的基本空间格局；第三，结合旅游市场和旅游资源的背景材料，对相关旅游基础设施和专用设施进行分析，设计出若干可供选择的旅游路线；第四，选择、确定出最有实际价值的一条或几条旅游路线。因此，针对旅游路线设计中考虑的基本因子和设计过程，进行旅游路线设计必须遵循以下原则。

1. 市场性原则

旅游路线设计的关键是适应旅游客源市场的需求，最大限度地满足旅游者的需要，路线设计必须符合旅游者的意愿和行为法则。旅游者行为的基本规律是最大效益

原则，他们对旅游路线选择的基本出发点是，以最小的旅游时间和旅游费用来获取最大的旅游欲望满足。也就是说，当旅游成本一定时，整个旅程带给旅游者的体验水准只能等于或大于某一预定水平，旅游者才会实施出游决策；随着旅游成本的增加，旅游体验水平值的增长速度只有等于或高于旅游成本的增加速度，旅游者才会对旅游路线有满意的评价。所以，一条旅游路线的观赏时间长短、游览项目多少与在途时间、花费比值的大小，将影响游客对旅游路线的选择，旅游者的需要也即成为旅游路线设计必须考虑的重要因素。

2. 特色性原则

由于旅游者动机、旅游活动形式及各地旅游资源的属性特征各不相同，旅游路线设计一定要突出特色，形成有别于其他路线的鲜明主题，唯此才能具有较大的旅游吸引力。突出旅游路线的特色，尽可能串联更多的、有内在联系的旅游点和丰富的旅游活动内容，将其形成群体规模，并在旅游交通、食宿、服务、娱乐、购物等方面选择与此相适应的方式，展示其整体特色效果，使旅游过程做到有张有弛，富于节奏，高潮迭起，游客始终兴致满怀。

3. 效益性原则

旅游路线设计要注重它的经济效益，尽可能做到游客在途时间短、游览时间长、重复路线少、旅游费用低、旅游经营效益最大化。从整体效应出发，一方面加大旅游点、旅游地的开发力度，提高目前旅游温点、冷点的文化品位和有效卖点，将旅游热点、温点和冷点进行科学合理的搭配，组织到旅游路线中；另一方面满足游客出游的最大效益，尽量减轻旅游者的经济负担，使游客感到旅行是在享受、便捷、舒适的前提下，自己的旅程费用已经最小化，花费有所值，并对整个游程留下较为深刻和完美的印象。

4. 季节性原则

旅游活动具有显著的旺季、平季和淡季特征，不同季节的游客流量悬殊。旅游路线设计要充分考虑到旅游活动的季节性特点，以旅游旺季的游客量最大波动率来作为旅游路线设计的依据，注意季节波动，保持客流平衡，淡季尽量以热点为主，旺季适当搭配温点、冷点。在旅游路线上应热点、冷点兼顾，一方面可使一贯客流量大、游客集中的旅游热点不至于人满为患，富有后劲，并有利于热点的旅游环境保护；另一方面也可使一贯游客少、旅游设施闲置的旅游冷点不至于无人问津，助“冷”转“热”，促进温点、冷点的旅游发展，保持客流时空平衡，提高整体经济效益。

5. 网络化原则

旅游路线体系具有三个不同层次：第一层是由若干旅游中心城市连接而组成的进入性旅游路线，第二层是由旅游中心城市作为“大本营”联结各旅游景区景点的主体性旅游路线，第三层是景区内部的游览路线。旅游路线设计要根据各层次的不同功能对线型和交通工具进行网络化安排。

旅游路线网络化的一层含义是它不仅是指一定密度的交通路线网络，而且还包括

不同交通形式的相互组合与配套，其目的是使旅游路线的组合设计包含更多的旅游点，并有可供选择的多种路线形式和交通方式，避免游程大的迂回与往返。旅游路线网络化的另一层含义是在于旅游路线设计要借助现有的技术手段，如计算机图形技术、多媒体技术、网络技术等，达到全方位展示旅游路线精华的视听效果，并利于上网促销、及跨区域、跨国界的旅游路线优化组合。

6. 安全性原则

安全因素是旅游者和旅游路线设计者必须重点考虑的要素。旅游路线设计中要特别关注旅游者的安全，一方面要避免路线中旅游者拥挤、碰撞、阻塞路线，甚至造成事故；另一方面要避免路线气象灾害区、地质灾害区和人为灾害区的影响。同时，要注意在旅游路线上设置必要的安全保护措施和救护措施。例如，在旅游路线中设置旅游车安全检修站、江河漂流救护队、山地救护队等。

我国过去一直习惯于包价旅游路线的设计，以观光周游型旅游路线为主。团体市场缩小而散客市场的逐渐扩大、旅游路线销售方式的多样化、线型的多样化、度假逗留型旅游路线出现，以及快速增长的国际旅游业发展趋势，对中国旅游路线的设计工作提出了更高要求。

4.2.3　中国主要旅游路线

国家旅游局以 1997 中国旅游年为龙头，在逐年推出的 1992 中国友好观光年、1993 中国山水风光游、1994 中国文物古迹游、1995 中国民俗风情游、1996 中国度假休闲游的基础上，推出了一批适应国际旅游市场不同层次需要的旅游“拳头”产品系列。以绝无仅有、奇特罕见、美好憩地、胜名非凡四类命名的旅游王牌景点有 35 个，即五绝——万里长城、紫禁皇城、秦俑兵马、丝路敦煌、布达拉宫，五奇——黄山四景、武陵峰林、长白天池、九寨黄龙、长江三峡，五美——三亚海滨、北海银滩、海上大连、绿色青岛、西湖畔，二十胜——珠江三角、上海黄浦、儒家曲阜、桂林山水、苏锡江南、滇池风情、承德庄庙、佛家五台、海河清风、龙门少林、黄果瀑洞、湄州妈祖、厦门鼓浪、瓷都景德、呼伦草原、天池戈壁、沙湖芦荡、天湖青海、黄河瀑布、冰雪哈尔滨。并以此为前提，结合国内其他著名的高品位旅游点或旅游地，向海内外旅游者推出了 16 条中国精品旅游路线。

1. 神州掠影游

北京（长城、故宫、颐和园、定陵、梨园剧场等）—陕西（秦俑兵马、历史博物馆、明代城墙、仿唐乐舞等）—上海（黄浦闹市夜景、南浦大桥、杂技等）—广东（深圳新貌）。

2. 长城游

北京（八达岭、慕田峪）—天津（蓟县黄崖关）—河北（秦皇岛、老龙头、山海关、角山、承德、金山岭）—山西（雁门关）—宁夏（古长城遗迹）—甘肃（嘉峪关）。

3. 长江三峡游

重庆（大足石刻、万县、白帝城、瞿塘峡、夔门、大宁河、巫峡等）—湖北（宜昌、西陵峡、葛洲坝、神农架、神农溪、荆州古城、武汉、黄鹤楼、编钟等）—湖南（洞庭湖、岳阳楼等）。

4. 黄河风情游

青海（龙羊峡水库等）—甘肃（兰州刘家峡、炳灵寺等）—山西（临汾壶口瀑布、关帝庙、黄河铁牛、永乐宫等）—内蒙古（呼和浩特、四子王旗格根塔拉、东胜、成吉思汗陵等）—河南（三门峡、黄河古栈道、虢国墓地车马坑、洛阳、豫西窑洞、龙门石窟、白马寺、开封、宋都御街、相国寺、郑州、黄河大观等）—山东（济南、趵突泉、曲阜、孔府、孔庙、孔林、泰山、岱庙等）。

5. 奇山异水游

福建（武夷山、九曲溪、厦门、鼓浪屿、日光岩）—安徽（黄山）—贵州（黄果树、天星景区、织金洞）—湖南（武陵源）—广西（桂林、漓江、阳朔、芦笛岩、七星岩）—四川（九寨沟、黄龙）—吉林（长白山天池）。

6. 丝绸之路游

陕西（西安、丝绸之路、博物馆等）—青海（西宁、东关清真大寺、青海湖、塔尔寺等）—宁夏（固原、须弥山石窟、北周李贤墓和鎏金等）—甘肃（敦煌、莫高窟、鸣沙山、月牙泉等）—新疆（吐鲁番、高昌故城、阿斯塔那古墓、坎儿井、乌鲁木齐、新疆民俗展馆、天山、天山天池、库木吐喇千佛洞、喀什、艾提尕尔清真寺等）。

7. 江南水乡游

江苏（南京、秦淮河风光带、中山陵、明孝陵、城墙、扬州、乾隆瘦西湖水上游、漆器玉器厂、镇江、常州、集市、无锡、太湖、苏州、周庄、丝绸博物馆、水上小龙舟等）—浙江（杭州、西湖、茶叶博物馆、灵隐寺、胡庆余堂、嘉兴、富春江农家乐、新安江渔民婚礼、绍兴、鉴湖、大禹陵、鲁迅故居、水上乌篷船等）。

8. 西南少数民族风情游

云南（昆明、海埂民族村、大观楼、滇池、石林、阿庐古洞、九乡彝族和哈尼族风情、大理白族三道茶歌舞、西双版纳傣族村寨等）—贵州（贵阳、红枫湖侗寨、黑土苗寨、安顺侗寨、安顺蜡染、凯里侗寨苗乡等）—广西（桂林民族风情园、龙胜壮族和三江侗族风情、南宁、港市壮族和京族风情、柳州融水贝江苗族风情等）—四川（凉山、彝族风情、泸沽湖等）。

9. 中原民俗游

山西（太原、乔家大院、河边民俗馆、平遥古城墙、临汾、丁村民俗博物馆、运城等）—河南（洛阳、豫西窑洞）—山东（潍坊、安丘、石家庄民俗村、风筝博物

馆、杨家埠木版年画等）—天津（古文化街、杨柳青年画博物馆等）—北京（四合院、街巷胡同）。

10. 冰雪风光游

辽宁（沈阳、故宫、北陵）—黑龙江（哈尔滨、松花江畔冰灯和冰雕、桃山狩猎场、滑雪）—吉林（吉林、雾凇、冰灯游园、滑雪、陨石博物馆、长春、鹿场、朝鲜族村）。

11. 宗教朝圣游

北京（卧佛寺、雍和宫、白云观等）—山西（五台山、佛事活动等）—浙江（普陀山、佛事活动、舟山沈家门等）—江西（龙虎山、道教张天师府）—安徽（九华山、肉身宝殿、太白书堂等）—四川（峨眉山、佛事活动、乐山大佛等）—湖北（武当山、金殿、道教音乐、武当拳等）—青海（塔尔寺）—西藏（拉萨、布达拉宫、罗布林卡、日喀则、扎什伦布寺等）。

12. 穆斯林风情游

北京（牛街清真寺、穆斯林大厦、亚东民族餐馆等）—宁夏（银川、南关清真寺、迎宾楼穆斯林风味饭庄等）—新疆（喀什、艾提尕尔清真寺、香妃墓、阿巴和加麻扎等）—陕西（西安、化觉巷清真寺、清雅斋饭庄等）—上海（松江清真寺、功德林素菜馆、上海大西洋穆斯林餐馆等）—广东（广州、怀圣寺、清真先贤古墓、光塔穆斯林食品商场、回民餐馆）—福建（泉州、清真寺、伊斯兰圣墓、穆斯林后裔村）。

13. 青少年修学游

北京（中国历史博物馆、长安街、居民区、中学生交流联欢活动等）—江苏（南京、大学交流、中山陵、城墙、无锡、三国城景等）—上海（居民区、中学生体育比赛等）—天津（学校交流、文体联欢、市民家居等）—陕西（历史博物馆、碑林博物馆、西安中学保育院、关中书院、咸阳中医学院、文物复制等）—山东（曲阜、儒家学说讲座、中国书法、民乐、绘画、中医、烹饪、孔府、孔庙、孔林等）—河南（郑州、少林寺武术学校、观星台、开封、中国书法、绘画、洛阳佛教学说讲座等）。

14. 女青年之旅

北京（天安门、故宫、长城、天坛、颐和园、王府井、琉璃厂、北京市内免税店、老舍茶馆等）—辽宁（大连、自然博物馆、金石滩、碧海山庄、工艺品商店、群英楼欣浪国际海员娱乐宫、咪咪咪游乐城等）—上海（外滩、豫园博物馆、南京路、新虹桥俱乐部、杂技等）—陕西（西安、大雁塔、华清池、乾陵、仿唐乐舞等）。

15. 中华健身游

上海（中医学院草药、针灸、按摩和气功、黄浦江边晨练等）—江苏（无锡、太极拳、太极剑、药浴、太湖垂钓等）—北京（中日青年交流中心、气功、武术等）—河北（保定、气功医院、按摩医院、中草药大世界、药王庙等）—陕西（咸阳、中医学院、“三神”气功）。

16. 海韵、湖光度假游

国家级与省级海滨、湖泊旅游度假区。

课堂讨论

（1）火车和飞机的优缺点？
（2）轮船和火车的优缺点？
（3）旅游路线设计应考虑哪些因素？

单元小结

通过本章的学习，使学习者了解旅游交通的概念，熟悉火车、汽车、轮船、飞机等的交通网线分布；了解旅游线路含义，熟悉旅游线路设计原则，熟悉掌握旅游线路的分类，能够进行线路设计。

课堂小资料

西安四天旅游路线设计实例

第一天：出发地—西安

到达西安，工作人员在机场巴士终点站接站，入住酒店。宿西安

第二天：东线一日游（西安—临潼—西安）

早餐后，乘车赴临潼（车程约 45 分钟），游览皇家园林——华清池（参观约 60~90 钟）、这是历代帝王的离宫别苑，唐玄宗与杨贵妃的爱情是就是在这里发生，可以看到贵妃池、星辰汤、海棠汤等御汤遗址博物馆，还可以看到“西安事变”旧址——五间厅，当年蒋介石从这里出逃，后来还是被擒。之后路经秦始皇陵，远观那世界最大的人工建造的陵墓，秦始皇陵墓的神秘在这里为您解开，午餐后，参观世界第八大奇迹的秦始皇兵马俑博物馆（参观约 90~120 分钟）1、2、3 号坑、铜车马展厅，可以亲自检阅那 2 000 年前的秦代地下军队，千人千面，气势恢宏。可能亲自看到发掘现场，下午乘车返回西安市区约 18. 00 左右。推荐景区：骊山风景区 105 元（含索道）（晚间可自费品尝西安特色小吃，推荐地点：西安饭庄，百年老店，品种齐全，干净卫生）宿西安

第三天：西线一日游（西安—咸阳—宝鸡—西安）

早餐后，乘车赴乾县，途中可自费参观被誉为“中国金字塔”之称的茂陵（自理，约 50 分钟），参观中国唐陵中唯一没有被盗的王陵、中国历史上唯一女皇武则天与唐高宗李治的合葬墓——乾陵（参观约 60~90 钟）、了解那千年未解的神秘无字碑，这里有露天博物馆之城，让您诧异那唐代皇陵的精美石刻，并且进入永泰公主墓（或懿德太子墓道）内参观（参观约 40~60 钟），导游为您解开乾陵未被盗掘之谜，唐代陵墓内部结构。午餐后游览全世界唯一保存佛指舍利的佛寺、东方佛都——法门寺（参观约 90~150 钟），可以漫步佛光大道，可以在合十舍利塔膜拜佛指舍利，可

以在珍宝馆仔细品鉴这里的每一件国宝，下午乘车返回西安市区约19：00左右。宿西安。晚间可自费品尝西安饺子宴，并欣赏仿唐歌舞（需提前预订）。

第四天：华山一日游（西安—华阴—西安）

早餐后，乘车赴华阴（车程约2~2.5小时），游览五岳唯一以险著称的西岳华山，（约3~5个小时）华山由五个山峰组成，俯瞰犹如盛开的莲花，换乘华山环保车进山约20分钟，乘坐“天下第一索”至北峰，这里是金庸先生“华山论剑”处，您可以看到华山全景，华岳仙掌、经过擦耳崖、苍龙岭、抵达金锁关，之后您可以选择景色最为优美的西峰，或直达南峰，体验长空栈道的极“险”所在。下午按照导游约定时间统一集合，乘车返回西安，下午乘车返回西安市区约19：00左右。宿西安

第五天：市内一日游

早餐后，登西安明城墙（约60~90分钟），这是冷兵器时代军事防护设施，至今为中国保存最完整的古城堡。可以自费乘坐电瓶车环绕一周13.7公里，可以俯视西安市区市容市貌，在长乐阁您可以了解这座13朝古都的风水所在。之后您可以欣赏亚洲最大的音乐喷泉广场——大雁塔北广场，9个方阵既可以集体表演，亦可单独表演，漫步西安小吃一条街，钟鼓楼广场，回民小吃一条街自由活动，购买陕北大红枣、黄桂柿子饼等陕西特产，结束愉快旅程大约到15.30左右，送往火车站（或机场巴士终点站）。

考　考　你

（1）中国南北方向的铁路干线有哪些？

（2）节点状旅游路线的优点？

5

中国旅游区划

学习任务

（1）了解旅游点与旅游地的基本知识。

（2）熟悉旅游区与旅游区划。

知识导读

旅游点、旅游地和旅游区都是从旅游业规划建设与经营管理的角度，根据一定的客观依据，对旅游产业活动区域进行的人为地理划分。它们是不同层次及具有不同内涵的旅游产业活动地域组织形式。旅游点和旅游地是旅游区构成的基本成分，旅游区是专门指根据区域发展的各方面条件，为了有利于开发区域旅游资源，规划建设旅游点与旅游地，统筹交通运输与接待服务设施，组织协调与管理旅游活动，促进区域旅游业发展而划分的旅游区域；也是以旅游资源特征为基础，具有组织旅游活动的相应机构、设施和旅游点、旅游地的相对完整的地域体系。一般将旅游资源相对集中、类似，与邻区有显著地域差异，而区内政治、经济、文化联系较为密切的地区，划为一个旅游区。

5.1 旅游点与旅游地

学习内容

（1）了解旅游点及其建设与布局。

（2）熟悉旅游地及其类型。

贴示导入

由于旅游资源性状的差异和旅游活动地域组织管理的需要，旅游点规模与范围大小不一，可以是一山、一水、一园、一城、一镇，也可以是一洞、一泉、一桥、一楼、一塔等。旅游地主要包括三层涵义：一是具有一定规模且相对集中的地域空间范围；二是已经开发利用的一定性质的旅游资源，具有显著的旅游吸引功能；三是具有内部联系紧密的综合性旅游产业结构与相对完备的游乐和接待服务功能，从而使旅游业在该地域经济结构中占有相当的比重。

深度学习

5.1.1 旅游点及其建设与布局

1. 旅游点的含义

旅游点是以一定旅游吸引物为主要内容，并具有相应旅游服务功能，供游客直接开展游乐活动的集结性场所。旅游点可分为景观型与康乐型两大类别，前者如厦门鼓浪屿、贵州织金洞、安徽黄山、杭州西湖、福建鸳鸯溪、北京颐和园、武汉黄鹤楼、河北赵州桥、内蒙古成吉思汗陵、云南丽江古城、四川都江堰等，后者则如由温泉、海滨浴场、漂流河段、高尔夫球场等所构成的旅游点。

知识链接

鼓浪屿位于福建省厦门岛西南隅，与厦门市隔海相望，如图5.1所示。原名圆沙洲、圆洲仔，因海西南有海蚀洞受浪潮冲击，声如擂鼓，明朝雅化为今名。由于历史原因，中外风格各异的建筑物在此地被完好地汇集、保留，有“万国建筑博览”之称。小岛还是音乐的沃土，人才辈出，钢琴拥有密度居全国之冠，又得美名“钢琴之岛”、“音乐之乡”，鼓浪屿钢琴博物馆如图5.2所示。

图5.1　鼓浪屿　　　　图5.2　鼓浪屿钢琴博物馆

旅游点并不等同于旅游资源分布地点，旅游点是分布在一定地点上的旅游资源经过开发利用的产物。旅游点不论其范围大小和内涵丰寡，一般都根据其所处的具体条件，围绕一定旅游资源的开发利用，或多或少具有能直接满足游客进入和开展游乐活动需要的相应设施与服务功能。景点是指具有一定观赏价值的最小观光地域单元，其涵义强调的是不宜再分割的地域性审美景观；而旅游点强调的是经过旅游开发建设后，由一定旅游资源和相关旅游设施共同形成，能具体实现一定游乐功能的集中性旅游活动场所。因此，旅游点既可以由一个具有相关旅游设施的独立景点构成；也可以由具有相对统一的旅游设施，地域上相对集中的若干景区景点共同组成。例如，颐和园作为一个旅游点，即是由昆明湖、万寿山、后湖、东堤等景区，以及其中的佛香阁（如图5.3所示）、十七孔桥（如图5.4所示）、长廊（如图5.5所示）、听鹏馆等30多个景点所构成的。

图5.3　佛香阁

图5.4　十七孔桥

图5.5　长廊

知识链接

颐和园是中国现存规模最大、保存最完整的皇家园林，中国四大名园（另三座为承德避暑山庄、苏州拙政园、苏州留园）之一。位于北京市海淀区，距北京城区15公里，占地约290公顷。以昆明湖、万寿山为基址，以杭州西湖风景为蓝本，汲取江南园林的某些设计手法和意境而建成的一座大型天然山水园，也是保存得最完整的一座皇家行宫御苑，被誉为皇家园林博物馆。

旅游点是由旅游路线设计和旅游区构成的最基本地域单元，是满足旅游者旅游需求最核心、最基本的地域组织形式。旅游点的性质、质量、规模和分布是影响旅游客源状况的主导因素。

2. 旅游点的建设与布局

旅游点是游客开展旅游活动的直接对象；旅游点的建设是使旅游资源实现其旅游功能的途径。旅游点的结构类型制约着旅游地及旅游区的类型；旅游点的功能制约着旅游地的旅游项目设计和旅游活动方式。旅游点建设的质量往往是衡量一个国家或一个地区旅游业发展水平的重要标志之一。而合理布局旅游点，有利于形成功能齐全的区域旅游网络系统；有利于满足不同层次旅游者的需要，疏导和调配客源，增大客流量，提高旅游收入；有利于尽可能避免旅游资源开发、利用的地域失衡，以及由此带来的生态环境问题等。

旅游点的建设与布局，应遵循以下原则。

1）适应市场原则

旅游点的建设必须针对一定的目标客源市场，适应目标市场的类型、动向和发展趋势，避免盲目开发。根据旅游客源市场的需求容量和需求变化，结合当地旅游资源特色，合理地建设与布局旅游点，是发展区域旅游业的重大战略措施之一。

2）突出个性原则

纵观中外旅游点，其旅游价值和知名度的高低，无不与其个性的鲜明程度有关。旅游点建设最忌讳简单模仿或雷同。适应客源市场需求的特色永远是旅游点的生命力所在。

3）丰富多彩原则

一是指各景点的构景设计应变化多彩；二是指旅游项目设计应丰富多样，既要有观赏性的项目，更要注意生动活泼的可参与性康乐活动项目的设计。这是一个充分发挥创意的领域。

4）保护环境原则

旅游点的建设与布局要有一定的合理地域范围，开发的深度与广度不能超越生态系统的自我调节能力，否则会导致生态平衡的破坏。同时，还要注意保护环境免遭污染。

5）动态平衡原则

旅游点布局的平衡，不是绝对的平衡，而是相对的、动态的平衡。这种动态平衡

表现为满足旅游市场的供求平衡，调节地域分布的区内、区际平衡，保持生态环境平衡等。

5.1.2 旅游地及其类型

1. 旅游地的含义

旅游地就是旅游者停留并开展旅游活动的旅游目的地与旅游供给地域综合体。它是以一定规模的旅游资源为核心，以综合性的旅游设施为凭借，以可进入性为前提的旅游活动与旅游服务地域组合。

旅游地既可以是旅游功能比较单一的风景区和度假地，也可以是具有综合性旅游功能的旅游中心城市。旅游地是以旅游点为基本单位发展壮大而形成的，既可由若干个旅游点构成。例如，杭州作为一座旅游城市、一个旅游地，即是由西湖、灵隐寺、六和塔、龙井、凤凰山等旅游点组成的。也可由具备旅游地条件的一处旅游点构成，如美国佛罗里达州的迪士尼乐园。旅游地具有比旅游点更加完善的综合性旅游服务设施及其他满足旅游需要的条件，如住宿、餐饮、购物、娱乐等方面的设施与条件。旅游地内部可分为旅游资源分布的旅游活动区和服务设施集中的旅游接待区。旅游地和旅游点一样，其大小规模和内涵的界定仍然具有相对性。

2. 旅游地的类型

旅游地类型的形成，从内因上看，是由于构成旅游地的旅游点存在着旅游资源方面的共性特征，区域内各旅游点的旅游功能趋于一致或大致相同；从外因上看，是旅游者的需求与偏好，旅游经营者的开发建设意图，人为地给旅游地施加某个方面的重要程度影响，促使旅游地出现不同类型的差异。

1）旅游地类型划分的意义和依据

研究和划分旅游地的类型，对一个国家或一个地区旅游业的发展和经营方式有着重要的意义。第一，有助于充分满足不同旅游者的需求；第二，有助于确定不同旅游地的性质、发展方向、建设重点和经营方式，以便组织客源和安排旅游活动方式；第三，有助于开展旅游区划和制定区域旅游发展总体规划。例如，北戴河—昌黎旅游地，属于海滨消夏避暑类型的旅游地，开发方向和旅游活动方式始终围绕海滨消夏避暑这个主题来进行规划、设计和营运。

本书认为，应以满足旅游客源市场需求的相关旅游基础条件为依据，尤其是主体旅游资源的属性特征、主要旅游功能、旅游地开发建设方向和经营特点来划分旅游地类型。

2）我国旅游地的类型和等级

为了适应旅游市场的多种需求，便于旅游部门组织客源和开展旅游活动，建设具有鲜明特色和较强旅游吸引力的旅游地，可将我国旅游地划分为五大基本类型：观光游览旅游地、度假休闲旅游地、科考文化旅游地、生态探险旅游地、综合旅游地。以下再根据旅游资源的性质和功能，划分二至三个层次的具体类型。一般来说，各类旅游地都多兼具两种或两种以上的旅游功能，通常以其主要特色和主体功能确定其类型。

（1）观光游览旅游地。观光游览旅游地主要可分为自然景观观光旅游地，如黄山、长江三峡、桂林、杭州、黄果树瀑布、厦门、西双版纳、张家界、九寨沟、长白山等；历史古迹观光旅游地，如北京、西安、洛阳、苏州、承德、乐山、敦煌等；现代建设风貌观光旅游地，如上海、宜昌、珠海等。

（2）度假休闲旅游地。度假休闲旅游地主要可分为度假型旅游地，包括国家级、省市级旅游度假地及各类度假村，如北戴河度假地、云南玉龙雪山省级度假地，深圳西丽湖度假村等；娱乐型旅游地，包括以设有多种娱乐、游乐项目的大型游乐中心、主题公园为主的旅游地，如深圳、澳门等；休疗型旅游地，包括具有疗养、避寒、避暑等功能的各类旅游地，如广东从化、辽宁兴城、大连、青岛、昆明、广西北海、海南三亚、庐山、五大连池、台湾日月潭等。

（3）科考文化旅游地。科考文化旅游地主要可分为文化旅游地，包括各类历史文化名城、科技文化名城、文化教育名城，如北京、南京、扬州、成都、重庆、拉萨、酒泉、曲阜、景德镇、吴桥等；科学考察旅游地，包括各类适宜开展科学考察的地域，如由高山、火山、典型地层、化石产地、原始森林等构成的旅游地；民族风情旅游地，由各少数民族聚居中心构成的旅游地，如西双版纳、大理、西昌等；宗教旅游地，如五台山、峨眉山等佛教圣地，青城山、武当山等道教圣地等。

（4）生态探险旅游地。一些国家自然生态保护区、国家森林公园及目前开发难度很大的地区，不宜于进行完整旅游意义上的开发，主要以保护性建设为重点。按其旅游功能主要可分为如下旅游地。生态旅游地，如多数的国家自然保护区、国家森林公园等，以开展徒步旅游为主；探险猎奇旅游地，包括由冰川雪峰、沙漠戈壁、溶洞峡谷等构成的旅游地；体育健身旅游地，主要包括登山、滑雪、水上运动、狩猎等方面的旅游地。

（5）综合旅游地。多数旅游地兼有两种及其以上的多项旅游功能，能够满足不同旅游者的需求，尤其是一些大城市，旅游地的性质和主体功能很难有明确的界定。于是，可将具有多种突出旅游功能的旅游地划为综合旅游地，如北京、广州等。

旅游地的等级高低主要由旅游价值与接待规模所决定。我国旅游地的等级可分为四级：一级是以列入《世界遗产名录》的文化遗产和自然遗产为主体构成的旅游地，能吸引世界各国的旅游者；二级是以国家重点风景名胜区、全国重点文物保护单位、国家森林公园、国家历史文化名城、国家自然保护区和国家级度假区等为主体构成的旅游地，能吸引各国或部分海外旅游者；三级是以省市级重点风景名胜区、省市级重点文物保护单位、省市级森林公园、省市级自然保护区和省市级度假区为主体构成的旅游地，主要吸引国内旅游者；四级是以地区级风景名胜区、地区级重点文物保护单位、地区级森林公园和度假村为主体构成的旅游地，主要吸引地区性旅游者。

5.2 旅游区与旅游区划

学习内容

（1）了解旅游区的特性。

（2）了解旅游区划的目的和任务及熟悉旅游区划的原则。

（3）掌握中国旅游区划方案。

贴示导入

全国共划分为冰雪森林旅游区、大漠丝绸与草原旅游区、雪域藏乡旅游区、喀斯特与民族风情旅游区、山川巴楚文化旅游区、岭南山海风情旅游区、都市园林江南水乡旅游区、中原腹地名山胜水旅游区八个一级旅游大区。

深度学习

5.2.1 旅游区的特性

1. 系统性

旅游区无论在职能上还是空间格局上都应是相对完整的地域单位。为了实现其全面的旅游功能，并协调其与区域社会发展的关系，还具有配套的社会功能。从这层意义上说，旅游区实质上就是一个表现出社会—经济、文化—历史和自然—地理条件相统一的大旅游地域系统。旅游区必须具有相应的旅游经济中心，以及在旅游资源、旅游活动、旅游产业等方面，以点线面相结合的形式，构成旅游经济地域网络系统。在此基础上也决定了旅游区在空间地域上的连片分布，以及大区域系统之下各旅游区之间在地域上的相互邻接。

2. 地域性

旅游区的地域性首先表现为旅游资源的地域差异性。不同旅游区因受自然地理分异和人文历史发展差异的影响，在旅游资源的形成、开发和利用方面，都表现出鲜明的区域特色。例如，北国风光、中原雄风、江南秀色、南国丽容，皆因地域不同而风格迥异。虽然每个旅游区都是功能相对完备的旅游地域系统，但不同旅游区因地理环境差异而呈现出不同地域系统的结构性差异，从而形成各个旅游区的不同特色旅游吸引功能，以及相应的区域旅游产业结构特征。不同等级的旅游区则形成不同层次的地域特色。

3. 优化性

由于旅游区具有组织区域旅游活动的机构、设施和功能，加入了人为干预作用，是一个有预定目的、可控的自然一人工复合系统，因此有利于从整体上达到最优设计、最优控制、最优管理和使用，最大限度地发挥旅游区的功能，实现综合最优化效果。

5.2.2 旅游区划

旅游区划是将区域内部相似性最大、差异性最小，与邻近区域差异性最大、相似性最小的旅游地理现象从地域上加以划分，以形成各具特色而又相对完整的旅游地理区域体系。

1. 旅游区划的目的与意义

1）目的

旅游区划的目的在于充分认识旅游资源的区域特色与优势，以及旅游开发与区域社会经济发展和地理环境的相互关系，以便因地制宜地合理开发利用各地的旅游资源，配置相应的旅游产业，建设风格不同、各具特色的旅游区，扬长避短形成合理的旅游地域分工体系，以取得良好的旅游经济、社会与生态效益，促进各地及全国社会经济的发展。

2）意义

（1）有利于制定区域旅游发展战略，为制定与实施中长期的区域旅游发展规划提供科学依据，最终实现区域旅游业的可持续发展。

（2）旅游区划能够反映旅游资源形成的区域地理背景和地域分异规律，有利于合理开发、利用和保护旅游资源。

（3）便于统一安排区域旅游设施和服务系统建设，进行旅游点与旅游地的系统建设；有利于系统组织涉及吃、住、行、游、购、娱的区域旅游活动，为旅游者提供全方位服务。

（4）有利于形成和强化各地的旅游活动特色，组合、设计与开发相关旅游产品，统一开展促销活动和组织客源，增加对游客的吸引力，增强区域旅游产业的竞争力。

（5）有利于旅游业与区域内其他经济部门的协调发展和相互促进。

（6）有利于协调旅游产业活动与区域社会、经济、文化和自然环境的关系。

2. 旅游区划的任务

（1）旅游区划的直接任务就是要确定各个旅游区比较合理的范围和界线，以及区内各级旅游经济中心。

（2）明确各旅游区的性质、特征、功能、地位和优势，提出区域旅游发展方向和规划建设重点，为研究各地的旅游发展战略提供指导和依据。这是旅游区划最基本的任务。

（3）阐明不同区域的旅游地理环境状况，摸清不同区域旅游资源的赋存状况和主要资源特色。

（4）阐明不同区域的主要旅游路线，明确各区域的主要和代表性旅游点及其主要功能特征，以便发挥旅游热点的优势，促进旅游冷点的开发，提高旅游区的整体功能效益。

3. 旅游区划的原则

1）差异性与相似性原则

差异性是旅游资源最本质的特征之一，它也是旅游区划的基础和依据。要想准确

地进行旅游区划工作，必须真正地、科学地、完整地认识旅游资源的地域差异性。相似性原则包括旅游资源成因的共同性、特征的类似性、功能的通用性、形态的相似性和发展方向的一致性等多重含义。一般而言，孤立的景观要素很难形成具有强烈吸引力的旅游资源，在特定的地域中，总是由相互联系、相互依存、错综复杂的各个要素共同形成旅游资源体，由此就构成了旅游区划的基础，即各具特色、丰富多彩的旅游区存在的基础。在各旅游区内部，旅游资源相似性最大而差异性最小；而在旅游区之间，则差异性最大而相似性最小。

2）综合性与层次性原则

旅游区划应综合分析自然和人文各要素间的相互关系和组合结构，据此合理划分旅游区。旅游区的区内相似性和区际差异性也是其旅游资源综合结构特征的反映；每个旅游区也需要发挥旅游资源的综合优势。由结构性因素形成的旅游资源的相似性和差异性具有相对性。一般而言，区划单位的等级由高到低，相似性逐渐增大，差异性逐渐减小。因此，只有按照一定的层次等级划分旅游区，才能真实地反映出不同等级层次旅游区的区内相似性和区际差异性程度的大小，以及区际的客观从属关系。一般而言，旅游区划可分为三个层次：一级旅游区、二级旅游区和三级旅游区。

3）主导性与多样性原则

各旅游区内分布着多种类型的旅游资源，各类型的旅游资源在旅游区内所起的作用是不同的，经常是其中某种类型的旅游资源起着长期或主导的作用，表现出旅游区强烈的个性和独有的特色。因此，在区划时，可以突出某种类型的旅游资源作为划分旅游区的主要依据。一方面，要注意区划的多样性，满足人们旅游行为多层次、多类型的需要；另一方面，我们必须建立功能各异、一主多辅的旅游区，满足旅游者各种层次和类型的需要。这就要求我们在进行旅游区划时，特别是二、三级旅游区划时，必须遵循旅游活动的主导性与多样性原则，合理划分旅游区。

4）地域完整性及与行政区划相协调原则

旅游区划应保证每一等级的旅游区在地域和职能上的完整性。旅游区有无旅游中心地是衡量其完整性的首要条件，每个完善的旅游区都必须至少有一个旅游中心地作为区域旅游活动的核心。作为旅游中心地，其资源的数量丰富、类型齐全，并能代表整个旅游区的旅游资源特色。旅游区还必须以中心城市为依托，中心城市是区内政治、经济、文化中心，拥有较好的食宿、交通、通信、购物等必备的旅游设施，并具有行政、交通和旅游综合服务的优势。旅游区范围的划分，应尽可能考虑到相应中心城市旅游综合服务功能的基本辐射范围。从理论上讲，任何一种地理区划在地域上都应具有连续性和完整性。在实际旅游区划中，往往一、二级旅游区覆盖全国，三级旅游区由于在某些较大的空间地域内有旅游资源丰度大小等原因，彼此间可以相连，也可以不相连。为了对旅游区进行有效的管理，在旅游区划时，还需要尽可能照顾行政区域的完整性，不要轻易打破行政区界限。同时，进行旅游区划时，还要适当照顾旅游区内交通线网的完整性。

5.2.3 中国主要旅游区划

1. 本书的中国旅游区划方案

本书主要是从教学的角度，在充分借鉴各家区划方案的基础上，根据前述区划原则，提出了包括旅游大区和旅游亚区的两级中国旅游区划方案，以及包括游览区的三级描述体系。其中旅游大区为8个、旅游亚区为32个。本书的区划方案除力求使各旅游区特色鲜明，便于学习者掌握外，还能为更为合理的中国旅游区划方案提供有益的思考。

1）旅游大区

旅游大区为本区划的一级区，跨越二至多个省级行政区域，地理上集中连片，自然条件相近，社会经济环境和历史文化相似，旅游资源具有共性特征，区内各省区可加强横向联系，协调发展区域旅游。全国共划分为冰雪森林旅游区、大漠丝绸与草原旅游区、雪域藏乡旅游区、喀斯特与民族风情旅游区、山川巴楚文化旅游区、岭南山海风情旅游区、都市园林江南水乡旅游区、中原腹地名山胜水旅游区八个一级旅游大区。为了使区域特色一目了然，八个旅游大区采取了“资源特色”命名法。

2）旅游亚区

旅游亚区为本区划的二级区。大体上以完整的省级行政区单元为其地域范围，一般情况下不打破省区界线，以便于各省区能充分发挥其综合性管理职能，有针对性地进行区域旅游业发展的统一规划和有效管理。

（1）冰雪森林旅游区包括黑龙江旅游亚区、吉林旅游亚区、辽宁旅游亚区。

（2）大漠丝绸与草原旅游区包括甘肃旅游亚区、新疆旅游亚区、内蒙古旅游亚区、宁夏旅游亚区。

（3）雪域藏乡旅游区包括西藏旅游亚区、青海旅游亚区。

（4）喀斯特与民族风情旅游区包括广西旅游亚区、贵州旅游亚区、云南旅游亚区。

（5）山川巴楚文化旅游区包括四川旅游亚区、重庆旅游亚区、湖北旅游亚区、湖南旅游亚区。

（6）岭南山海风情旅游区包括福建旅游亚区、广东旅游亚区、海南旅游亚区、港澳台旅游亚区。

（7）都市园林江南水乡旅游区包括上海旅游亚区、江苏旅游亚区、安徽旅游亚区、浙江旅游亚区、江西旅游亚区。

（8）中原腹地名山胜水旅游区包括北京旅游亚区、天津旅游亚区、河北旅游亚区、山东旅游亚区、河南旅游亚区、山西旅游亚区、陕西旅游亚区。

2. 中国旅游大区概况

1）冰雪森林旅游区

冰雪森林旅游区位于我国东北部，是我国纬度最高的旅游区。包括辽宁、吉林和黑龙江三省，北、东两面分别以黑龙江、乌苏里江、鸭绿江和图们江与俄罗斯、朝鲜两国为界，南面濒临黄海与渤海。沃野千里，气候湿润，特产丰富。广阔的森林，夏

凉冬雪的气候，以及滨海风光、山川湖泊、火山奇景、特有动物、极光与极昼现象等，构成了以北国风光为特色的自然旅游资源（如图 5.6 所示）；以清代前期满族文化遗存为代表的历史文物及以满族、朝鲜族、鄂伦春族、赫哲族等为代表的少数民族风情（如图 5.7 所示），构成了别具风采的人文旅游资源。

图 5.6　哈尔滨冰雪节

图 5.7　饶河县赫哲族舞蹈

知识链接

赫哲族是中国东北地区一个历史悠久的民族。主要分布在黑龙江省同江县、饶河县、抚远县。少数人散居在桦川、依兰、富饶三县的一些村镇和佳木斯市。根据第六次全国人口普查统计，赫哲族人口数为 5 354 人。使用赫哲语，属阿尔泰语系满一通古斯语族满语支。无文字。早年削木、裂革、结革记事。因长期与汉族交错杂居，通用汉语。

2）大漠丝绸与草原旅游区

大漠丝绸与草原旅游区位于我国西北部，包括新疆维吾尔自治区、宁夏回族自治区、内蒙古自治区和甘肃省。该区位于欧亚大陆中部，深居内陆，距海遥远，面积广大，资源丰富，属内陆型旅游区。本区广阔的沙漠戈壁与其间的绿洲、坦荡的草原与雪山和森林构成了层次分明的自然景观；以维吾尔族、蒙古族为代表的民族风情异彩纷呈。这里更是我国古代“丝绸之路”的要道所在，历史文化古老、独特，拥有丰富多彩的“丝绸之路”古迹和民族历史文化胜迹，石窟艺术世界闻名。因此，本区也是颇具特色、开发前景广阔的旅游区。

知识链接

丝绸之路是指西汉时，由张骞出使西域开辟的以长安为起点，经甘肃、新疆，到中亚、西亚，并连接地中海各国的陆上通道（这条道路也被称为“西北丝绸之路”，以区别日后另外两条冠以“丝绸之路”名称的交通路线）。因为由这条路西运的货物中以丝绸制品的影响最大，故得此名（而且有很多丝绸都是由中国运的）。其基本走向定于两汉时期，包括南道、中道、北道三条路线。

3）雪域藏乡旅游区

雪域藏乡旅游区位于我国西南部的青藏高原，包括青海省和西藏自治区两省区。高原上独特的冰雪世界、高寒草原、高山峡谷与原始森林等构成了本区奇异诱人的自然旅游资源；原始色彩的藏族风情、宗教文化与礼制建筑，构成神秘诱人的人文旅游资源。在登高探险、科学考察、民族风情旅游开发上独具优势，是极富魅力、发展前景广阔的待开发和正在开发中的旅游区。

4）喀斯特与民族风情旅游区

喀斯特与民族风情旅游区位于我国西南部、青藏高原东侧，包括云南、贵州两省和广西壮族自治区。区内岩溶景观发育典型，分布广泛；热带、亚热带高山、高原及峡谷风光独特，动植物资源极为丰富；少数民族众多，民族风情浓郁；旅游资源丰富多彩，特色突出。随着交通条件的进一步改善，该区凭借其沿海、沿边的区位优势和独特的旅游资源优势，旅游业必将进一步腾飞。

5）山川巴楚文化旅游区

山川巴楚文化旅游区位于我国中部的长江中上游地区，以长江三峡为轴线，包括重庆、四川、湖北、湖南三省一直辖市，是全国唯一既不靠海又无陆地国境线的旅游区。区内河湖胜景众多，名山峡谷特色鲜明，文化古迹丰富多彩，自然保护区原始独特，大型水利工程举世闻名，是我国旅游资源开发的主要地区，旅游业发展潜力巨大。

6）岭南山海风情旅游区

岭南山海风情旅游区位于我国最南端，北回归线穿过广东的汕头等地，包括广东、福建和海南三省及港澳台三地区。该区南临南海、东靠东海，台湾位于我国东南海面上，东面濒临太平洋，是我国第一大岛，香港、澳门分别位于广东省珠江口东西两侧。气候暖湿，地形以山地、丘陵为主，海岸线漫长，具有典型的热带和南亚热带山海风光。动植物资源丰富，有武夷山、鼎湖山等名山；文物古迹和革命胜迹众多，民族风情别具一格；位居我国改革开放的前沿，经济发达，是海外游客的主要入境口岸区，旅游业发展优势突出。

7）都市园林江南水乡旅游区

都市园林江南水乡旅游区位于东南沿海中部，包括上海、江苏、浙江、安徽、江西四省一直辖市。本区地处长江下游，濒临东海、黄海，其中上海、江苏、浙江属沿海省市，具有近海位置优势、交通便捷、经济发达的特点。有苏州等地最具代表性的中国古典风景园林，上海、南京等众多近代和古代历史文化名城与著名古都、名刹古寺等人文景观，有风景优美的黄山、庐山等不少名山景观和太湖、鄱阳湖、钱塘江等众多河湖水域景观，是自然山水风光和人文景观兼优，旅游资源最密集、类型最多的旅游区。旅游业发展的经济与区位优势明显，是我国旅游业发展的重心区域。

8）中原腹地名山胜水旅游区

中原腹地名山胜水旅游区位于我国黄河中下游，居于我国北部中枢地区，范围包括北京、天津两直辖市和河北、河南、山西、山东、陕西五省。这里是我国古文化的发祥地，以北京和西安等古都为代表，是我国人文旅游资源种类最多，数量最丰富，

分布最集中，质量最高的旅游区；历史文化遗迹与名山海景浑然一体，也是我国以人文景观为主体并具备多种旅游资源的旅游大区。该区平原广阔，交通发达，城市众多，为首都所在地，区位优势突出，是我国旅游业发展的核心区域。

课堂讨论

（1）旅游点与旅游地的区别？

（2）你所在的省区属于本书区划方案中的哪一个旅游大区、你所在的省级旅游亚区有何旅游资源特色，其开发利用的方向和前景如何？

（3）你所在省区有哪些主要旅游地，各应属什么类型，其开发利用的现状与前景如何？

单元小结

通过本章的学习，使学习者熟悉旅游点的含义，知道怎样建设旅游点，熟悉旅游地的含义，掌握旅游地的类型；了解旅游点、旅游地、旅游区的区别，了解旅游区划原则，掌握本书的旅游区划方案。

课堂小资料

少林寺，位于中国河南省郑州市登封嵩山五乳峰下，是少林武术发源地、中国汉传佛教禅宗祖庭，如图 5.8 所示。坐落嵩山的腹地少室山下的茂密丛林中，故名“少林寺”，有少林寺院、塔林、达摩洞、初祖庵等景点，更拥有传承千年的少林“禅、武、医”文化。少林寺因少林功夫而名扬天下，号称“天下第一名刹”。少林寺在唐朝时期就享有盛名，以禅宗和武术并称于世。民国时期被军阀石友三几乎焚毁殆尽，后重整重修。现任方丈是释永信。被联合国列入世界遗产名录。始建于北魏太和十九年（495 年），又名僧人寺，在建寺 32 年后，印度名僧菩提达摩来到少林寺传授禅法。少林功夫是指在河南登封嵩山少林寺这一特定佛教文化环境中历史地形成的，以佛教神力信仰为基础，充分体现佛教禅宗智慧并以少林寺僧人修习的武术为主要表现形式的一个传统文化体系，如图 5.9 所示。少林功夫具有完整的技术和理论体系，它以武术技艺和套路为表现形式，而以佛教信仰和禅宗智慧为文化内涵。

图 5.8　少林寺山门

图 5.9　少林功夫

考 考 你

（1）旅游地的基本类型？

（2）观光游览旅游地与度假休憩娱乐旅游地的典型代表？

（3）景点、旅游点与旅游地的概念有何不同？

（4）旅游区与旅游地、游览区的概念有何区别？

6

冰雪森林旅游区

学习任务

（1）了解本旅游区概况。

（2）熟悉本旅游区的旅游资源特征。

（3）熟悉本旅游区内的主要旅游资源和旅游景点。

知识导读

毛泽东在其《沁园春·雪》中描写到："北国风光，千里冰封，万里雪飘。"电视连续剧《闯关东》中也描述了东北地区广袤的土地和独特的风土人情，电视连续剧《山河恋之美人无泪》呈现了东北的满族文化。

6.1　冰雪森林旅游区概述

学习内容

（1）熟悉本旅游区概况。

（2）熟悉本旅游区的旅游资源特征。

贴示导入

这里是我国的老工业基地和粮食主产区，具有综合的工业体系、完备的基础设施、丰富的农产品资源、优良的生态环境和雄厚的科教人力资源等优势，是一片极具潜力的富饶之地。东北有古老而又覆盖率高的莽莽林海，夏季郁郁葱葱，令人陶醉；冬季银装素裹，形成“林海雪原”奇观。森林中有许多观赏树种、奇花异草及名贵药材，并栖息有东北虎、梅花鹿、马鹿、紫貂、鸳鸯等珍稀动物，还盛产“东北三宝”——人参、貂皮、鹿茸。

深度学习

6.1.1　冰雪森林旅游区概况

冰雪森林旅游区位于中国东北，包括黑龙江、吉林和辽宁三省，面积为78.73万平方公里，人口约10 952万。

本旅游区西部为兴安山地，东部是长白山地和千山山脉，火山熔岩地貌景观丰富。兴安山地、长白山地现存大面积原始森林，为全国最大林区。大兴安岭最著名的是以兴安落叶松林为主的明亮针叶林；小兴安岭、完达山和长白山地是以红松、冷松为主的针叶与落叶阔叶混交林；山地内侧的松辽平原形成大片温带森林草原。小兴安岭的张广才岭多为第四纪以来火山活动地区，形成著名火山群区。火山活动区地热资源丰富，温泉资源广布，有五大连池地热洞、长白山温泉、鞍山汤岗子温泉、本溪温泉和兴城温泉等。

本旅游区冬季漫长而寒冷，冰雪覆盖地表最厚可达50~70厘米，吉林雾凇更令人向往。

本旅游区有黑龙江、松花江、嫩江、辽河及鸭绿江、图们江、牡丹江、绥芬河等江河，大多水量丰富，含沙量小，形成山清水美景观。但本区河流封冻期多在五个月以上，河冰厚度达2米，形成“千里冰封，万里雪飘”奇观。不少河流是中俄、中朝界河，形成独有的边塞风景河段。本区湖泊不少，如镜泊湖、松花湖、天山天池、兴凯湖、五大连池等，大多山水相映成趣。有些内陆湖泊被当地人称为“泡子”，水草

肥美，为鸟类栖息繁衍的天堂。南部有辽阔海域，海岸线长达2 100公里，有淤泥质海岸、基岩海岸和沙砾质海岸，形成各具特色的海滨风光。

本旅游区有土著文化、中原文化和外国文化三大文化基因。土著文化包括满族农耕文化，蒙古族游牧文化，鄂伦春、达斡尔的狩猎文化和赫哲族的渔猎文化等，总体上表现出尚武、粗犷、豪放和刚健的文化心态。中原文化是随着土著文化入主中原和中原人民的大量流入而形成的，并成为本区文化的主体。外国文化因近代帝国主义的入侵和外国移民的流入而形成，对东北城市建设、宗教、经济、生活等方面产生了广泛影响。纵观东北民族演进的历史，数千年间始终未能摆脱游猎文化的束缚，及至明清数百万关内汉族相继迁往本区，将汉族文化源源不断输入，并融进当地民族游猎文化而成为具有东北特色的关东农业文化；近代日本、俄罗斯入侵及朝鲜、欧美等地移民涌入，使传统的关东文化又融进了异域风情；随着时代发展，传统民族文化正接受着时代的再塑。20世纪50年代的大批复员转业军人进入东北大荒原垦荒和60年代以后成批城镇知识青年扎根东北边疆，石油工人大庆会战，造就了“北大荒人”精神、“铁人”精神；关东文化内涵丰富，关东歌舞二人转和艺术冰雕、雪雕始终生机勃勃。“二人转”是土生土长于东北大地的一种自娱性民间歌舞艺术，灵活多变而具有浓郁的泥土气息。取用自然冰雪作为材料的人工雕塑，是东北人民的独创。“雪拥繁华似梦，冰雕鸟兽如生，碧楼萃树小凉亭，一色天，街市井”，便是对东北冰雕艺术的生动写照。哈尔滨人民还以此创办了“哈尔滨国际冰雪艺术节”，使冰雕、雪雕艺术成为关东文化的一大精粹。

知识链接

赵本山早年是辽宁铁岭的一名二人转演员，自小生活贫苦，随演出团队四处唱二人转。后为著名相声演员姜昆所赏识并推荐至春晚，一举成名。成名后的赵本山不忘家乡，不忘家乡的二人转。他一直在努力把二人转推向全国的舞台。

知识链接

“铁人”王进喜为发展祖国的石油事业日夜操劳，终致身心交瘁，积劳成疾，于1970年患胃癌病逝，年仅47岁。他留下的“铁人”精神和“大庆经验”，成为我国进行社会主义建设的宝贵财富。第一口油井打好之后，王进喜的腿被滚落的钻杆砸伤，他却顾不上住院，拄着拐杖缠着绷带连夜回到井队。第二口油井在即将发生井喷的危急时刻，没有重晶石粉，他当机立断用水泥代替。当时由于没有搅拌机，水泥沉在泥浆池底。王进喜便扔掉双拐，纵身跳进泥浆池，用身体搅拌泥浆。在他的带动下，工友们也纷纷跳入泥浆池。经过三个多小时奋战，井喷被制服，保住了油井和钻机，王进喜身上却被碱性很大的泥浆烧起了大泡。房东老大娘见他连续几天几夜奋战在井场没有回来，就感慨地说“王队长真是个铁人啊！”从此“王铁人”的名字传遍了油田，并通过新闻媒介的宣传响彻了全中国。

社会主义四个现代化建设，使东北成为祖国重要的粮食生产基地、森林工业基地、能源工业基地和重工业基地；发达的立体交通网络，把现代化的城市、乡村、工矿、林区连成一体并直接与欧亚乃至全球相联系。现代化的机场、高速公路、小轿车生产、大规模城市形象工程、发展迅速的观光和休闲度假旅游，再次显示了21世纪关东文化的魅力。

6.1.2 冰雪森林旅游区的旅游资源特征

1. 冬季寒冷、夏季温凉，冬夏季皆可成为旅游旺季

在东北寒冷多雪的冬季，雾凇冰雪千姿百态，哈尔滨冰雕、雪雕和冰灯艺术享誉中外。吉林、黑龙江的一些山地冰雪茫茫，是开展滑雪、溜冰、冬猎的好地方，形成东北隆冬旅游旺季。东北的夏季比较短促，加之海滨、湿地、温泉、森林等环境，形成夏季的避暑胜地。

2. 具有山、海、温泉旅游资源优势

东北的山地、丘陵一般山势和缓，谷地宽广，森林茂密，多火山、温泉和湖泊，五大连池、镜泊湖、松花湖、千山、凤凰山、本溪水洞、鸭绿江、青山沟、仙景台、防川等，都是著名风景名胜地。南部濒临海洋，形成山、海、岛、礁和沙滩浑然一体的滨海景观，是开展海滨休闲度假、游览观光和科学考察的胜地。

3. 人文景观以清代遗存最为典型、完整

东北被视为清代的“龙兴”之地，有多处女真族系遗存，如兴凯湖新开流遗址等。清代关外三陵和沈阳故宫至今保存完整；境内现存宗教古寺建筑多体现清代建筑艺术风格，且多碑刻、匾额等清代遗物；伪满洲国皇宫、伪国务院及其所辖“八大部”历史建筑，保存更为完整。东北已成为研究和考察清代历史的文化宝库。

6.2 黑龙江旅游亚区

学习内容

（1）了解本旅游亚区概况。
（2）熟悉本旅游亚区的主要旅游景点。
（3）熟悉本旅游亚区的特产与美食。

贴示导入

黑龙江位于中国东北边陲，地域辽阔，面积为45万多平方公里，约占全国总面积的4.7%，次于新疆、西藏、内蒙古、青海、四川，居全国第六位。黑龙江古称黑水，满语称萨哈连乌拉。“萨哈连”是“黑”的意思，“乌拉”是“江”的意思。清代初期定名为黑龙江。

深度学习

6.2.1 黑龙江旅游亚区概况

黑龙江是中国最东北的省份，因本省最大河流为黑龙江而得名，除汉族以外，有48个少数民族。其中满族、朝鲜族、回族、蒙古族、达斡尔族、锡伯族、鄂伦春族、赫哲族、鄂温克族和柯尔克孜族十个民族为世居民族，省会为哈尔滨。黑龙江省北部和东部分别隔黑龙江、乌苏里江与俄罗斯相望，西部与内蒙古自治区相邻，南部与吉林省接壤。黑龙江省的地形特征可概括为五山、一水、一草、三分田。境内西、北、东三面是逶迤起伏的大兴安岭、小兴安岭和张广才岭、老爷岭两大山区，东北与西南为三江、松嫩两大平原。黑龙江、松花江、乌苏里江、嫩江、绥芬河构成黑龙江五大水系，兴凯湖、镜泊湖、连环湖和五大连池是全省较大的湖泊。黑龙江省气候属于温带大陆性季风气候，温差较大。北部漠河在1月曾达-52.3℃，夏季最高气温曾达41.6℃。

6.2.2 黑龙江旅游亚区的主要旅游景点

1. 圣索菲亚大教堂

圣索菲亚大教堂是远东地区最大的东正教堂，位于哈尔滨市道里区，始建于1907年，原是俄罗斯东西伯利亚第四步兵师修建的随军教堂，为木质结构，规模较小。1923年，圣索菲亚大教堂第二次重建，历时九年，于1932年落成。建成后的圣索菲亚大教堂富丽堂皇、典雅脱俗、宏伟壮观，是拜占庭建筑的典型代表。教堂通高53.35米，占地面积721平方米，当时可容纳2 000人。教堂的建筑以主穹顶为轴心。主穹顶是典型的俄罗斯式洋葱头大穹顶，剖面最大直径为10米，饱满而巨大，如图6.1所示。

图6.1 圣索菲亚大教堂

2. 哈尔滨市人民防洪纪念塔

哈尔滨市人民防洪纪念塔坐落在风景如画的松花江南岸，是这座城市的标志性建筑。建于1958年，是为了纪念哈尔滨市人民在党和政府的领导下战胜1957年特大洪

水而修建的。纪念塔由塔身和古罗马式回廊两大部分组成。塔高 22.5 米。塔座上、下两层水池分别标志着 1957 年、1932 年两次特大洪水的水位。罗马式回廊高 7 米，由 20 根擎天柱连成弧形。塔身浮雕再现了当年与洪水斗争的生动景象，塔顶是防洪筑堤英雄们的塑像。

3. 东北虎林园

东北虎林园是哈尔滨市独具特色的旅游景区，也是目前世界上最大的人工饲养、繁育东北虎的基地。东北虎林园坐落在松花江北岸，与太阳岛毗邻，占地 144 万平方米。东北虎林园自然特色十分浓郁，具有良好的生态旅游基础。这里的空气质量优良，到处散发着泥土和野草的芳香，是一处旅游、休闲、度假的理想之所。东北虎林园目前建有成虎区、育成虎区、幼虎区、非洲狮区和步行区等十个景点，其中有些景点需乘车观赏，如图 6.2 所示。

图 6.2 东北虎林园

4. 亚布力滑雪旅游度假区

亚布力滑雪旅游度假区位于黑龙江省东部尚志市境内，距哈尔滨市 193 公里、牡丹江市 120 公里。最高处海拔 1 374.8 米。这里的极端最低气温是-44℃，平均气温是-10℃。积雪期为 170 天，滑雪期近 150 天。亚布力锅盔山有大锅盔、二锅盔和三锅盔三峰。其中大锅盔和二锅盔是专业滑雪运动员的训练及比赛场地；三锅盔则被开辟为旅游滑雪场——亚布力滑雪场，它是目前中国第一座参照国际标准建设的大型旅游滑雪场。亚布力滑雪场的设施非常完善，共有 11 根初、中、高级滑雪道，它的高山滑雪道是亚洲最长的。滑雪道平均坡度为 22.6°。场内还有长达 5 公里的环形越野雪道及雪地摩托、雪橇专用道，还设有三条吊椅索道、三条拖牵索道及一条提把式索道。另外，还有一座灯光滑雪场。雪场内还有高山跳台滑雪场地、越野滑雪场地和花样滑雪场地。这里是开展竞技滑雪和旅游滑雪的最佳场所。无论是从雪道的数量、长度还是落差来看，亚布力滑雪场都是中国最好的滑雪场。

5. 太阳岛风景区

太阳岛风景区位于哈尔滨市区松花江北岸，与斯大林公园隔江相望。太阳岛风景

区总面积达38平方公里，具有质朴、粗犷的北方原野风光，是城市居民进行野游、野浴、野餐的乐园，如图6.3所示。20世纪80年代初，著名歌唱家郑绪兰一首《美丽的太阳岛上》唱出了太阳岛的名气。

太阳岛与附近诸岛和沙洲组成太阳岛风景区，区内建有太阳山、太阳湖、荷花湖、姊妹桥、亭桥、白玉桥、上坞桥、水阁云天、儿童乐园、丁香园、花卉园、太阳岛志石、锦江长廊、沿江风景线等数十处特色景观，构成了山湖相映、亭桥映柳、荷香鱼跃的美丽景色。中国·哈尔滨太阳岛国际雪雕艺术博览会每年都在太阳岛举办。江上则开展滑冰橇、乘冰帆、溜冰、打冰球等冰上运动。

图6.3　太阳岛风景区

知识链接

《太阳岛上》歌词：明媚的夏日里天空多么晴朗，美丽的太阳岛多么令人神往，带着垂钓的鱼竿，带着露营的篷帐，我们来到了太阳岛上，小伙们背上六弦琴，姑娘们换好了游泳装，猎手们忘不了心爱的猎枪，心爱的猎枪。幸福的热旺在青年心头燃烧，甜蜜的喜悦挂在姑娘眉梢，带着真挚的爱情，带着美好的理想，我们来到了太阳岛上，幸福的生活靠劳动创造，幸福的花儿靠汗水浇，朋友们献出你智慧和力量，明天会更美好。

6. 扎龙自然保护区

扎龙自然保护区是中国最大的以鹤类等大型水禽为主体的珍稀鸟类和湿地生态类型国家级自然保护区，如图6.4所示。位于乌裕尔河下游，距齐齐哈尔市30公里。这里的主要保护对象是丹顶鹤及其他野生珍禽，被誉为鸟和水禽的天然乐园。世界上有鹤类15种，中国有9种，扎龙湿地就有6种，其中4种系世界濒危鸟类。其中一级保护鸟类有丹顶鹤、白鹤和白头鹤，二级保护鸟类有白枕鹤、灰鹤和蓑羽鹤。全世界有丹顶鹤2 000只，扎龙自然保护区就有300多只。此外，扎龙自然保护区还有35种重点保护鸟类。因此，齐齐哈尔市有“鹤乡”的美誉。扎龙自然保护区河道纵横，湖泊、沼泽星罗棋布，湿地生态保持良好。每年四五月或八九月，约有二三百种野生珍禽云集于此，遮天蔽地，蔚为壮观。

图 6.4 扎龙自然保护区

7. 镜泊湖

唐开元元年（713 年）称忽汗海，明时始称镜泊湖，清时称为毕尔腾湖，今仍通称镜泊湖，意为清平如镜。镜泊湖位于黑龙江省东南部张广才岭与老爷岭之间，距宁安市西南 50 公里、牡丹江市区 110 公里。距今一万年前火山喷发，流出的玄武岩熔流把牡丹江拦腰截断，形成中国面积最大的熔岩堰塞湖——镜泊湖。镜泊湖是中国北方著名的风景区和避暑胜地，被誉为“北方的西湖”。湖深平均为 40 米，由南向北逐渐加深，最深处达 62 米。湖纵长 50 公里，最宽处 9 公里，最窄处枯水期也有 300 米。全湖分为北湖、中湖、南湖和上湖四个湖区，总面积 90.3 平方公里。镜泊湖由西南至东北方向蜿蜒曲折，呈 S 型，湖岸多港湾，湖中大小岛屿星罗棋布，著名的湖中八大景犹如八颗光彩照人的明珠镶嵌其中：吊水楼瀑布、大孤山、小孤山、白石砬子、城墙砬子、珍珠门、道士山和老鸹砬子。镜泊湖原始天然，风韵奇秀，山重水复，曲径通幽。除镜泊山庄以外，整个湖周围少有建筑物，只有山峦和葱郁的树林，一派秀丽的大自然风光。

传说故事

相传很久以前，王母娘娘设蟠桃会为玉皇大帝做寿，邀请众仙前来赴宴。宴会山众仙舒怀畅饮，王母娘娘异常高兴，便让赴会的仙女们击鼓行令助兴，开怀畅饮。仙女们喝到微醉时，便起身离席擦胭脂施粉、沐浴更衣，再为玉皇大帝、王母娘娘轻歌曼舞。歌舞之后，仙女们擦汗洗脸，那洗胭脂的水灌满了天河，河水溢出流到人间，恰好落到了牡丹江中，形成了平如明镜的高山大湖。又因当时仙女们抢着洗脸梳妆，不小心将王母娘娘的梳妆宝镜与洗脸水一起倒入天河，这宝镜也落入那高山大湖之中。所以这湖面不管刮多大风，总是风平浪静。王母娘娘来取她的宝镜时，看到这里青山翠谷，百花争妍，那湖水平静、明亮，心中甚是高兴，便没将宝镜取回，并赐名“镜泊湖”，其意即镜在泊中。

8. 五大连池风景区

五大连池风景区位于黑龙江省西北部的五大连池市、小兴安岭西南侧山前台地

上，距北安市60公里。风景区四周分布着14座火山及一系列火山矿泉，构成独特而典型的火山景观，因而有“天然火山博物馆”之称。由于火山熔岩堵塞河道，形成了五个相连的火山堰塞湖，因其形如串珠状，故称五大连池。五大连池风景区的主要游览景点有老黑山、五大连池、药泉山、火烧山等。景区内最吸引人的是火山奇观。老黑山是14座火山中最高的一座，山势高耸，林木葱郁。山顶是直径350米、深140米的漏斗状的火山口，四周修有宽数米、窄处不足两米的人行道。沿步道漫行，昔日气势夺人的火山喷发遗痕依稀可寻。立于山巅极目四望，13座火山概貌一目了然，远眺山下，五大连池风光尽收眼底。山基四周由黑色火山熔岩形成的茫茫石海气势雄伟；东南山脚则被彩色火山熔岩小颗粒所覆盖，颜色多样，形成五色土奇观。五大连池火山熔岩地貌多姿多彩，常见的有绵延数十里的石龙、酷似流动却又凝固了的熔岩瀑布。熔岩石林中的石猴、石虎、石熊等千姿百态，形象逼真。坐落于火山群中的湖也有其特有的景观。南格拉球山顶火山口中，多年积雨成湖，湖水碧绿清澈，被称为天池。五大连池的湖面开阔、湖水清澈，蓝天、白云、碧水、苍山与湖边的奇花异草相辉映，别有一番情趣。在这里可以泛舟、垂钓、野浴、游山，还可以考察湖水奇观，增长知识。五大连池风景区还有丰富的矿泉水资源。矿泉水中含有多种微量元素，或饮用，或沐浴，对多种疾病都有明显的疗效，故被称为药泉。这里已建立疗养机构数十家，是具有园林之美的疗养胜地。五大连池火山如图6.5所示。

图6.5　五大连池火山

6.2.3　黑龙江旅游亚区的特产与美食

黑龙江省地大物博，特产丰富，有猕猴桃、绥棱红李、三梅果、山葡萄、都柿、北国红豆、薇菜、蕨菜、黄花菜、猴腿、黄瓜香、黑木耳、猴头、元蘑、榛蘑、松茸、亚麻、松子、白瓜子、响水大米、东北黑蜂与椴树蜜、裘皮、列巴、沙一克、哈尔滨啤酒、哈尔滨红肠（如图6.6所示）、麦秸画、牛角画、海伦剪纸、玛瑙酒杯等。

黑龙江名菜为祖传焖烧农家鸡、金钱大肠、香味山珍、笼蒸鲫鱼珍珠丸子、大丰收、对青烤鹅（如图6.7所示）、肉火烧；克东腐乳是黑龙江省独特的名牌发酵食品，名言海内外。

图 6.6 哈尔滨红肠

图 6.7 对青烤鹅

6.3 吉林旅游亚区

学习内容

（1）了解本旅游亚区概况。

（2）熟悉本旅游亚区的主要旅游景点。

（3）熟悉本旅游亚区的特产与美食。

贴示导入

吉林省以北为黑龙江省，南接辽宁省，西邻内蒙古自治区，东与俄罗斯接壤，东南部以图们江、鸭绿江为界与朝鲜隔江相望。吉林省平原广阔、山环水绕，以丰富的地形、地貌著称于世。

深度学习

6.3.1 吉林旅游亚区概况

吉林省位于东北中部，面积约 18 万平方公里，有 44 个民族，包括 8 市一州。省会为长春市。电力、化工、汽车制造、水稻和玉米生产，以及人参、鹿茸、貂皮等土特产在全国具有地位。长白山、松花江、朝鲜族乡土情独具魅力。凉爽宜人的夏季，不失为避暑胜地；银装素裹的冬季北国风光，宜于发展冰雪旅游。从国内横向比较，吉林省具有明显的生态旅游资源、冰雪旅游资源、边境旅游资源、史迹旅游资源和民族旅游资源等资源优势。

6.3.2 吉林旅游亚区的主要旅游景点

1. 净月潭和“八大部”

净月潭是国家重点风景名胜区，位于长春，为我国著名的生态旅游示范区，森林广布，如图6.8所示，并已被辟为国家级森林公园、国家大型冬季滑雪场；“八大部”为伪满洲国时期的“国务院”，具有一定的建筑特色。

图6.8 净月潭

2. 汽车工业博览观光园

汽车工业博览观光园位于长春，为中国第一汽车公司创建，游客可以在此参观卡车、红旗、捷达轿车生产线及中外名车陈列室，了解中外汽车发展史，体验现代汽车生产过程。

3. 伊通火山群

伊通火山群位于长春市东南65公里处，由16座火山锥组成。每座火山锥都是孤峰突兀，却不见火山弹、熔岩流等其他火山喷发物质，在世界尚属罕见，国际地质学界将此命名为“伊通型火山”。

4. 松花湖

松花湖为国家重点风景名胜区，位于吉林市南24公里处，湖周森林繁茂，气候宜人，适合开展水上、冰上、山上多种游览观光、休憩活动。湖口丰满水电站为国内著名电站，每到数九寒冬大坝下方十里长堤上形成国内罕见的雾凇冰雪奇观。

5. 北大湖滑雪场

北大湖滑雪场北距吉林市56公里，地处长白山余脉，占地面积为175平方公里，曾多次成功地承办了全国滑雪比赛，现已建成我国最大和标准最高的滑雪运动中心。

6. 长白山旅游区

长白山旅游区位于吉林东部，长白山脉是其主体，具有独特的以垂直分布的山地森林生态系统，是亚洲大陆北部山地生态系统的典型代表。同时也是满族的发祥地、朝鲜人民心目中的圣山。

（1）长白山自然保护区：国家首批5A级旅游景区。1980年加入“世界生物圈保护区”，被联合国列为世界自然保留地。这里保存了完整的野生植物区系和特有动物区系，还有著名的火山风光游览区，融山、水、林、泉、洞、瀑为一体。

（2）长白山天池：处于长白山主峰白头山上，是由一个巨大火山口集水而形成的高山湖泊，面积为10平方公里，最大水深为373米，湖面海拔为2194米。湖周的16座山峰都是火山体，群峰掩映于碧波荡漾的长白山天池之中。长白山天池水从北缺口溢出，形成了高达68米的长白山瀑布，蔚为奇观。长白山天池如图6.9所示。

7. 龙岗山火山群

龙岗山火山群位于辉南县东部，在约200平方公里范围内集中了170余座座各种形态的火山锥体、八个火口湖。湛蓝的湖水、密集的群峰，与茂密的森林，构成了特有的火山山水风光胜地。

8. 集安古城及其高句丽王城、王陵与贵族墓葬

集安古城为中国历史文化名城，位于吉林省东南部的鸭绿江畔，风景秀丽，有“东北小江南”之称。集安曾为中国古代少数民族高句丽早中期都城。其高句丽王城遗址和由12座王陵、26座贵族墓组成的洞勾古墓群，被列入《世界遗产名录》，如图6.10所示。

图6.9　长白山天池

图6.10　高句丽王城、王陵

9. 防川国家重点风景名胜区

防川位于珲春市东南75公里、图们江汇入日本海交界处，与俄罗斯和朝鲜毗连。由防川、龙山湖、图们江三大景区构成，有东方第一哨、望海阁、沙丘公园、圈河口岸、图们江旅游码头等25个景点，以“一眼望三国”的边境自然风光最令人神驰。

10. 向海

向海位于白城市通榆县境，松辽平原与科尔沁草原过渡区，是典型的湿地生态区，已被列为联合国A级湿地。区内有丹顶鹤、灰枕鹤、白枕鹤、灰鹤、白鹤和白瑟鹭六种，成为世界一类保护珍禽丹顶鹤的故乡。

11. 查干湖

查干湖国家级自然保护区，是一个位于中国吉林省大安、乾安县的湖泊，有国家

一级保护的白枕鹤、白头鹤、丹顶鹤等五种、国家二级保护的白天鹅等12种，呈现出物种多样性、珍稀性及生境的典型性等特征。

6.3.3 吉林旅游亚区的特产与美食

人参，为吉林省传统出口商品，驰名海内外；貂皮，以紫貂皮较为珍贵，其毛皮底绒丰足，毛峰柔润光泽，针毛长短适宜，皮板结实耐用，美观、保暖、防水，被誉为裘皮之首；鹿茸，药用价值较高，有生精补髓、养血宜阳、强筋健骨之功效；田鸡油，是一种珍贵滋补品，可制成糖果、筵席名菜和其他食品，并出口东南亚；黑木耳，营养丰富独特，畅销国内外，还可入药，是棉纺、毛纺工人用以驱除吸入体内绒毛的保健食品；松茸蘑，松茸肉质肥嫩鲜美，蛋白质丰富，为筵席珍品；另外，还有猴头菇、蕨菜、薇菜、蛟河烟、红晒烟、葡萄酒、苹果梨。

吉林省美食以三套碗、清蒸白鱼、人参鸡、鹿茸三珍汤、荷花田鸡油、白肉血肠、庆岭活鱼、富春园火锅、清蒸白鱼为主，其中尤以人参鸡和鹿茸三珍汤最为有名。这些特色菜肴是每一个到吉林省旅游之人必尝的美味。

6.4 辽宁旅游亚区

学习内容

（1）了解本旅游亚区概况。

（2）熟悉本旅游亚区的主要旅游景点。

（3）熟悉本旅游亚区的特产与美食。

贴示导入

辽宁省简称辽，位于中国东北地区的南部，是中国东北经济区和环渤海经济区的重要结合部分。东西端直线距离最宽约550公里，南北端直线距离约550公里。辽宁省陆地面积约14.59万平方公里，占中国陆地面积的1.5%。地形复杂，西部为山地，中部为平原，东部是辽东半岛。西部山地包括闾山、努鲁儿虎山等，另外还有辽西丘陵。中部为辽河平原，是东北平原的一部分。

深度学习

6.4.1 辽宁旅游亚区概况

辽宁位于中国东北地区，是我国东北唯一的沿海省份，包括14个城市，有汉族、满族、蒙古族等44个民族，省会为沈阳。

知识链接

早在远古时代，辽宁地区就有人类活动。在营口大石桥南金牛山发现的金牛山人化石及其遗址，距今已有约28万年，是迄今辽宁地区发现的最古老的一处人类栖息地。在朝阳市喀左县发现的鸽子洞遗址及出土的石器，距今约5万年。约在7 000年前，辽宁地区开始进入新石器时代，沈阳新乐遗址出土的大量器物显示了辽宁在原始社会末期的繁荣景象。朝阳市凌源、建平两县交界处的牛河梁红山文化遗址，距今约5000年，从出土的祭坛、积石冢、神庙和女神彩塑头像、玉雕猪龙、彩陶等重要文物看，这里曾存在一个初具国家雏形的原始文明社会。这标志着辽宁地区是中华民族文明的起源地之一。自公元前20世纪夏朝进入奴隶社会后，辽宁地区逐步与之建立了隶属关系。据中国最早的史书《禹贡》记载，辽宁地区最早为冀、青二州之城，夏商时为幽州、营州之地。春秋战国时期辽宁地区为燕地。秦始皇统一中国后，全面设置郡县，在辽宁地区设置辽东、辽西、左北平郡。辽宁地区在两汉、三国时隶属幽州。西晋隶属平州，东晋为营州。隋代在这一地区置辽东郡、柳城郡、燕郡。唐代时，此地在安东都护府的管辖之下。辽代时，此地为东京道、中京道，金代为东京路、北京路。元代于此地设置辽阳行省。明代时，此地为辽东都司。辽宁地区是中国最后一个封建王朝——清朝的发祥地。1929年，奉天省改为辽宁省，取辽河流域永远安宁之意。1931年9月18日，日本帝国主义发动侵华战争，辽宁地区一度被日本帝国主义侵占。1949年中华人民共和国成立后，辽宁地区被划分为辽东和辽西两省。1954年8月撤销辽东、辽西两省建制，合并改为辽宁省。

6.4.2 辽宁旅游亚区的主要旅游景点

辽宁省旅游资源丰富，有国家级风景名胜区9处、省级风景名胜区8处。辽宁是中国文物大省之一，现有文物古迹1.13万处。

1. 沈阳故宫

清代入关前，其皇宫设在沈阳，迁都北京后，这座皇宫被称作陪都宫殿、留都宫殿，后来被称为沈阳故宫。沈阳故宫占地6万多平方米，宫内建筑物保存完好，是中国仅存的两大宫殿建筑群之一，在建筑艺术上承袭了中国古代建筑的传统，融汉族、满族、蒙古族建筑艺术为一体，具有很高的历史和艺术价值。1961年，国务院公布沈阳故宫为全国重点文物保护单位。沈阳故宫如图6.11所示。

沈阳故宫始建于1625年，由清太祖努尔哈赤、清太宗皇太极营造。沈阳故宫的建筑布局可以分为三路。东路为努尔哈赤时期建造的大政殿与十王亭。中路为皇太极时期续建的大中阙，包括大清门、崇政殿、凤凰楼、清宁宫、关雎宫、衍庆宫、启福宫等。西路则是乾隆时期增建的文溯阁、嘉荫堂和仰熙斋等。

沈阳故宫经过多次大规模的修缮，现已被辟为沈阳故宫博物院。沈阳故宫博物院陈列的多是旧皇宫遗留下来的宫廷文物，如努尔哈赤用过的剑、皇太极用过的腰刀和鹿角椅等。沈阳故宫博物院陈列的艺术品也很丰富。有明代、清代一些大师，如清代李鱓、金农，明代文征明等的书画，也有不少陶瓷、雕刻、织锦、漆器等工艺品。

图 6.11　沈阳故宫

2. 福陵

福陵是大清开国君主努尔哈赤及其孝慈高皇后叶赫那拉氏的陵寝，位于沈阳城东10公里的天柱山上，俗称东陵。福陵与沈阳昭陵、新宾永陵合称关外三陵。始建于天聪三年（1629年），崇德元年（1636年）正式定陵号为“福陵”。福陵是由清代皇室命名的第一座祖陵。陵寝建筑群由下马碑、石牌坊、正红门、神道、石像生、一百零八磴台阶、神功圣德碑楼、涤器房、果房、茶膳房、朝房、隆恩门、隆恩殿、东配殿、西配殿、焚帛炉、二柱门、石五供、大明楼、宝城等组成，其中依山势所建的神道上的一百零八磴台阶匠心独具。福陵的修建及后来的重建、改建都是在堪舆家（俗称风水先生）的指导下进行的，从选址到规划设计，追求自然环境与陵寝建筑的和谐统一，体现了中国古代“天人合一”的哲学思想。在清朝统治的二百多年间，福陵是皇室从事礼制活动的主要场所。福陵是中国帝陵建筑的重要组成部分，是中国历史文化的最好见证。

3. 昭陵

昭陵是清太宗皇太极和孝端文皇后博尔济吉特氏的陵寝，因位于沈阳北部，又称北陵。始建于清崇德八年（1643年），竣工于顺治八年（1651年），康熙、乾隆、嘉庆等朝屡有改建、重建，是关外三陵中规模最大的陵寝。昭陵是皇太极钦定的陵址，东端起于天柱山，西端止于塔湾，南临浑河河道（今北运河），有包罗万象、跨驭八方之势。昭陵占地广大，其布局分前、中、后三部分。前部过今北运河桥不远处有下马碑，往北行为南向北置的华表一对和石狮一对。继续北行是神桥，过神桥可见石牌坊一座，牌坊两侧是更衣亭、静房和省牲亭、馔造房。石牌坊北是陵寝正门——正红门。从北陵公园正门到陵寝正门——正红门，现被辟为公园，成为休闲游乐场所。中部从正红门起到方城止。后部为方城，是昭陵的主体建筑。方城城墙内、外均以青砖砌筑，中间夯土，南侧高9尺8寸，东西高7尺8寸，周长495丈9尺（1尺=1/3米，1寸=1/30米，1丈=10/3米）。城上设女儿墙及垛口，城面宽2米。昭陵建筑保存完整，对研究清初历史和建筑艺术具有重要价值。1982年3月，国务院公布昭陵为第二批全国重点文物保护单位。

4. 千山

千山位于鞍山市东南 17 公里处，是国家重点风景名胜区，素有“东北明珠”之称，如图 6.12 所示。千山南临渤海，北接长白山，以峰秀、石峭、谷幽、庙古、佛高、松奇、花盛而著称，具有景点密集、步移景异、玲珑剔透的特点。“万壑松涛百丈澜，千峰翠影一湖莲。”千山由近千座状似莲花的奇峰组成，自然风光十分秀丽。它虽无五岳之雄峻，却有千峰之壮美。“欲向青天数花朵，九百九十九芙蓉”，是清代诗人姚元之对千山的咏唱。在众多的奇峰中，最为奇特的是千山大佛。千山大佛位于千山风景区北部，是自然造化的全国特大石佛之一。佛像身高 70 米，体宽 46 米，依山而坐，貌似弥勒，形象逼真，栩栩如生。仙人台以丁令威成仙化鹤归来的传说而得名，海拔 708.3 米，为千山第一高峰。登山远望，诸峰千姿百态尽收眼底，古松参天迎风泻涛，怪石嶙峋星罗棋布，古洞宝塔云烟缭绕，湖光山色相映成趣。千山美景佳境终年纷呈：春天梨花遍谷，山花满壑；夏天重峦叠翠，郁郁葱葱；秋天漫山红叶，落霞飞虹；冬天银装素裹，雪浪连绵。

5. 本溪水洞

本溪水洞位于距本溪市 35 公里处的太子河畔，是数百万年前形成的大型石灰岩充水溶洞，由水洞、温泉寺、汤沟、关门山、铁刹山、庙后山六个景区组成。辽宁本溪水洞如图 6.13 所示。水洞洞口坐南面北，呈半月形。进洞口是一座高、宽各 20 多米，可容纳千人的迎客厅。大厅向右，有 300 米长的旱洞，洞穴高低错落，曲折迷离。大厅正面通往水洞。千余平方米的水面宛如一处幽静的港湾，灯光所及，游船、石景倒映其中，如入仙境。水洞地下暗河全长 5 800 米，现已开发 2 800 米，面积为 3.6 万平方米，空间为 40 余万立方米，最开阔处高 38 米、宽 70 米。洞内水流终年不竭。两岸石笋林立，千姿百态；洞顶钟乳高悬，晶莹斑斓。洞内常年恒温为 10℃。洞外盘绕山腰的古代回廊、别具风韵的人工湖和水榭亭台，使整个景区犹如一个美丽的大花园。温泉寺景区的泉水温度达 44℃，日流量为 400 吨，有较高的医疗价值。汤沟也以温泉闻名。

图 6.12　辽宁千山

图 6.13　辽宁本溪水洞

6. 星海广场

星海广场位于大连，占地面积为 110 万平方米，是亚洲最大的城市广场，为纪念

香港回归而修建。中心广场面积4.5万平方米。广场中心是全国最大的汉白玉华表，高19.97米，直径1.997米。华表底座附有八条龙，柱身雕着一条龙，九条龙寓意中国九州。华表顶端坐着金光闪闪的望天吼，高2.3米。围绕华表的汉白玉石柱高12.34米，各托起一盏宫灯。广场中心仿效北京天坛圜丘的设计，由999块四川红大理石铺成，大理石上刻着天干地支、24节气和12生肖。广场内圆直径为199.9米，外圆直径为239.9米，寓意2399年大连将迎来建市500周年。环绕广场周围的是大型音乐喷泉。从广场中央大道中心点北行500米是会展中心，南行500米是大海。中央大道红砖铺地，两侧绿草如茵。

7. 老虎滩海洋公园

老虎滩海洋公园坐落在国家级风景名胜区——大连南部海滨的中部，如图6.14所示。占地面积为118万平方米，有着4 000余米的曲折海岸线。园内蓝天碧海，青山奇石，构成绮丽的海滨风光。这里有亚洲最大的珊瑚馆，世界最大、中国唯一的展示极地海洋动物及极地体验的极地馆，全国最大的半自然状态的人工鸟笼——鸟语林，全国最大的花岗岩动物石雕——群虎雕塑，以及化腐朽为神奇的马驷骥根雕艺术馆等著名旅游景点；有全国最长的跨海空中索道，大连南部海域最大的旅游观光船，四维影院及惊险刺激的激流探险、海盗船、蹦极、速降等游乐设施。

大连老虎滩海洋公园是滨城一道亮丽的风景，每年接待海内外游客200多万人次。通过ISO9001和ISO14001两个管理体系的认证。老虎滩海洋公园是展示海洋文化，突出滨城特色，集观光、娱乐、科普、购物、文化于一身的现代化主题公园。

图6.14 大连老虎滩

历史故事

山上经常有一只猛虎下山伤人、畜。有一天，龙王的女儿在山坡上采花，被恶虎叼跑，有一位叫作石槽的青年听到救命声，挥剑追赶，迫使恶虎丢下龙女逃跑。为了报答石槽救命之恩，龙女便与他结为夫妇。石槽想恶虎不除，百姓一天不得安宁，于是婚后第一天便要上山除虎。龙女告诉他，这恶虎是天上黑虎星下凡，只有用龙宫里的宝剑，才能制服它。

龙女回宫借宝剑。不想，在龙女离开当天恶虎又下山伤人，石槽等不及宝剑，便与恶虎搏斗，挥剑砍掉飞虎牙，落到海里，成了虎牙礁；又一把拽住老虎尾巴，甩到旅顺港湾，成了老虎尾；最后砍去半个虎头成了半拉山；虎身瘫在海边，成了虎滩。石槽伤累而死，变成礁石。龙女借剑回来，见夫已死，痛不欲生，卧在夫身边，化成美人礁。

6.4.3 辽宁旅游亚区特产与美食

辽宁特产主要有冻秋子梨、板栗、大扁杏、文蛤、沟帮子熏鸡、李记坛肉、抚顺山野菜、西丰鹿茸、剪纸、木雕、玛瑙雕刻等。

辽宁美食有老边饺子、满汉全席、扒锅肘子、珊瑚海虎翅、南瓜鱼翅盏、宫廷八珍、太河双鲜、群龙祝鹤、帅府双螺、双颜双味虾。辽宁十大风味：马家烧麦、榴莲酥、牛庄馅饼、烤全羊、三色珍珠圆、锦州小菜、手把肉与全羊汤、滋补鱼头、鲜虾萝卜丝饼、驴肉荞麦冠顶饺。

课堂讨论

（1）东北旅游大区旅游业的发展前景如何？

（2）东北旅游大区形成的地理环境因素有哪些？

小　　结

本区位于我国最北面，与俄罗斯接壤，包括黑龙江省、吉林省、辽宁省。森林覆盖率是全国之首。那里是我国最冷的地方，每年冬天都是大雪纷飞，雪景壮观。

课堂小资料

沈阳故宫是清朝初年的政治中心，也是六龄皇帝顺治登极的地方。据史料记载，清崇德八年（1643年）八月，皇太极于八月初九病故于清宁宫，过了六天，就是八月十四，要讨论皇位继承。清朝入关以前，老皇帝在世时是不确立继位皇子的，直到皇帝驾崩后，努尔哈赤有遗诏，就是皇位决定的时候，要由满洲贵族来讨论。当时主要有七个人，即礼亲王代善、郑亲王济尔哈朗、睿亲王多尔衮、肃亲王豪格四位亲王，还有三位郡王，就是英郡王阿济格、豫郡王多铎和颖郡王阿达礼。七个人里面多尔衮兄弟占了三个，他再拉一票就过半数了。

当时这七个人争夺皇位可能性最大的就是两个人，第一是豪格，第二是多尔衮。豪格的有利条件：皇太极的长子，年35岁，屡立军功，有两黄旗支持。多尔衮的有利条件：他父亲努尔哈赤在位的时候，喜欢他，年龄为32岁，战功卓著，有两白旗支持。会前多尔衮找索尼探口风，索尼说，先帝有诸皇子在，必立其一，他非所知。多尔衮不是皇子。1643年八月十四，开会讨论皇位问题的时候，两黄旗的清兵持枪，带着弓箭，环卫宫殿。会上索尼先发言，他建议立皇子。多尔衮说，你这个资格不

够，你出去。索尼就退席了。代善说，帝之长子，当承大统。很明确，就是豪格继位。豪格这时候觉得有两黄旗支持自己，比较有把握，他就又故意谦辞了一下。他说福少德薄，非堪大任。他的意思是我客气一下，大家再一推我不就行了嘛。这时候多尔衮的弟弟就说，既然你推辞，那就请睿亲王多尔衮做皇帝。多尔衮赶紧就说，这个事情还得再讨论。于是多铎又提出来了，既然多尔衮谦辞的话，那就请代善来继位，代善说“我年纪老了，身体也不好，我不堪大任。”代善也推辞，这样继位的事情变成了一个僵局。济尔哈朗因为属于侄子辈，皇太极的堂兄弟，他没有继承皇位这种可能，就在中间协调。多尔衮考虑了，他如果强行登极，势必遭到两黄旗、两红旗和一个蓝旗的反对，就是五个旗的反对，让豪格继位他又不甘心，怕豪格反过来报复，最后就折中了。多尔衮说“我赞成黄旗的意见，由皇子继位，皇子当中豪格提出他不做了，那就请福临继位，福临年纪又小，我和郑亲王济尔哈朗辅政。”在这种情况下大家就达成了一致的意见，就是顺治继位。六岁的顺治于 1643 年八月二十六日登上了皇位，成为清朝第一个进关的皇帝。

考　考　你

（1）本区旅游资源的基本特征是什么？

（2）本区的主要旅游胜地有哪些？

7

大漠丝绸与草原旅游区

学习任务

（1）了解本旅游区概况。

（2）熟悉本旅游区的旅游资源特征。

（3）熟悉本旅游区内的主要旅游资源和旅游景点。

知识导读

西北旅游区，广袤的沙漠和戈壁、奇特的风沙地貌、景色宜人的温带草原、繁华一时的丝路古迹、多姿多彩的民族风情，令人流连忘返。

7.1 大漠丝绸与草原旅游区概述

学习内容

（1）了解本旅游区概况。

（2）熟悉本旅游区的旅游资源特征。

贴示导入

大漠黄沙悠悠驼铃，化为丝绸之路的一种意象。商人沿它将光鲜的丝绸送到了遥远的地中海岸。丝绸之路，犹如一条彩带，将古代亚洲、欧洲和非洲的古文明连接在一起。正是这些丝绸之路，将中国的造纸、印刷、火药、指南针四大发明，养蚕、丝织技术及绚丽多彩的丝绸产品、茶叶、瓷器等传送到了世界各地。同时，中外商人通过丝绸之路，将中亚的汗血宝马、葡萄，印度的佛教、音乐，西亚的乐器、天文学，美洲的棉花、烟草等输入中国，东西方文明在交流融合中不断更新、发展。

深度学习

7.1.1 大漠丝绸与草原旅游区概况

大漠丝绸与草原旅游区位于我国西北内陆地区，面积约占全国面积的1/3，人口约7 839. 6万，约占全国人口的5. 8%（第六次人口普查），是我国八大旅游区中面积最大的旅游区。

该旅游区地域辽阔，地广人稀。从东向西跨越湿润、半湿润、干旱、半干旱四个干湿区，自然环境具有明显的经度地带性分异规律，辽阔的高原，苍凉的荒漠、戈壁，无垠的草原，美丽的绿洲，与森林构成了层次分明、壮丽奇特的自然景观。

该区域深居内陆，距海遥远。例如，乌鲁木齐是世界上距离海洋最远的内陆城市。大陆性气候典型，日温差大。例如，新疆有“早穿皮袄午穿纱，围着火炉吃西瓜”之说。这里还是我国沙尘暴的形成源地，风沙、沙尘天气多，冬季寒冷，夏季酷热，旅游淡旺季差别大，对旅游业发展具有一定的制约作用。

该区域位于我国西部边陲，“母亲河”黄河和丝绸之路穿过本区，孕育形成了古老而独特的历史文化，人文旅游资源丰富、珍贵，异质文化氛围浓郁。伴随着丝绸之路的开拓与发展，沿线留下了丰富的文化古迹，尤以石窟闻名世界。还有嘉峪关长城、历史上已湮没的楼兰古国等遗址。

该地区是蒙古族、维吾尔族、回族等少数民族的聚居区。历史上草原游牧文化与

中原农耕文化不断交流、融合，逐渐形成了民族特色浓郁、地域特征明显、内涵丰富、绚丽多姿的民族文化。

7.1.2 大漠丝绸与草原旅游区的旅游资源特征

1. 冰川雪峰

天山是我国最大的现代冰川分布区，共有 6 890 多条冰川，总面积约达 9 500 多平方公里，其中天山西段的冰川最大、最多、最美。冰川区有纵竖横陈的冰井、冰洞、冰塔、冰柱林、冰丘、冰下河、冰下泉等冰川地貌形态，堪称大自然的造化与杰作。汗腾格里峰南侧的依诺勒切克冰川有“天下第一冰川”之称。天山一号冰川由于现代冰川集中，冰川地貌和沉积物非常典型，古冰川遗迹保存完整清晰，有“冰川活化石”之誉，成为我国观测和研究现代冰川和古冰川遗迹的最佳地点，为联合国教育、科学及文化组织世界冰川监测组织在全球重点监测的十大冰川之一。

知识链接

乔戈里峰，塔吉克语意为“高大雄伟”。海拔 8 611 米，是喀喇昆仑山脉的主峰，也是世界上第二高峰，国外又称 K2 峰，坐落在新疆叶城县境内。乔戈里峰峰巅呈金字塔形，冰崖壁立，山势险峻。在陡峭的坡壁上布满了雪崩的溜槽痕迹。山峰顶部是一个由北向南微微升起的冰坡，面积较大。北侧如同刀削斧劈，平均坡度达 45° 以上。从北侧大本营到顶峰，垂直高差竟达 4 700 米，是世界上 8 000 米以上高峰中垂直高差最大的山峰。乔戈里峰两侧的音苏盖提冰川为中国第一大冰川。

2. 湖光山色

天山天池湖面呈半月形，南北长为 3 400 米，最宽处为 1 500 余米，平均水深为 40 米，最深处为 105 米。这是一座在 200 余万年以前的第四纪冰川活动中形成的高山冰碛湖。天山天池是以高山、湖泊、杉林和雪峰景观为特色的著名风景区。

3. 沙漠景观

本区的雅丹地貌独具特色。例如，最瑰丽的岩石雅丹位于新疆克拉玛依市区东北 100 多公里的乌尔禾镇北，由水平岩层组成的山丘遭到强烈的风蚀作用，数不清的土丘、垄岗，高低不等，纵横交错，远远望去好似废弃的古城堡。

4. 草原风光

本区的温带草原是我国天然草地的主体。内蒙古草原是典型的温带草甸草原，是世界上所有草地中景观最华丽、自然条件最为优越的一类草原，也是草原生态旅游极好的去处。主要由呼伦贝尔草原、锡林郭勒草原、科尔沁草原、乌兰察布草原、鄂尔多斯草原和乌拉特草原六个天然草原组成。其中，锡林郭勒草原为我国著名的三大草原之一，草原类型多样，是我国最具代表性和典型性的温带草原。

5. 古城遗址

楼兰古城位于新疆罗布泊西北边沿，为丝绸古道塔克拉玛干南北两道的交汇处，往来的商队都要经过这里。楼兰王国于公元前176年建国，到630年消亡，共有800年的历史。古城中最显眼的遗迹是城中部的“三间房”，它的墙壁是古城中唯一使用土坯垒砌而成的。楼兰附近的一座古墓中，曾出土一具保存完好的女尸，被称为“楼兰美女”。古城遗址中还发现有大量的汉文和佉卢文木简文书、汉代钱币、华丽的汉代漆器、精致的木陶雕刻器皿等。新疆楼兰古城遗址的发现，曾被学术界誉为“中世纪文明的曙光”。

7.2 甘肃旅游亚区

学习内容

（1）了解本旅游亚区概况。
（2）熟悉本旅游亚区的主要旅游景点。
（3）熟悉本旅游亚区的特产与美食。

贴示导入

丝绸之路、长城边关、河西四郡、黄土高坡、甘南草原……在充满传奇色彩与浪漫神韵的丝绸古道上，在辽阔的中国西北腹地，甘肃传承着黄河上游八千年的文化与文明、丝绸之路两千年的辉煌与梦想。敦煌宝窟、嘉峪雄关、拉卜楞寺、麦积云烟，甘肃的旅游美景魅力无限，成为旅游的梦境、旅游者的天堂。

深度学习

7.2.1 甘肃旅游亚区概况

甘肃旅游亚区地处黄河上游，是中国的几何中心，全省总面积为45.37万平方公里，有汉族、回族、藏族、东乡族等55个民族，省会为兰州。甘肃省河西走廊是中国古代“丝绸之路”的必经之地，留下了相当数量的文化古迹。浓厚的历史文化色彩与特殊的旅游产品，构成了本区的旅游特征。

7.2.2 甘肃旅游亚区的主要旅游景点

1. 麦积山石窟

麦积山石窟位于天水东南约30公里的山中，是中国四大石窟之一，因该山状如

堆积的麦垛而得名。据文献记载，后秦时开窟造像，创建佛寺。后经北魏、西魏、北周、隋代、唐代、五代、宋代、元代、明代、清代 1 500 多年的开凿重修，遂成为我国著名的大型石窟之一，也是闻名世界的艺术宝库。麦积山石窟如图 7.1 所示。

(a)

(b)

图 7.1 麦积山石窟

2. 李广墓

李广墓位于天水市城南石马坪。李广墓建于何时史无记载。这座李广墓是衣冠冢墓，墓地有高达 6 米的碑塔一座，塔前有祭亭三间。墓地中央是一座高约 10 米，周长约 25 米的半球形坟堆，四周砌以青砖，青草盖顶，庄严肃穆。墓前竖立清乾隆年间（1736—1795 年）重建的“汉将军李广墓”和蒋介石题“汉将军李广之墓”两块石碑。墓地祭亭门前有两匹汉代石雕骏马，造型粗犷，风格古朴，但现已磨损残缺，石马坪也因此而得名。

3. 天水伏羲庙

天水伏羲庙本名太昊宫，俗称人宗庙，现为国家级重点文物保护单位。庙始建于明成化年间（1465—1487 年），前后历经九次重修，形成今天规模宏大的建筑群。新旧建筑共计 76 间，具有鲜明的中国传统建筑艺术风格。由于伏羲是古史传说中的第一代帝王，因此建筑群呈宫殿式建筑模式，为全国规模最大的伏羲祭祀建筑群。伏羲庙各院内遍布古柏，为明代所植，原有 64 株，象征伏羲六十四卦之数，现存 37 株。

知识链接

伏羲，如图 7.2 所示，与神农、黄帝被尊为中华民族的人文始祖，伏羲是我国古籍中记载的最早的王之一，所处时代约为新石器时代中晚期。他根据天地万物的变化，发明创造了八卦，成了中国古文字的发端，也结束了“结绳记事”的历史。他又结绳为网，用来捕鸟打猎，并教会了人们渔猎的方法；发明了瑟；创作了《驾辨》曲子。他的活动标志着中华文明的起始，历史中也留下了大量关于伏羲的神话传说。传说正月十六为伏羲生日，我国甘肃天水市（伏羲故里）有伏羲文化节。

图 7.2　伏羲

4. 黄河母亲雕像

黄河母亲雕像位于兰州市黄河南岸的滨河路中段、小西湖公园北侧，是目前全国诸多表现中华民族的母亲河——黄河的雕塑艺术品中最漂亮的一尊。雕塑由甘肃著名的雕塑家何鄂女士创作，长 6 米，宽 2.2 米，高 2.6 米，总重 40 余吨，由“母亲”和一“男婴”组成构图，如图 7.3 所示。分别象征了哺育中华民族生生不息、不屈不挠的黄河母亲，以及快乐幸福、茁壮成长的华夏子孙。

图 7.3　黄河母亲雕像

5. 雷台汉墓

雷台汉墓位于甘肃省武威市金羊乡新鲜村内，是一座东汉（25—220 年）晚期大型砖室墓。因台上有明朝中期建筑的雷祖观，故名雷台汉墓。雷台汉墓是迄今为止河西地区发现的规模最大的东汉墓葬，此墓虽遭多次盗掘，但遗存尚多，墓内出土有金、银、铜、铁、玉、骨、石、陶器共 221 件，是一座“丰富的地下博物馆”。其中有铸造精致的铜车马武士仪仗俑 99 件，特别值得一提的是引人注目的马踏飞燕，已成为中国旅游的标志，如图 7.4 所示。

(a) (b)

图 7.4 马踏飞燕

6. *万寿木塔*

万寿木塔位于张掖城内县府街路西，原是一座规模宏大的寺院，名为万寿寺，又名木塔寺，创建于北周，清末遭大风毁坏，于 1926 年重建，现仅存建于中轴线上的木塔和藏金楼。木塔为楼阁式砖木结构，高 32.8 米，塔身共九层，一至七层为砖砌，八、九层为木构，塔顶呈八角伞形。每层的八个角都有一个用木雕成的口含宝珠的龙头。最上层原有古钟一口，声闻数十里。“木塔疏钟”为古甘州八景之一。

7. *嘉峪关*

嘉峪关位于嘉峪关市区的西南 6 公里处，在河西走廊中段，北依马鬃山，南临祁连山，东接酒泉盆地，西为平坦的戈壁，地处走廊最狭窄的山谷中部，雄峙于祁连雪峰与嘉峪黑山之间的峡谷地带嘉峪塬上的岩岗处，因此得名。“嘉峪”意为“美好的山谷”。嘉峪关如图 7.5 所示。

图 7.5 嘉峪关

知识链接

嘉峪关是万里长城的最西端，地里位置十分险要，是长城防线上重要的军事要塞。关城的建筑修建于明朝洪武五年（1372 年），分内城、外城、城壕三道防线，建筑巍峨雄伟、险峻天成，故有“天下第一雄关”之称，与“天下第一关”万里长城相连，成为古代著名的军事建筑。在这里，丝绸文化和长城文化融为一体、交相辉映。

8. 敦煌莫高窟

敦煌莫高窟又称“千佛洞”，位于敦煌县城东南25公里的鸣沙山下，因地处莫高乡而得名。它是我国最大、最著名的佛教艺术石窟。分布在鸣沙山崖壁上三四层不等，全长1 600米。现存石窟492个，壁画总面积约45 000平方米，彩塑佛像等造型2 100多座。石窟大小不等，塑像高矮不一，大的雄伟浑厚，小的精巧玲珑，其造诣之精深，想象之丰富，是十分惊人的。敦煌莫高窟如图7.6所示。

(a) (b)

图7.6 敦煌莫高窟

9. 鸣沙山

鸣沙山位于敦煌城南6公里处，古往今来以“沙漠奇观”著称于世。它又名神沙山、沙角山，东西长40多公里，南北宽20公里，最高处为250米。山由飞沙堆积而成，沙呈红、黄、绿、白、黑五色，峰如刀削。晴天，人从山顶下滑时，沙砾随人体下坠，鸣声不绝于耳，轻如丝竹管弦之音，重如雷鸣，犹如奏乐，此即“沙岭晴鸣”。在它的环抱中有一月牙泉，因其形酷似一弯新月而得名。泉水清澈如镜。泉边芦苇丛生，东西长224米，南北最宽处39米，平均水深5米左右，古称沙井，俗名“药泉”。月牙泉涟漪萦回，水草丛生，水质甘洌，澄清如镜，虽被鸣沙山四面环抱，但不被流沙所掩盖，始终碧波荡漾，清澈见底。

知识链接

鸣沙山与宁夏中卫县的沙坡头、内蒙古达拉特旗的响沙湾和新疆巴里坤哈萨克自治县境内的巴里坤沙山并被为我国“四大鸣沙山”。这是大自然现象中的一种奇观，古往今来以“沙漠奇观”著称于世，被誉为“塞外风光之一绝”。

10. 月牙泉

月牙泉在鸣沙山下，自汉朝起即为旧敦煌八景之一，有“沙漠第一泉”之称。月牙泉如图7.7所示。详见第2章2.2节课堂小资料。

图 7.7 月牙泉

11. 雅丹国家地质公园

雅丹国家地质公园地处敦煌西 200 公里处，分布区长宽各 10 公里，土丘高大，多在 10~20 米，长 200~300 米。又名三陇沙的地名始见于汉代，位置在古玉门关外，丝绸之路北线由此通过。三陇沙雅丹地貌，其走向与盛行的西北风向垂直，而与山地洪水流的方向一致，和玉门关形成敦煌第二大景区，因其怪异特点，故有魔鬼城之称。敦煌雅丹国家地质公园如图 7.8 所示。

图 7.8 敦煌雅丹国家地质公园

知识链接

雅丹地貌是风蚀地貌的一种形态，是河湖相土状堆积物地区发育的风蚀土墩和风蚀凹地相间的地貌形态。“雅丹”是中国维吾尔语，意为“陡峭的土丘”，因中国新疆孔雀河下游雅丹地区发育最为典型而命名。其发育过程：挟沙气流磨蚀地面，地面出现风蚀沟槽。磨蚀作用进一步发展，沟槽扩展为风蚀洼地；洼地之间的地面相对高起，成为风蚀土墩。

12. 阳关

阳关位于敦煌市西南 70 公里处，始建于西汉武帝时期，因在玉门关之南而得名。它凭水为隘，据川当险，是丝绸之路南道的重要关隘，中西交通的重要门户。昔日的阳关城早已荡然无存，仅存一座被称为阳关耳目的汉代烽燧遗址。

知识链接

阳关，一座被流沙掩埋的古城，一座被历代文人墨客吟唱的古城。自古以来，阳关在人们心中，总是凄凉悲惋，寂寞荒凉。今日的阳关，不再是王维笔下“西出阳关无故人”凄凉委婉的代名词，而是敦煌最大的葡萄基地。站在烽燧高耸的墩墩山群上，举目远视，绿树葱葱，一派塞上绿洲的好景色。

13. 玉门关

玉门关，俗称小方盘城，位于敦煌市西北约 90 公里的戈壁滩上。相传古代西域等地的美玉经此输入中原，因此得名。玉门关约建于西汉武帝元封四年（公元前 107 年）。当时，汉朝刚刚取得对匈奴作战的重大胜利，于是在河西走廊“列四郡，据两关”，这就是名闻古今的武威、张掖、酒泉、敦煌河西四郡和玉门关、阳关。自此，玉门关便和阳关一起，分别成为古代中原通往西域以至中亚、欧洲等地北、南两路的重要关口。

知识链接

现存汉玉门关址坐落在疏勒河下游南岸旁的一处沙岗上。城垣完整，黄土版筑，略呈方形。南北长 26.4 米，东西宽 24.5 米，残高 9.7 米，基厚 4.9 米。西、北面各开一门，形如土洞。玉门关附近的长城和烽燧，是我国汉长城中保存最好的一段。长城基厚 3 米，残高 2~3 米，顶宽 1 米多，内由黏土、砂砾夹芦苇或红柳筑成。玉门关如图 7.9 所示。

图 7.9　玉门关

7.2.3　甘肃旅游亚区的特产与美食

甘肃因阳光充足，昼夜温差大，为全国著名的优质瓜产区。省会兰州市素有“瓜果城”之美称。其中兰州的白兰瓜、西峰的西瓜、金塔的克克齐等甜瓜驰名中外。还有冬果梨、百合、康县黑木耳、武威发菜、兰州水烟等知名特产。中药材有宣水大黄、岷县当归等。传统手工艺品中以酒泉的夜光杯、玉器、洮砚、兰州雕刻葫芦、河州砖雕等久负盛名。甘肃特产如图 7.10 所示。

甘肃的名菜主要有石烹黄河鲤、静宁烧鸡、雪山驼掌、兰州八宝百合等。风味小吃有浆水面、酿皮子、手拉清汤牛肉面等。

(a) 白兰瓜

(b) 酒泉夜光杯

图 7.10 甘肃特产

7.3 新疆旅游亚区

学习内容

(1) 了解本旅游亚区概况。
(2) 熟悉本旅游亚区的主要旅游景点。
(3) 熟悉本旅游亚区的特产与美食。

贴示导入

新疆的总面积为 160 多万平方公里，占全国总面积的 1/6，相当于陕西、甘肃、宁夏、青海四省区面积的总和，是我国行政面积最大的省区。新疆的地形地势可以用一句话来概括，这就是“三山夹两盆”。更形象一点来看，新疆的地貌就像一个“亖”字，其中“三横”表示三山，自北而南分别是阿尔泰山、天山和昆仑山-阿尔金山，夹在三横中的“两田”表示两大盆地，北面是准噶尔盆地，南面是塔里木盆地。

深度学习

7.3.1 新疆旅游亚区概况

新疆旅游亚区位于中国的西北部，有 47 个民族，包括 13 个地州、17 个市。省会为

乌鲁木齐。新疆素有“歌舞之乡”、“瓜果之乡”之称。新疆是多宗教地区，主要宗教有伊斯兰教、藏传佛教、佛教、基督教、天主教、东正教和萨满教。中国最干、最热、最冷的地方都在新疆。中国最长的内陆河、最低的洼地、最大的沙漠也在新疆。

7.3.2 新疆旅游亚区的主要旅游景点

1. 天山天池

天山天池以高山湖泊为中心，包括天池上下四个完整的山地垂直自然景观带，总面积380.69平方公里。天池湖面呈半月形，长3 400米，最宽处约1 500米，面积4.9平方公里，最深处约105米。湖水清澈，晶莹如玉。四周群山环抱，绿草如茵，野花似锦，有“天山明珠”的盛誉。天山天池如图7.11所示。

2. 巴音布鲁克草原

巴音布鲁克草原位于天山山脉中部的山间盆地中，四周为雪山环抱，是新疆最重要的畜牧业基地之一。巴音布鲁克蒙古语意为“富饶的泉水”。草原距库尔勒市636公里，海拔约2 500米，是典型的禾草草甸草原，著名的天鹅湖就坐落在草原上。天鹅湖实际上是由众多相互串联的小湖组成的大面积沼泽地，是全国第一个天鹅自然保护区。保护区水草丰茂，气候湿爽，风光旖旎。鸟类有128种，栖息着我国最大的野生天鹅种群，是鸟类繁殖和度夏的栖息地。巴音布鲁克草原如图7.12所示。

图7.11 天山天池

图7.12 巴音布鲁克草原

知识链接

农历六月初四至初六到巴音布鲁克草原，可以参加一年一度的草原盛会“那达慕”。“那达慕”，蒙古语为“娱乐”或“游戏”之意。在巴音郭楞蒙古自治州，塔格勒根与那达慕大会合并，定于每年农历六月初四在和静县巴音布鲁克草原举行。节日期间举行赛马、摔跤、射箭、象棋、象棋、田径、拔河等蒙古族传统体育比赛和文艺节目表演。

3. 赛里木湖

赛里木湖古称“乳海”。水源来自天山融雪，是新疆海拔最高、面积最大的高山

湖泊。赛里木湖四季各有佳境：春季，山顶白雪皑皑，山腰松柏翠绿，山下绿草如茵；夏季，在湛蓝的湖面上，成群的天鹅、丹顶鹤、斑头雁展翅竞飞，此时在牧草丰盛的湖边，星罗棋布的蒙古包便是独特的度假村；秋季，辽阔的草原上牛羊肥壮，牧人的歌声粗犷、悠扬；冬季，晶莹剔透的湖面冰封千里，是巨大的天然滑雪场。

4. 喀纳斯湖

在蒙古语中，喀纳斯是“美丽而神秘的湖”的意思。这里集秀丽的高山、河流、森林、湖泊、草原等奇异的自然景观，成吉思汗西征军点将台、古代岩画等历史文化遗迹与蒙古族图瓦人独特的民俗风情于一身，被誉为“世外桃源”。喀纳斯湖是有名的“变色湖”，湖面会随着季节和天气的变化而时时变换颜色。喀纳斯湖既有北国风光，又有江南秀色；既有历史文物，也有民族风情，是旅游、科考、探险的好去处。喀纳斯如图 7. 13 所示。

5. 乌尔禾魔鬼城

乌尔禾魔鬼城又称乌尔禾风城，位于准噶尔盆地古尔班通古特沙漠西北部的乌尔禾地区，有我国罕见的风蚀地貌。这里气候干燥、雨量少，但常以暴雨形式出现，冲沟相当发育。白垩纪地层一般都含有较多的盐分，在干燥气候条件下，风化和盐化作用很强，造成一层疏松的风化壳，使地层表面变得很疏松。而这种疏松易受侵蚀的地层，又正位于准噶尔西部著名的大风口上，经常受到六七级以上大风的吹蚀。长期风化剥蚀在原来暴雨侵蚀地貌的基础上，形成了状如城堡、亭台楼阁、宫殿等蚀余方山地形。乌尔禾魔鬼城如图 7. 14 所示。

图 7. 13　喀纳斯

图 7. 14　克拉玛依乌尔禾魔鬼城

知识链接

乌尔禾魔鬼城还有塔状、柱状等多种地形，甚至还有的像人形、有的像珍禽异兽等奇特形态，活龙活现，栩栩如生。蚀余方山的相对高度大都有二三十米，高者可达 50 米。从高处远眺，沟谷两旁不同形态的土体相互组合在一起，高低起伏，宛如一座古城废址中街巷两边栉比相连的断垣残壁。因为这种地貌形态主要是由风的吹蚀作用形成的，因此被称为风城。山丘被风吹成了各式各样的“建筑物”，有的像杭州钱塘江畔的六和塔，有的像

北京的天坛，有的像埃及的金字塔，有的像柬埔寨的吴哥窟，有的像雄鹰展翅。夜幕降临，则狂风大作，飞沙走石，怪异而凄厉的声音更增添了阴森恐怖的气氛。

6. 五彩城——五彩湾

五彩湾位于昌吉州吉木萨尔县城北，地处一片戈壁荒漠中，以怪异、神秘、壮美而著称。这是一幅大自然的杰作。千百年来，由于地壳的运动，在这里形成极厚的煤层，后几经沧桑，覆盖地表的沙石被风雨剥蚀，使煤层暴露，在雷电和阳光的作用下燃烧殆尽，就形成了这光怪陆离的自然景观。五彩湾温泉是7亿年前的古海沉积水，让许多病痛消失得无影无踪。五彩湾如图7.15所示。

(a)

(b)

图7.15 五彩湾

7. 葡萄沟

葡萄沟位于吐鲁番市区东北11公里处，南北长约8公里、东西宽约2公里，是火焰山下的一处峡谷。沟内有布依鲁克河流过，主要水源为高山融雪，因盛产葡萄而得名，是新疆吐鲁番地区的旅游胜地。沟中郁郁葱葱，遍布葡萄园，盛产各种优质葡萄。吐鲁番葡萄沟如图7.16所示。

(a)

(b)

图7.16 吐鲁番葡萄沟

8. 火焰山

火焰山位于吐鲁番市东北，是吐鲁番最出名的景点，古丝绸之路北道。火焰山以红色的花岗岩反射阳光而闻名遐迩，这座火焰山又称“红山”。每当盛夏，山体在烈日照射下，炽热气流滚滚上升，赭红色的山体看似烈火在燃烧。火焰山是全国最热的地方，夏季最高气温高达47.8℃，地表最高温度高达70℃，沙窝里可烤熟鸡蛋。虽然它的表面寸草不生，但山腹中的许多沟谷绿荫蔽日，溪涧潺潺，是火洲中的“花果坞”。火焰山如图7.17所示。

(a)

(b)

图7.17 火焰山

9. 坎儿井

坎儿井是古代新疆人创造的地下水利灌溉工程，早在2 000年前的汉代就已经出现雏形，后传到中亚和伊朗。吐鲁番地区共有坎儿井1 100多道，是绿洲的生命之源。坎儿井根据吐鲁番盆地的地理条件及水量蒸发特点，利用地面坡度引用地下水灌溉农田。最古老的坎儿井是吐尔坎儿孜，至今已使用了470多年。

知识链接

坎儿井是荒漠地区一个特殊灌溉系统，与万里长城、京杭大运河并称为中国古代三大工程。坎儿井的结构大体上是由竖井、地下渠道、地面渠道和“涝坝”（小型蓄水池）四部分组成的，如图7.18所示。吐鲁番盆地北部的博格达山和西部喀拉乌成山，春夏时节有大量积雪和雨水流下山谷，潜入戈壁滩下。人们利用山的坡度，巧妙地创造了坎儿井，引地下潜流灌溉农田。坎儿井并不因炎热、狂风而使水分大量蒸发，因而流量稳定，保证了自流灌溉。

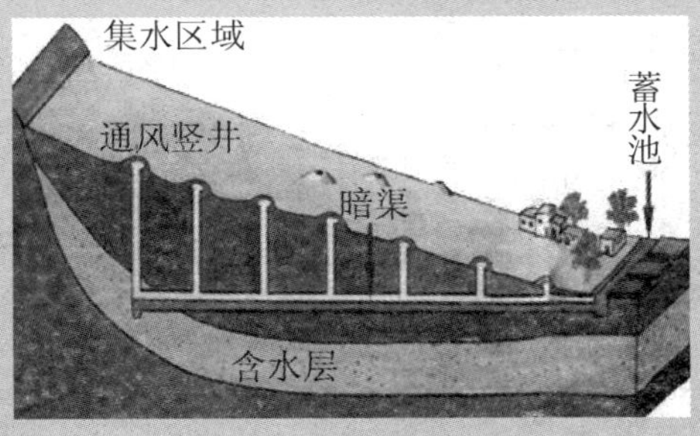

图7.18 坎儿井

7.3.3 新疆旅游亚区的特产与美食

新疆的特产：南疆长绒棉、和田桑蚕、和田美玉、吐鲁番葡萄、鄯善哈密瓜、伊宁苹果、库尔勒香梨很有名。新疆甘草、雪莲等药材驰名全国。新疆特产如图 7.19 所示。

(a) 库尔勒香梨　(b) 和田美玉　(c) 鄯善哈密瓜　(d) 天山雪莲

图 7.19 新疆特产

新疆的风味美食：抓饭、烤包子、馕、烤羊肉串、拌面、粉汤、油馓子、烤全羊、油塔子、米肠子和面肺子、纳仁、薄皮包子。

7.4 内蒙古旅游亚区

学习内容

(1) 了解本旅游亚区概况。
(2) 熟悉本旅游亚区的主要旅游景点。
(3) 熟悉本旅游亚区的特产与美食。

贴示导入

在祖国的最北方，有一片中国最大的草原——美丽的呼伦贝尔草原。呼伦贝尔草原是世界最著名的三大草原之一，这里地域辽阔，风光旖旎，水草丰美，有 3 000 多条纵横交错的河流，500 多个星罗棋布的湖泊。额尔古纳河

流域是蒙古族的发祥地，也是成吉思汗叱咤风云过的古战场。这里又是中外驰名的天然牧场，历史上许多北方游牧民族都曾在此游牧，成长壮大，繁衍生息。

深度学习

7.4.1 内蒙古旅游亚区概况

内蒙古旅游亚区是我国跨经度最大的省份，面积110多万平为方公里。内蒙古由蒙古族、汉族、满族等49个民族组成。省会呼和浩特。内蒙古有“东林西铁，南粮北牧，遍地矿藏”的美誉、奇特的自然风光和悠久的历史文化，又素有“歌海舞乡”的美誉。

知识链接

蒙古族被称作“马背上的民族”。辽阔、美丽、富饶的内蒙古草原孕育了蒙古族特有的民族风情。传统舞蹈有马刀舞、鄂尔多起舞、筷子舞、盅碗舞等，节奏明快，热情奔放。好来宝是蒙古传统曲艺之一，代表性民族乐器是马头琴。

7.4.2 内蒙古旅游亚区的主要旅游景点

1. 昭君墓

昭君墓位于呼和浩特市南郊大黑河南岸。蒙古语称作“特木尔乌尔虎”，意为“铁垒”。远望墓表黛色溟蒙，故历代称为“青冢”。以“青冢拥黛”的美名被列为呼和浩特旧八景之一。墓体高33米，占地面积约1.3公顷，墓草青青，古木参天，野花遍地。“昭君出塞”的故事千古流传，成为历代文人骚客吟哦的题材。20世纪70年代，墓园经过整修，新筑的围墙上嵌有新刻石碑40通，大型“和亲”铜质塑像屹立于墓前，王昭君与呼韩邪单于并辔而行，象征着民族间的和善友好。昭君墓如图7.20所示。

2. 大召寺

大召寺汉语名为“无量寺”。蒙语称“伊克召”，意为“大庙”。位于呼和浩特市玉泉区大召前街。是由明代蒙古土默特部落的首领阿拉坦汗主持创建的。明延赐名“弘慈寺”。清朝崇德五年（1640年）重修该寺，并御赐为“无量寺”。因寺内供奉有一尊高2.5米的纯银佛像，故又有“银佛寺”之称。西藏的三世达赖喇嘛曾亲临大召

图 7.20　昭君墓

寺为银佛主持了开光法会。大召的宗教文物众多，其中银佛、龙雕、壁画堪称“大召寺三绝”。清代康熙年间（1661—1722 年），主佛殿加供了皇帝“万岁金牌”，并将殿顶改换成典琉璃瓦，大召寺遂成“帝庙”。大召寺是明清时期内蒙古地区最早建立的藏传佛教寺庙。

3. 金刚座舍利宝塔

金刚座舍利宝塔蒙语称“塔奔·斯普日嘎”，俗称“五塔寺”，始建于清代雍正五年（1727 年）。宝塔原是藏传佛教召庙“慈灯寺”内的一座建筑，寺庙今已无存。塔体总高 16.5 米，为金刚宝座式，由塔基、金刚座、塔顶三部分组成。整个塔体有浮雕佛像 1 560 余尊，故又称“千佛塔”。金刚座顶部置五座玲珑小塔，直入云霄中间一座高 87 米，四角的四个小塔略低一些，都是密檐式建筑。在塔座后面的山墙上，镶嵌有三幅圆形石刻图，分别是蒙文天文图、须弥山分布图和六道轮回图，其中以蒙文天文图最为珍贵。金刚座舍利宝塔如图 7.21 所示。

(a)

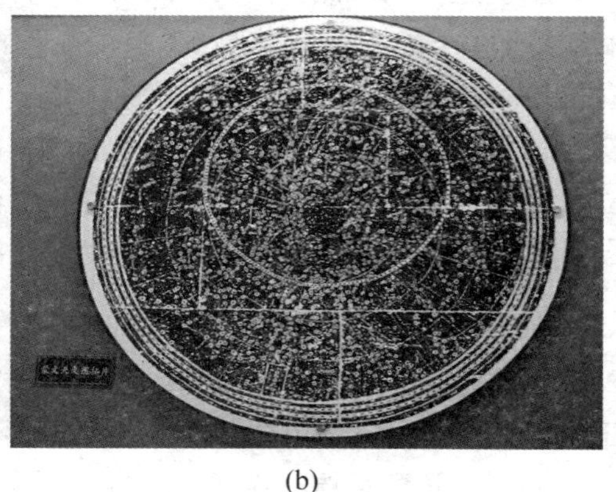

(b)

图 7.21　金刚座舍利宝塔

知识链接

蒙文天文图以八块汉白玉拼砌而成，直径达 1.44 米。它以北极为圆心，放射出 28 根经线，在上面标示出了二十八宿星座，并作出了五个同心圆分别表示天的北极圈、南极圈、夏至圈、冬至圈和赤道圈，还标注了十二宫、十二生肖和二十四节气。它是现存于世的唯一用蒙文标注的古代星图，具有很高的科学价值，是研究中国古代天文的重要实物资料。

4. 万部华严经塔

万部华严经塔因塔身为白色，故当地人俗称其为白塔，它坐落在呼和浩特市东郊白塔村。古塔始建于辽圣宗年间（983—1030 年），原是呼和浩特市大明寺建筑的一部分，是为存放万部佛教“华严经卷”而修建的，故名万部华严经塔。据史料记载，建塔时，塔内的确曾存有一万部佛教经典《华严经》（全名《大方广佛华严经》），后来遗失。塔高 55.3 米，为楼阁式砖木结构，平面八角共七层。塔室一层壁上嵌有金代石碑，各层还有大量游人题记，文字包括汉文、藏文、蒙文、契丹文、西夏文、古波斯文等。

知识链接

草原盛会——那达慕，即游艺、联欢的意思，源于700年前。那达慕之日商贩云集，说书献艺应有尽有，热闹非凡，最扣人心弦的莫过于赛马、摔跤、射箭。多在草原牛羊肥壮、稻谷飘香的 8 月举行。那达慕如图 7.22 所示。

图 7.22　那达慕

5. 银肯响沙

银肯响沙（即响沙湾）居中国各响沙之首，被称为“响沙之王”。它位于内蒙古鄂尔多斯市达拉特旗南部，库布其沙漠的东端。银肯是蒙语，汉语意思是“永久”，银肯响沙陡立于罕台河谷西岸，有清泉从坡底涌出。银肯响沙沙高 110 米，宽 400 米，地形呈月牙形分布，坡度为 45°倾斜，形成一个巨大的沙丘回音壁。沙子干燥时，

游客攀着软梯，或乘坐缆车登上银肯响沙沙丘顶，往下滑溜，沙丘会发出轰隆声，轻则如青蛙“呱呱”的叫声，重则如汽车、飞机轰鸣声，又如惊雷贯耳，更像一曲激昂澎湃的交响乐。

6. 成吉思汗陵

成吉思汗陵位于鄂尔多斯市伊金霍洛旗境内，现今的陵园建于1954年，是全国重点文物保护单位之一。陵园依山傍水，环境优美，总占地面积55 544平方米，由三座镶嵌有彩色琉璃瓦的蒙古包式殿堂建筑组成。主体建筑是仿元代城楼式的门庭和三个互相连通的蒙古包式大殿，分正殿、东殿、西殿、东廊、西廊、后殿六部分。陵园正殿迎面是一尊高5米的成吉思汗白玉雕像，雕像背衬巨型地图，像前供有香炉，酥油灯长明不熄。后殿蒙古包式的黄色绸帐内，供奉着成吉思汗和夫人勃尔帖·兀真的灵柩。东西走廊正面墙壁上绘有反映成吉思汗一生经历的重大事件的壁画。

知识链接

祭敖包是蒙古族传统的宗教活动。敖包是在草原、山坡或沙丘高地上用石头、土块、柳条等垒筑而成的。敖包最早是在茫茫无边草原上建立起来的能识别方向、道路、边界的标志，后成为祭祀山神、路神的地方。祭敖包多在7~8月举行。祭祀时，敖包上插树条，上面挂有五颜六色的布条或纸旗。在蒙古族人民心中，敖包是神圣的净地。

7. 酒泉卫星发射中心

酒泉卫星发射中心是中国著名的三大卫星发射基地之一，如图7.23所示。该中心自1958年创建以来曾为中国航天事业的发展创造过骄人的八个第一。例如，1970年4月21日，中国的第一颗人造地球卫星在这里升起；1975年11月26日，第一颗返回式人造卫星在这里升空；1980年5月18日，第一枚远程运载火箭在这里飞向太平洋预定领空；1981年9月20日，第一次用一枚火箭将三颗卫星送上太空。目前，对国内游客开放的景点有卫星发射场、指挥控制中心、长征二号火箭、测试中心、卫星发射中心场史展览馆、革命烈士陵园、东风水库、沙漠胡杨林等。

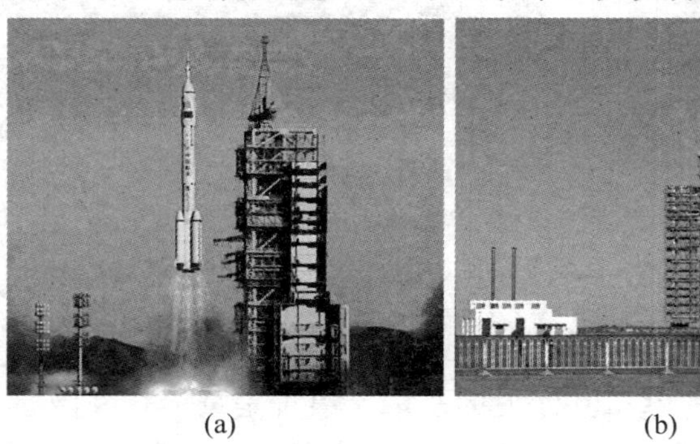

(a) (b)

图7.23 酒泉卫星发射中心

历史故事

酒泉，因传说泉中有金，故又名“金泉”。史传汉武帝元狩二年（121年），骠骑将军霍去病西征匈奴，大获全胜于此。武帝赐御酒以赏，霍去病以功在全军，人多酒少为由，遂倾酒于泉中，与将士共饮，故有酒泉之名。

7.4.3 内蒙古旅游亚区的特产与美食

内蒙古地大物博，物产丰盈。土特产品有罗布麻、芦苇、文冠果、红豆、沙枣、黄芪、苁蓉、犴鼻、熊掌、鹿尾、中华麦饭石、巴林彩石等。

内蒙古风味美食：蜜汁天鹅蛋、清汤牛尾、全羊汤、烤全羊、手扒羊肉、涮羊肉、羊背子、烤羊腿、烧牛蹄筋、扒驼掌等。

知识链接

蒙古语称手扒羊肉为“布和力麻哈”。手扒羊肉是草原上蒙古族简便实惠的待客食品。做法是将刚屠宰后的羊，挑选好的部位（头蹄内脏除外），白水下锅，原汁清煮。因为羊吃草原上的五香草，调味齐全，所以不必加任何调味品，只要掌握清煮技术，就能做得美味可口。在食用时不用餐具，用手扒着吃。

7.5 宁夏旅游亚区

学习内容

（1）了解本旅游亚区概况。

（2）熟悉本旅游亚区的主要旅游景点。

（3）熟悉本旅游亚区的特产与美食。

贴示导入

宁夏美丽而又神奇，既有边塞风光的雄浑，又有江南景色的秀丽，素有“塞上江南、回族之乡”的美誉。宁夏历史悠久，文物古迹较多，著名的有银川海宝塔、银川承天寺塔、须弥山石窟、西夏王陵、一百零八塔等。塞北江南、大漠金沙、绿树垂柳，浑然一体。灿烂的西夏文化，浓郁的回族风情，编织出迷人的景色。

深度学习

7.5.1 宁夏旅游亚区概况

宁夏旅游亚区位于中国西北部、黄河中上游，总面积6.64万平方公里，是中国五个少数民族自治区之一。宁夏共有人口630万，有35个民族，其中回族有219万人，占宁夏总人口的34.77%（第六次人口普查）。省会为银川。宁夏历史文化悠久，回乡风情独具特色，素有“塞上江南”之美誉。

知识链接

宁夏特产以“五色宝”著名，它们是白色的滩羊皮、红色的枸杞子、黄色的甘草、青紫色的贺兰石、黑色的发菜。其他特产有银川提花毯、灵武砟子炭和宁夏西瓜、中宁贡枣及产于宁夏各地的“五朵金花”——向日葵、红花、黄花菜、玫瑰、啤酒花。风味名食有银川清真糕点、牛羊肉酥等。

7.5.2 宁夏旅游亚区的主要旅游景点

1. 西夏王陵

西夏王陵又称西夏陵、西夏帝陵，坐落在银川市西郊贺兰山东麓，距市区大约35公里，是西夏历代帝王陵墓所在地。陵区南北长10公里，东西宽4公里，里边分布着九座帝王陵和140多座王公大臣的殉葬墓，占地50多平方公里。西夏王陵是中国现存规模最大、地面遗址最完整的帝王陵园之一，被世人誉为“神秘的奇迹”、“东方金字塔”。西夏王陵规模宏伟，布局严整，每座帝陵由阙台、神墙、碑亭、角楼、月城、内城、献殿、灵台等部分组成，是我国最大的西夏文化遗址，也是宁夏最重要的一处历史遗产和最具神秘色彩的文化景观。西夏王陵如图7.24所示。

2. 海宝塔

海宝塔又称赫宝塔、黑宝塔，如图7.25所示。坐落在宁夏银川市北郊海宝塔寺内，因其与银川市西的承天寺塔遥遥相对，又俗称北塔，始建年代不详，相传为公元5世纪初十六国之一的夏国国王赫连勃勃重建。海宝塔塔身坐落在宽敞的方形六基上，连同台基总共十一级，通高54米，塔身呈正方形，四面中间又各突出一脊梁，呈“亚”字形，外形线条流畅而明朗，层次感丰富，具有独特的艺术魅力。登上最高层，举目四望，东可览黄河似带，西可顾贺兰巍峨雄伟，南可赏林立的建筑群，四周皆有田园绿野、纵横的渠道，堪称美丽的“塞上江南”图画。

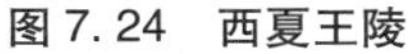
图 7.24 西夏王陵

图 7.25 海宝塔

3. 一百零八塔

一百零八塔是中国古塔建筑中仅见的大型塔群，位于宁夏中部黄河上游段的最后一个峡口，是一组排列有序、极为规则的塔群，共有 108 座，全部都用砖砌成，并抹以白灰。塔群坐西朝东，背山面水，随山势起伏而建，从上到下按奇数排列成一个三角形的塔阵，除最上面的第一座塔较大之外，其余均为小塔。每当风和日丽的时候，108 座塔倒映在金光闪闪的水波中，景色奇特，幽雅明丽。

知识链接

一百零八塔是佛教的纪念塔，佛教认为人有108种烦恼，为了去掉人生众多的烦恼，善男信女要戴108颗贯珠，念108遍经。据说，来这里游览的人们，只要拜了塔，就可以消除烦恼，获得吉祥和好运。

4. 沙湖

沙湖位于宁夏平罗县西南，距银川市 56 公里，总面积 82 平方公里，其中水域面积 22 平方公里，沙漠面积 12.7 平方公里。南沙北湖，湖润金沙，沙抱翠湖，湖水如海，柔沙似绸，天水一色，是一处融江南水乡与大漠风光为一体的生态旅游胜地，为国家级旅游风景区。沙湖如图 7.26 所示。还有游乐园、瞭望塔、水族宫、芦苇迷津、蒙古包旅馆、西夏行宫、大漠旱舟、水上滑梯、水上跳伞、水上摩托艇、索道滑沙、湖中荡舟、天然浴场等旅游项目。

图 7.26 沙湖

5. 六盘山国家自然保护区

六盘山国家自然保护区位于宁夏南部，这里是北方游牧文化与中原文化的结合部，文化古迹较多，自然资源丰富。繁茂的森林、良好的植被和生物多样性使六盘山成为休闲、消夏避暑、森林探险、科考科普和教学实习的理想场所；保护区内有老龙潭、二龙河、鬼门关、凉殿峡、荷花苑、白云山六大景区60余个景点。保护区中部有固原古城、战国秦长城、安西王府遗址等。北部有以须弥山石窟为中心的丹霞地貌风景。

7.5.3 宁夏旅游亚区的特产与美食

宁夏最有名的地方特产，首推枸杞、甘草、贺兰石、滩羊皮、发菜五种。此外还有地椒子、沙棘、苦荞、宁夏地毯、西夏贡米、甜瓜、香水梨、百合干、青铜峡柳编、迎春壶、胡麻等产品。

宁夏的地方风味主要有糖醋黄河鲤鱼、清蒸羊羔肉、烩羊杂碎、丁香肘子、香酥鸡及回族小吃等食品。

课堂讨论

（1）试分析大漠丝绸与草原旅游区旅游业的发展前景。

（2）试论述大漠丝绸与草原旅游区形成的地理环境因素和资源特征。

小结

本区位于我国北部和西北部边疆，包括甘肃省、新疆维吾尔自治区、内蒙古自治区、宁夏回族自治区，总面积达300多万平方公里，幅员辽阔，地广人稀，旅游资源有明显的地方特色和民族特色。

课堂小资料

沙湖风景名胜区位于宁夏回族自治区北部石嘴山市境内，距石嘴山市经济文化中心的大武口区20公里，距宁夏首府银川市56公里，109国道和包兰铁路傍湖而过，石中高速公路通达沙湖。沙湖风景名胜区总面积为45.10平方公里，土地面积24.16平方公里，湖水面积8.2平方公里，沙漠面积12.7平方公里。沙湖以自然景观为主体，资源蕴藏量丰富，“沙、水、苇、鸟、山”五大景源有机结合，构成独具特色的秀丽景观，是一处融江南水乡与大漠风光为一体的“塞上明珠”。南沙北湖，大漠金沙的豪放粗犷和碧湖苇荡的恬静秀美，天然奇妙地融在一起，令人心旷神怡。

登上沙湖瞭望塔，只见光洁如镜的万亩湖面在阳光映照下金光闪闪，湖中芦苇茂盛，游船和快艇在芦苇荡中钻出钻进，划出一道道浪迹；方圆2 000公顷的沙丘连绵起伏，骆驼载着游客缓缓地行进。沙山脚下、苇湖边的游泳场里，红星绿点，分外醒目。沙湖是鱼的世界，常年生存着十多种鱼类，有鲤鱼、鲢鱼、鳙鱼、鲩鱼、鲫鱼等鱼种，也有武昌鱼、大鲵、大鳖。湖中大的鱼重十多千克，湖畔餐馆里设有鱼宴，为游客烹饪湖中出产的鲜鱼，特别是以硕大的鱼头制作的宴席，别有风味。

沙湖是鸟的天堂。湖内芦苇丛中栖息着白鹤、灰鹤、黑鹤、天鹅等几十种珍贵鸟类。尤其是春秋季节，数以十万计的飞禽起飞时遮天蔽日，成为沙湖的一大景观。白天，可在湖中游泳场滑水、游泳，可坐缆车上沙山滑沙、骑骆驼。黄昏时分，篝火堆升起炊烟，落日映照在湖面上，别有一种“大漠炊烟起，碧湖落日圆”的韵味。

沙湖的索道是西北地区唯一的一条空中沙漠索道，乘坐索道缆车滑沙，是一项极富挑战性的项目，具有强烈的刺激性和惊险性。

考　考　你

（1）本区旅游资源的基本特征是什么？

（2）概述丝绸之路旅游线概况。

（3）简述本区主要旅游胜地。

8 雪域藏乡旅游区

学习任务

(1) 了解本旅游区概况。
(2) 熟悉本旅游区的旅游资源特征。
(3) 熟悉本旅游区内的主要旅游资源和旅游景点。

知识导读

本区位于我国西南边陲，包括西藏自治区和青海省，总面积达 195 万平方公里，幅员辽阔，地广人稀，旅游资源有明显的地方特色和民族特色。自然环境复杂，宗教色彩浓厚，是很有潜力、富有神秘色彩的旅游区。

8.1 雪域藏乡旅游区概述

学习内容

（1）熟悉本旅游区概况。

（2）熟悉本旅游区的旅游资源特征。

贴示导入

有着“世界屋脊”和“第三极”荣誉称号的青藏高原，因高山环绕，地形封闭，偏处边陲，长久以来都势同遗世独立，即使已经开放为旅游胜地，也不可避免地成为大众谈资、文化符号。如今，这片土地依然显得那么的神秘。当地居民仍保留传统的生活习惯与风俗。气候严寒、风沙大，气候条件严酷，养成了当地人热情好客、豪气干云的性格。

深度学习

8.1.1 雪域藏乡旅游区概况

雪域藏乡旅游区位于我国西南部的青藏高原上，包括西藏自治区和青海省，总面积达195万平方公里，占全国总面积的20.31%。本区人口总数约826.9万人，约占全国人口总数的0.64%（据第六次全国人口普查）。本区少数民族成分较多，除汉族外，还有回族、土族、蒙古族、哈萨克族、门巴族、纳西族等30多个少数民族分布。

1. 自然地理特征

1）高山横亘的“世界屋脊”

青藏高原面积约250万平方公里，平均海拔4 000米，是世界上最高的高原，有“世界屋脊”之称。高原周围大山环绕，南有喜马拉雅山，北有昆仑山和祁连山，西为喀喇昆仑山，东为横断山脉。高原内还有唐古拉山、冈底斯山、念青唐古拉山等。这些山脉海拔大多超过6 000米，喜马拉雅山有多处山峰超过8 000米。

2）复杂多样的自然带

该区自然带复杂，大体可分为三个不同的自然区：北部是藏北高原，位于昆仑山、唐古拉山和冈底斯山、念青唐古拉山之间，占全自治区面积的2/3；在冈底斯山和喜马拉雅山之间，即雅鲁藏布江及其支流流经的地方，是藏南谷地；藏东是高山峡谷区，为一系列由东西走向逐渐转为南北走向的高山深谷，系著名的横断山脉的一部分。西藏自治区是青藏高原的主体部分，主要表现在雅鲁藏布江的峡谷地带。雅鲁藏

布江大峡谷深达 5 382 米，是地球上最深的峡谷，谷底最窄处仅 74 米，最宽处约 200 米，全长为 370 公里。

2. 人文地理特征

雪域藏乡旅游区具有浓厚的宗教色彩。本区流行藏传佛教，是公元 7 世纪佛教传入西藏后，掺入了本地区固有的宗教成分而形成的一种宗教，与一般的佛教有所区别。藏传佛教在发展历史上曾两度兴旺，留下了大量独具特色的宫殿寺庙建筑和珍贵宗教艺术品，形成了独特的民族传统和文化习俗。

雪域藏乡旅游区地域辽阔，地理环境复杂，野生动植物资源较为丰富。本区是藏族聚居区，民族工艺品生产历史悠久，技艺精湛，具有浓厚的地方特色。本区名特产品首推名贵中药材，西藏麝香为我国特产，驰名中外。还有熊胆、当归、鹿茸、天麻、冬虫夏草、藏红花等也很著名。

8.2 西藏旅游亚区

学习内容

(1) 了解本旅游亚区概况。

(2) 熟悉本旅游亚区的主要旅游景点。

(3) 熟悉本旅游亚区的特产与美食。

贴示导入

那一天，我闭目在经殿香雾中，蓦然听见，你颂经中的真言；
那一月，我摇动所有的经桶，不为超度，只为触摸你的指尖；
那一年，磕长头匍匐在山路，不为觐见，只为贴着你的温暖；
那一世，转山转水转佛塔，不为修来生，只为在途中能与你相见。

——仓央嘉错（六世达赖）

深度学习

8.2.1 西藏旅游亚区概况

西藏旅游亚区位于我国西南边陲，青藏高原的西南部，北临新疆维吾尔自治区，东北连接青海省，东连四川省，东南与云南省相连；南边和西部与缅甸、印度、不丹和克什米尔等国家和地区接壤，形成了中国与上述国家和地区边境线的全部或一部分，全长近 4 000 公里。西藏以其雄伟壮观、神奇瑰丽的自然风光闻名。地域辽阔、

地貌壮观、资源丰富。自古以来，这片土地上的人们创造了丰富灿烂的民族文化。其独特的雪域高原风光和自然、人文景观，对中外旅游者都有着很强的吸引力。

8.2.2 西藏旅游亚区的主要旅游景点

1. 拉萨

拉萨位于西藏自治区中部稍偏东南，辖7县（当雄县、堆龙德庆县、曲水县、墨竹工卡县、达孜县、尼木县和林周县）1区（城关区）。全市总面积近3万平方公里，市区面积59平方公里。2011年12月，拉萨被评为全国文明城市。“拉萨”在藏语中为“圣地”或“佛地”之意。

1）布达拉宫

布达拉宫位于拉萨市红山之巅，13层的宫殿式建筑，高110米左右，海拔3 750米，是7世纪藏王松赞干布为远嫁西藏的唐朝文成公主而建，如图8.1所示。1994年12月初，西藏拉萨布达拉宫被列入《世界遗产名录》。布达拉宫是历世达赖喇嘛的冬宫，也是过去西藏地方统治者政教合一的统治中心。从五世达赖喇嘛起，重大的宗教、政治仪式均在此举行，同时又是供奉历世达赖喇嘛灵塔的地方。

图8.1 布达拉宫

2）大昭寺

大昭寺坐落在拉萨市老城区八廓街，建于647年，是藏王松赞干布为纪念尺尊公主入藏而建的，后寺院经历代扩建，目前占地25 100余平方米，是全国重点文物保护单位，距今已有1 366年的历史。大昭寺如图8.2所示。

图8.2 大昭寺

大昭寺内保存有大量珍贵文物，为藏学研究提供了丰富的素材。此外，在大昭寺门前广场上树立的唐蕃会盟碑见证了汉藏人民的深厚友情，种痘碑（为纪念清朝乾隆年间向西藏传授种痘方法以防治天花所立）则见证了清朝对西藏的关怀。

历史故事

松赞干布是藏族历史上的英雄，崛起于藏河（今雅鲁藏布江）中游的雅隆河谷地区。他统一藏区，成为藏族的赞普（“君长”之意），建立了吐蕃王朝。唐贞观十四年（640），他遣大相禄东赞至长安，献金五千两，珍玩数百，向唐朝请婚。唐太宗许嫁宗女文成公主。640年，文成公主奉唐太宗之命和亲吐蕃，成为吐蕃赞普松赞干布的皇后，在吐蕃被尊称为甲木萨汉公主，对吐蕃贡献良多。

3）罗布林卡

罗布林卡建于18世纪40年代，位于西藏拉萨市西郊，国家4A级旅游景区，其建筑以格桑颇章、金色颇章、达登明久颇章为主体，有房374间，是西藏人造园林中规模最大、风景最佳、古迹最多的园林，如图8.3所示。罗布林卡属全国重点文物保护单位，是历代达赖喇嘛消夏理政的地方。经过二百多年的扩建，全园占地36万平方米，四面都有门，东面是正门。康松思轮是正面最醒目的一座阁楼，它原是一座汉式小木亭，后改修为观戏楼，东边又加修了一片便于演出的开阔场地，专供达赖喇嘛看戏用。它旁边就是夏布甸拉康，是进行宗教礼仪的场所。北侧设有噶厦的办公室和会议室。每到夏日，布达拉宫内的许多政府机构都要随着达赖喇嘛转移到罗布林卡办公。

4）小昭寺

小昭寺又名上密院，藏语为“居堆巴扎仓”，属藏传佛教格鲁派密宗最高学府之一。小昭寺坐落在拉萨古城以北，与大昭寺相距约1公里。相传小昭寺与大昭寺同时开工，同时竣工，同时开光。小昭寺如图8.4所示。

图8.3　罗布林卡

图8.4　小昭寺

5）哲蚌寺

哲蚌寺位于拉萨西郊根培乌孜山下，建于1416年，是格鲁派六大寺庙中规模最大的一座，藏传佛教格鲁派寺院，1982年被列为全国重点文物保护单位。哲蚌寺如图8.5所示。一年一度的拉萨雪顿节在哲蚌寺举行。

图 8.5 哲蚌寺

2. 林芝

位于西藏东部的林芝，平均海拔 3 100 米，莽莽林海，是花的海洋。从高寒地带生长的雪莲花，到亚热带盛产的香蕉、棕榈，物产资源丰富，自然风貌保存完好。此处景色与西藏其他地区迥然不同，一派森林云海风光。林芝地区土地肥沃、资源丰富。放眼林芝这块雪山环绕之地，到处是绿色的世界，素有“西藏江南”之美称。

3. 日喀则

日喀则市地处西藏南部，位于雅鲁藏布江和年楚河的交汇处，总面积 3 875 平方公里，地形以平川为主。这座昔日的后藏首府海拔高达 3 800 米，是目前西藏的第二大城市，是当年后藏的政教中心，也是历代班禅的驻锡之地。美丽旖旎的自然风光，独具特色的后藏生活，使这里被誉为“最如意美好的庄园”，距今已有 600 多年的历史，1986 年 12 月经国务院批准成为“国家级历史文化名城”。

1）扎什伦布寺

扎什伦布寺位于西藏日喀则市几吉郎卡路，是西藏日喀则地区最大的寺庙，被国务院列为国家重点文物保护单位，如图 8.6 所示。扎什伦布寺占地面积 15 万平方米，周围筑有宫墙，宫墙沿山势蜿蜒迤逦，周长 3 000 多米。寺内有经堂 57 间、房屋 3 600 间，整个寺院依山坡而筑，背附高山，坐北向阳，殿宇依次递接，疏密均衡，和谐对称。金顶红墙的高大主建筑群更为雄伟壮观。

图 8.6 扎什伦布寺

2）帕拉庄园

帕拉庄园全称帕觉拉康，位于日喀则江孜附近的班觉伦布村，是西藏十二大庄园之一，是目前西藏唯一保存完整的旧西藏三大领主贵族庄园。帕拉庄园现存房屋 57

间，主体楼高三层，建筑配套完整，装修考究，设有经堂、会客厅、卧室，还有玩麻将的专用大厅。房内雕梁画栋，富丽堂皇。帕拉庄园如图 8.7 所示。

图 8.7　帕拉庄园

历史故事

帕拉家族是一个有 400 多年历史的古老家族。据考证，帕拉家族的祖先是藏堆王（1618 年）从楚河上游强旺地方一座寺院中抽到不丹管理普拉康寺的喇嘛，后来成为不丹一个部落的酋长。再后来，因不丹内乱迁到西藏，因率五百户丁返藏有功被受封江孜重孜沙鲁地方作为薪俸。帕拉家族在此基础上逐步发展并步入西藏大贵族行列。到 19 世纪末，帕拉家族发展到在江孜县、拉萨、白朗县、亚东县、山南等地区拥有 37 座庄园、1.5 万余亩土地、12 个牧场、14 000 余头（只）牲畜、3 000 多名农奴，成为西藏十二大贵族之一。在西藏地方政府中，帕拉家族担任孜本、代本、卓尼钦姆，直至噶伦的人丁不少。在家族兴衰史中，先后有五人担任过西藏地方政府的噶伦，总管西藏行政事务。在政教合一的旧西藏，帕拉家族有着很大影响。

4. 山南

山南地区史称雅砻，地处青藏高原喜玛拉雅山脉以北，冈底斯山和念青唐古拉山脉以南，雅鲁藏布江中游宽广谷地。北邻拉萨，东连林芝，西接日喀则，南部与西南部分别与印度、不丹接壤，边境线长 630 多公里，总面积 7.97 万平方公里。山南地区平均海拔 3 700 米，是西藏高原海拔相对较低的地区之一。受印度洋暖湿气流的影响，气候温暖湿润，气候条件较好，属高原半干旱半湿润气候。

5. 阿里

阿里地处西藏的西部，平均海拔 4 500 米以上，共有七县一镇，西藏是世界的屋脊，而阿里则是屋脊上的屋脊，素有“世界屋脊的屋脊”或“西藏的西藏”的称谓。这里地形独特，湖泊众多，人烟稀少，有众多美丽绝伦的雪山、数不清的湖泊和走不到尽头的宽阔草原。被佛教信徒视为“世界中心”的神山冈仁波齐和圣湖玛旁雍错，不管以何种角色去审视，都会使人产生一种无形的肃穆和敬畏。

6. 那曲

那曲位于中国西藏自治区偏北，地处唐古拉山脉与念青唐古拉山脉之间。海拔均在4 450米以上，总面积1.6万平方公里。那曲地区每年的11~次年的3月，是干旱的刮风期，这期间气候干燥，温度低下，缺氧，风沙大，延续时间又长。5~9月相对温暖，是草原的黄金季节，这期间气候温和，风平日丽，降雨量占全年的80%，绿色植物生长期全年约为一百天，全部集中在这个季节，这时的草原一片青绿，万物茂盛，人欢畜旺。那曲古为苏毗部落，是吐蕃王朝主要的军事粮草和马匹供应基地，唐宋以来为主要交通驿道。

8.2.3 西藏旅游亚区的特产与美食

西藏因独特的地理环境和民族文化，旅游产品独具特色。民间物品，如木碗、藏刀、打火石、珠宝玉器、转经筒、佛像、唐卡、酥油灯座、投石器（乌朵）、帐篷、地毯、挂毯、织锦帽、藏靴、围裙、藏袍等都具有收藏价值。

唐卡是一种带有浓郁西藏风情的卷轴画，大部分是佛像，也有一些花鸟、山水画和医学、天文学方面的挂图式唐卡，式样上有布画彩绘的，也有织锦、刺绣和贴花的。唐卡如图8.8所示。

图8.8 唐卡

其他还有琼结、仁布出产的玉器，是由一种尚未发育成熟的软玉雕刻的艺术品。错那和吉隆出产的手工木碗是西藏传统的民间工艺。

糌粑是藏族的主食。糌粑是用青稞制成的炒面。它是将青稞麦炒熟、磨细，不经过筛滤而成的炒面，与我国北方制作的炒面有点相似，区别是北方的炒面是先磨后炒，而西藏的糌粑却是先炒后磨，而且不除皮。

酥油茶是每个藏族人每日不可缺少的食品，制作酥油茶的酥油是从牛奶、羊奶中提炼出来的。青稞酒是用青稞酿成的度数很低的酒，藏族男女老少都喜欢喝，是喜庆和过节必备饮料。

8.3 青海旅游亚区

学习内容

（1）了解本旅游亚区概况。
（2）熟悉本旅游亚区的主要旅游景点。
（3）熟悉本旅游亚区的特产与美食。

贴示导入

世界上盐湖最集中的地区是青海，有盐湖150多个；世界上最大的盐矿储地是柴达木盆地，储量约为900多亿吨；世界上天青石矿藏量最多的地方是青海茫崖地区，占全世界已探明储量的60%；世界上海拔最高的油田是柴达木盆地西北部的花土沟油田，最高的一口油井海拔为3 260米；世界上海拔最高的铁路是青藏铁路；世界上最高的铁路隧道是唐古拉山隧道；世界上最高的公路是青藏公路；世界上最高的公路桥梁是沱沱河桥；世界上辖区面积最大的城市是格尔木市，面积是123 460平方公里；世界上饲养牦牛最多的地区是青海，共有牦牛500多万头；海拔为亚洲第一世界、第二的公路隧道是大坂山公路隧道；中国河流发源最多的地区是青海的青南高原，素有“中华水塔”之称；中国海拔最高的盆地是柴达木盆地；中国最大的内陆咸水湖是青海湖，面积4 500多平方公里；中国聚集鸟类最多的岛屿是青海湖的鸟岛；中国出产冬虫夏草最多的地方是青海，其产量占全国总产量的70%；中国最大的盐湖是青海的察尔汗盐湖，面积多达5 800多平方公里；中国海拔最高的拦河大坝是龙羊峡大坝，坝高178米；中国目前最大的人工湖是龙羊峡水库，库容264亿立方米；中国海拔最高的兵站是唐古拉兵站，高达5 000多米。

深度学习

8.3.1 青海旅游亚区概况

青海省位于我国青藏高原之上，简称青，因境内有全国最大的内陆咸水湖——青海湖而得省名。面积72.23万平方公里，辖6州、2市、51个县级行政单位，与甘肃、四川、西藏、新疆接壤。青海东部素有“天河锁钥”、“海藏咽喉”、“金城屏障”、“西域之冲”和“玉塞咽喉”等称谓，可见地理位置的重要。2010年全国第六次人口普查时常住人口562.7万人，占全国总人口的42%。青海是长江、黄河、澜沧江的发源地，被誉为“江河源头”、“中华水塔”。

8.3.2 青海旅游亚区的主要旅游景点

1. 青海湖

青海湖是我国最大的咸水湖，也是我国第一大内陆湖，如图 8.9 所示。地处青藏高原的东北部，位于青海省东北部，距省会西宁市 150 多公里。青海湖是国家级风景名胜区、国家级自然保护区、国际重要湿地，正在积极申报的世界自然遗产地。

图 8.9 青海湖

鸟岛因岛上栖息数以十万计的候鸟而得名。鸟岛之所以成为鸟类繁衍生息的理想家园，主要是因为它有着独特的地理条件和自然环境，这里地势平坦，气候温和，三面绕水。鸟岛的环境幽静，水草茂盛，鱼类繁多，是鸟类繁衍生息的天然场所，如图 8.10 所示。美丽的青海湖鸟岛是鸟的乐园、鸟的天堂，也是青海高原的一大奇观。近年来，这幽美壮丽的鸟岛风光，这奇特的水禽生活，曾吸引过无数游人前来观光，引来过无数人对它的憧憬和向往。

图 8.10 鸟岛

2. 柴达木盆地

柴达木盆地位于青海省西北部，盆地略呈三角形，为中国三大内陆盆地之一。柴达木盆地地处青藏高原北部，西高东低，西宽东窄。四周高山环绕，南面是昆仑山脉，北面是祁连山脉，西北是阿尔金山脉，东为日月山，为封闭的内陆盆地。处于平均海拔 4 000 多米的山脉和高原形成的月牙形山谷中，盆地内有盐水湖 5 000 多个。柴达木盆地不仅是盐的世界，而且还有丰富的石油、煤，以及多种金属矿藏，如冷湖

的石油、鱼卡的煤、锡铁山的铅锌矿等都很有名。所以柴达木盆地有“聚宝盆”的美称，如图 8.11 所示。

图 8.11　柴达木盆地

3. 西宁

西宁古为羌地，初属金城郡临羌县。武帝元狩二年（公元前 121 年），汉军西进湟水流域，汉将霍去病修建军事据点西平亭，这是西宁建制之始。西宁古称“湟中”，是一座具有 2 100 多年历史的高原古城。曾是西汉将军赵充国屯田的基地，是丝绸之路青海道的通衢、沟通中原与西部边地的重要城镇，也是历史上“唐蕃古道”必经之地。

4. 格尔木

“格尔木”是蒙古语译音，意为“河流密集的地方”、“河流众多”。格尔木位于青海省海西蒙古族藏族自治州境南部，西接新疆自治区，南与西藏自治区毗邻，平均海拔 2 800 米，昆仑山、唐古拉山横贯全境，山势高峻，气势磅礴。该市雄踞世界屋脊，境内雪峰连绵，冰川广布，冰塔林立，河流纵横，湖泊星罗棋布。为世界之最唐古拉山主峰——格拉丹东雪峰海拔 6 549 米，高峻挺拔，雄伟壮丽，是长江和澜沧江的发源地。

1）察尔汗盐湖

察尔汗盐湖位于青海西部的柴达木盆地，是中国最大的盐湖，也是世界上最著名的内陆盐湖之一，距西宁 750 公里。盐湖东西长 160 多公里，南北宽 20~40 公里，盐层厚约为 2~20 米，湖中储藏着 500 亿吨以上的氯化钠，可供全世界的人食用 1 000 年。还出产闻名于世的光卤石，它晶莹透亮，十分可爱。伴生着镁、锂、硼、碘等多种矿产，钾、盐资源极为丰富。察尔汗盐湖是世界上最大的盐湖，面积 5 658 平方公里，是我国最大的钾镁盐矿床，各种盐总储量超过 600 亿吨，钾肥年产量超过 400 万吨。“察尔汗”是蒙古语，意为“盐泽”。察尔汗盐湖如图 8.12 所示。

2）昆仑山口

昆仑山口地处昆仑山中段。海拔 4 772 米，是青海、甘肃两省通往西藏的必经之地，也是青藏公路上的一大关隘。昆仑山口地势高耸，气候寒冷潮湿，空气稀薄，生态环境独特，自然景象壮观。冰丘有的高几米，有的高十几米，冰丘下面是永不枯竭的涓涓潜流。一旦冰层揭开，地下水常常喷涌而出，形成喷泉。而冰锥有的高一二米，有的高七八米。这种冰锥不断生长，不断爆裂。爆烈时，有的喷浆高达二三十米，并发出巨大的响声。昆仑山口的大片高原冻土层，虽终年不化，但冻土层表面的草甸上却生长着青青的牧草。每到盛夏季节，草丛中盛开着各种鲜艳夺目的野花。昆仑山口如图 8.13 所示。

图 8.12　察尔汗盐湖

图 8.13　昆仑山口

5. 玉树

青海省玉树藏族自治州位于青海省西南青藏高原腹地的三江源头，北与该省海西蒙古藏族自治州相连，西北角与新疆的巴音郭楞自治州接壤，东与果洛藏族自治州互通，东南与四川省甘孜藏族自治州毗邻，西南与西藏昌都地区和那曲地区交界。玉树的藏语意为“遗址”，素有“江河之源、名山之宗、牦牛之地、歌舞之乡”的美誉。

知识链接

玉树赛马节是继承和弘扬民族优秀传统文化的一次盛会，集中展示了浓郁的民族风情。上千顶帐篷组成的五彩缤纷的帐篷城、康巴藏族潇洒漂亮的民族传统服饰和驰名中外的玉树歌舞，构成了玉树赛马会的三大奇观。玉树赛马作为传统娱乐活动，可以追溯到吐蕃时期。从藏族早期史籍和壁画中，可以看到玉树地区赛马竞技的悠久历史。赛马首先以煨桑揭开帷幕，这种燃柏煨桑的敬神祭祀形式是藏族古老习俗的延续，起源于苯教祭奠仪式。古代征战时期，每当应敌出征，都要以煨桑形式祭祀山神及战神等神灵，祈求保佑。这是沿袭已久的古老习俗，如今已成为民间赛马会的开场仪式。煨桑时背负杈子枪、腰挎长刀的骑手们按照传统仪规围着煨桑台按顺时针方向转三圈，给赛马会增添了几分神秘和庄严的气氛。煨桑之后，便是歌舞表演队、马队、宗教仪仗队的入场仪式。赛马会的主要内容有跑马射箭、乘马射击、跑马拾哈达、跑马倒立、跑马悬体等马术表演。还有远距离跑马赛、走马赛、牦牛赛，以及多姿多彩的民族传统歌舞、民族服饰表演和寺院跳神等表演项目。赛马会期间还开展物资交流、商贸洽谈等经贸活动。

8.3.3　青海旅游亚区的特产与美食

1. 特产

（1）冬虫夏草简称虫草。它实际是麦草菌科植物冬虫夏草菌的子囊座及其寄生蝙蝠蛾等的幼虫尸体的结合体。虫草性温味甘，有保肺益肾、止咳化痰、滋补益寿、爽神明目等功效。在青海玉树、果洛、海南、黄南、海北等地均有出产。青海虫草产量居全国之首。

（2）人参果是一种野生的多年生草本植物的块根。同时高原人利这种植物的块根为蕨麻，又称延寿果、蓬莱果等。蕨麻喜湿润，耐高温，它的全株又是藏药之一。蕨麻在青海主要产地为果洛、玉树、黄南、海南等藏族自治州。蕨麻性温味甘，有健脾益胃、收敛止血、生津止渴、补血益气之功效。

（3）羌活是伞形科多年生草本植物。青海是全国三大羌活产区之一，蚕羌质量列全国之冠。羌活喜生于海拔 1 500~4 000 米的高山灌木林中或草中，其根等可入药。主治风寒感冒、表邪寒热。黄南尖扎地区所产的蚕羌质量最佳。

（4）青稞酒是以青稞为主要原料酿制的白酒。有 300 多年生产历史。民间素有土法酿制熬酒的传统，名为“酩馏”。以作坊形式酿制，始于明末清初，山西“客娃”将杏花村酿酒技术带到青海，并用当地黑青稞作为主料，配以豌豆、黑燕麦等酿选出别具风味的“威远烧酒”。

（5）牛肉干，这里主要指的是果洛州“雪山牌”五香咖喱牛奶干。“雪山牌”五香咖喱牛奶干是选用青海牦牛鲜肉，剔除筋皮，加白水煮熟取出，切成均等小块，后加入花椒粉、咖喱粉、味精、料酒、糖、盐等佐料干炒，再烘干，通过分装等工序加工制作而成的。

（6）秦艽是龙胆科多年生草本植物，是治风湿关节痛、结核病潮热、黄疸等症的主药之一。在青海尤以黄南产的秦艽质量最佳。

（7）西宁大黄，西宁是大黄的集散地。大黄系蓼科多年生高大草本植物，分掌叶大黄、唐古特大黄、药用大黄三种，青海产前两种。主要产地有果洛、玉树、黄南、海北等州。大黄有泻热攻下、行淤破积、清热解毒、抗菌消炎、降压止血之功效。

（8）乐都沙果色艳多汁、香酥脆甜。沙果为苹果属的果品之一。它又有花红、香果、冷金丹等别称。沙果性甘温，营养丰富。

（9）黑紫羔皮是青海省名贵的裘皮品种之一，也是供我国出口的名贵裘皮。黑紫羔皮主要产于青海省海南州贵德、贵南县和黄南州的泽库、尖扎等县。它取自黑藏羊的羔羊（产后不超过半个月的，如超过一个月，其皮即称二毛或“一把抓”）。黑紫羔皮被毛柔软，毛圈形花，花纹紧密，卷曲美丽，色泽黑艳，皮板轻松，保暖性好。

2. 美食

青海的美食有尕面片、拉条、狗浇尿、麻食、姜拌汤、酿皮、羊肠面、馓子、焜锅馍馍等。

课堂讨论

（1）藏传佛教与汉传佛教的区别是什么？

（2）青藏高原恶劣的气候对当地居民性格的影响是什么？

（3）旅游开发对青藏高原民俗习惯的影响是什么？

小　　结

本单元介绍了雪域藏乡旅游区的旅游资源概况，各旅游亚区主要旅游景点特产及美食。

课堂小资料

纳木错风貌

纳木错海拔 4 718 米，东西长 70 多千米，南北宽 30 多千米，总面积为 1 920 平方公里，是西藏中国第 2 大咸水湖，世界最高咸水湖。位于西藏自治区的中部，在那曲地区的东南边界和拉萨市区划的西北边界上。约有五分之三的湖面在那曲地区的班戈县内，五分之二的湖面在拉萨市的当雄县内。纳木错向南距拉萨市区约 100 千米。湖的南部岸边为念青唐古拉山东段的北侧山麓，而湖的西北侧及北侧为高原上的低山丘陵。纳木措是第三纪末和第四纪初，喜马拉雅山运动凹陷而形成的巨大肖盆。后因西藏高原气候逐渐干燥，纳木措面积大为缩减，现存的古湖岩线有三道，最高一道距现在的湖面约 80 余米。

纳木措的东南部是直插云霄，终年积雪的念青唐古拉山的主峰，北侧倚偎着和缓连绵的高原丘陵，广阔的草原绕湖四周，天湖象一面巨大宝镜，镶嵌在藏北的草原上。湛兰的天、碧蓝色的湖、白雪、绿草、牧民的牛毛帐篷及五颜六色的山花，交相辉映，组成一幅大自然美丽、动人的画面，身临其境，无不感到心旷神怡。

在公元十二世纪末，藏传佛教达隆噶举派创始人人达隆塘巴扎西贝等高僧，曾到湖上修习密宗要法，并认为是胜乐金刚的道场，始创羊年环绕纳木灵湖之举。信徒传说，每到羊年，诸佛、菩萨、扩法神集会在纳木措设坛大兴法会，如人此时前往朝拜，转湖念经一次，胜过平时朝礼转湖念经十万次，其福无量。所以每到羊年僧人信徒不惜长途跋涉，前往转湖一次就感到心满意足，得到了莫大的安慰和幸福。这一活动，每到藏历羊年的四月十五达到高潮，届时信徒如潮如云，盛况空前。

考　考　你

（1）简述雪域藏乡旅游区的旅游资源特征。

（2）简述雪域藏乡旅游区旅游开发的优势与劣势、开发的简要思路。

9

喀斯特民族风情旅游区

学习任务

（1）了解本旅游区地理环境特点。

（2）熟悉本旅游区旅游资源的特征和主要的旅游景观的地理分布及特点。

知识导读

本旅游区地形复杂多变，高差十分悬殊，使得本区旅游资源具有多样性。区内生物种属纷繁，植物和动物种类都居全国首位，且有许多珍稀品种，具有很高的经济价值和观赏价值。本区又是我国少数民族最集中的地区，文物古迹与民俗风情紧密结合，构成人文景观的特色。溶洞石林、高原瀑布、热带风光、高山峡谷、江河温泉、民族风情，景色各异。

9.1 喀斯特民族风情旅游区概述

学习内容

（1）了解本旅游区概况。

（2）熟悉本旅游区的旅游资源特征。

贴示导入

本旅游区位于我国的西南边陲，地质地貌千奇百怪，以喀斯特景观为本区最主要的自然旅游资源。气候温和，动植物资源丰富。本区少数民族的风土人情和丰富多彩的传统文娱活动是最具特色的人文景观，如广西桂林的桂林山水，“桂林山水甲天下，阳朔山水甲桂林”。

深度学习

9.1.1 喀斯特民族风情旅游区概况

喀斯特民族风情旅游区主要包括广西、贵州、云南三省区，面积约 97 万平方公里。约占全国总面积的 1/10，人口约 1.26 亿（据第六次全国人口普查），约占全国人口的 9%，是我国八大旅游区中全部在边疆的旅游区。

该旅游区地域地形复杂，从西到东依次下降。地形可概括为高原山地、丘陵、盆地、平原相间。喀斯特分布广泛，构成了神奇的仙境般的画卷。

该区域居于沿海和内陆交接地带，因地势差异，气候变幻复杂。贵州平均每天只有三四个小时能见到阳光，是全国全年阴天日数最多的省份，所以有“天无三日晴”之说。

该区域位于我国南部边疆，与越南、老挝、缅甸接壤，彼此影响并相互依存，在长期的边贸发展中，文化民俗与内地迥异，而与南亚国家相似。例如，云南都是信奉小乘佛教，而内地多信奉大乘佛教。寺院与南亚的寺庙一致而与内地不同。

该区域是壮族、苗族、瑶族、土家族等少数民族的聚居区。历史上，少数民族和中原民族不断斗争、不断融合，使该区域逐渐形成了民族特色浓郁、地域特征明显、内涵丰富、绚丽多姿的民族文化。

9.1.2 喀斯特民族风情旅游区的旅游资源特征

1. 以高原为主的地形，喀斯特地貌显著

本区地形分为横断山地、云贵高原和广西盆地。横断山区地势起伏大，山高水

深，形成许多峡谷和高峰。高山峡谷，十分壮丽。云贵高原由云南高原和贵州高原组成。高原多断陷盆地和断层湖，形成了著名的断层湖“滇池”。广西盆地中喀斯特地貌十分明显，是我国也是世界上著名的热带喀斯特地区。本区是世界上喀斯特地貌发育最完美、分布最广的地区，可称为世界喀斯特地貌的自然博物馆。

2. 气候温暖湿润、四季宜人

本区大部分地区属于热带、亚热带气候。距海近，气候普遍温暖湿润，一年四季适宜旅游。但本区地域辽阔，地势西高东低，使得气候复杂多样，地区差异显著。广西为热带、亚热带气候，没有真正的冬季；而云南四季入春，冬季气温较高，夏季天气凉爽，被誉为“春城”；横断山区因高山峡谷错落，气候垂直分布，形成了“一山有四季，十里不同天”的独特气候现象。

9.2 广西旅游亚区

学习内容

（1）了解本旅游亚区概况。
（2）熟悉本旅游亚区的主要旅游景点。
（3）熟悉本旅游亚区的特产与美食。

贴示导入

广西是美丽的八桂之地。十万大山的壮美，蕴藏了丰富的矿产资源；千百条河流的秀美，形成了无尽的海洋资源；亚热带雨林气候，孕育了大量珍贵的动植物资源；尤其盛产水果，被誉为“水果之乡”。奇特的喀斯特地貌，灿烂的文物古迹，浓郁的民族风情，使广西独具魅力。

深度学习

9.2.1 广西旅游亚区概况

广西壮族自治区地处中国华南沿海，全省总面积 23.67 万平方公里。首府为南宁市。位于华南地区西部，南濒北部湾，与越南接壤，广西有全中国最多的少数民族，语言使用粤语、桂柳官话、平话、壮语及各种本地少数民族语言。奇特的喀斯特地貌，灿烂的文物古迹，浓郁的民族风情与独特的旅游产品构成了本区的旅游特征。

知识链接

战国时期，岭南称百越之地，广西属百越的一部分。公元前214年，秦王朝统一百越，在岭南设置桂林郡、南海郡和象郡，其中桂林郡和象郡包括今广西大部分地区。民国初期省会是在桂林，所以广西称“桂”由此而来。

广西的名称则来源于宋朝所建制的行政单位“广南西路”，后简称“广西路”，这是“广西”名称的由来。

9.2.2 广西旅游亚区的主要旅游景点

1. 南宁市

南宁市是广西壮族自治区首府，这里世代聚居着壮族、汉族、苗族、瑶族、侗族、仫佬族等少数民族，有着多姿多彩的少数民族文化风情。南宁的旅游资源十分丰富，这里山、河、溪与绿树鲜花交相辉映，热带自然风光与现代园林城市的风貌融为一体，以南宁为中心的桂南旅游区是广西三大旅游区之一。

2. 桂林市

桂林位于广西东北部，是中国著名的风景游览城市和历史文化名城。市区面积565平方公里。桂林市是典型的亚热带喀斯特地貌分布区，以独具特色的奇秀喀斯特风光闻名于世，素有“桂林山水甲天下”之美誉。历代文人墨客游览桂林时，留下了许多脍炙人口的诗篇和文章，刻下了两千余件石刻和壁书。这些独特的人文景观，使桂林得到了“游山加读史，看山如观画”的赞美。桂林市气候温和，既少江南的溽暑，亦无北方的酷寒。桂林与杭州、苏州并称我国三大风景游览城市。

1）漓江风光

漓江发源于越城岭的主峰猫儿山，上游称大榕江，从灵渠在榕江镇与漓江的汇合处至平乐县的恭城河口，称为漓江，全长160公里；下游从发源地至梧州，统称桂江，全长437公里，属于珠江水系。古人认为湘漓同源：同源与海洋山的海洋河在兴安县被灵渠三七分水，两江相离，各加“三点水”，北去的为湘江，南来的为漓江。

由桂林至阳朔84公里的漓江，如图9.1所示，是桂林风光的精华，人称“百里漓江，百里画廊”。漓江最著名的山是画山，如图9.2所示。最美的景是黄布倒影。画山高416米，临江绝壁上主要因藻类等低等生物死亡钙化而成了颜色不同、深浅有别的山崖色彩带。正是这些生物颜料与岩石所含各类矿物质本色，画出了姿态各异、名扬天下的画山九马，以及“鲤鱼挂壁”、“绣山彩绘”、“张果老倒骑千里马”等漓江天然崖画。黄布倒影位于黄布滩，蓝天白云下，山似玉笋瑶簪，峰像青髻黛螺，黄布滩附近的倒影营造出“分明看见青山顶，船在青山顶上行”的意境。

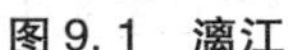
图9.1 漓江

图9.2 画山

2）象鼻山

象鼻山又称象山，位于桂林市市区南部、漓江西岸，如图9.3所示。因山酷似一头大象站在江边伸鼻吸水而得名，是桂林城的象征、桂林的城徽。山上有象眼岩，洞口扁长，左右对称，似象眼；山下有水月洞，是由象鼻与象身形成的圆洞，洞映水面，恰如满月，故名水月洞。月明之夜看洞中倒影，如皎月浮江，构成“象山水月”奇景。山顶有由唐代建筑的三层实心砖塔，名普贤塔，底中层为八方形，上为圆鼓象鼻山形，中嵌普贤菩萨像。由于远看塔像宝瓶，似剑柄，故又称宝瓶塔或剑柄塔。水月洞和临江崖壁上还有历代石刻多处。

3. 其他景区

1）北海银滩

北海银滩在广西北海市南端，面临浩瀚的蓝色大海，以“滩长平、沙细白、水温净、浪柔软、无鲨鱼、无污染”的特点称奇于世，如图9.4所示。其沙细如粉，色如银，东西绵延24公里，宽300~7 000米。银滩集阳光、空气、沙滩、海水等优点于一身，夏无酷热，冬无严寒，是避暑防寒的旅游度假胜地。这里空气清新自然，海滩水势由浅入深，嬉水范围宽大，常年水温15℃~30℃，年平均气温22.6℃，一年中有九个月的时间可下海洗浴。这里的海岸太阳辐射能年平均值相当于每平方米每天获得37°电的热能，空气含有较多的碘、氯化镁、氯化钠等，很适合于日光浴，是休闲疗养的好环境。北海银滩享有“天下第一滩”的美誉。

图9.3 象鼻山

图9.4 北海银滩

9.2.3 广西旅游亚区的特产与美食

1. 特产

壮锦是最具有特色的工艺品，如图9.5所示。壮锦具有浓厚的少数民族风格，有着非常悠久的历史，产生于唐宋年间，在明清时代是壮锦发展最繁荣的时期。壮锦以棉纱为经、五色线为纬而织成，颜色绚丽、图案精致，而且非常结实耐用。壮锦的传统花纹图案有万字纹、水波纹、云雷纹、菊花纹等，有蝴蝶朝花、双龙抢珠、狮子滚球等20多种造型。在现代的壮锦设计中，有更多具有传统元素的图案，如万寿花纹、花山、刘三姐、龙凤朝四宝等。壮锦结实耐用，适合生活家居的开发使用，可作为围巾、披肩、壁挂、床旗、被面、枕套、围裙、背带、腰带、手提袋、头巾、衣边装饰等。

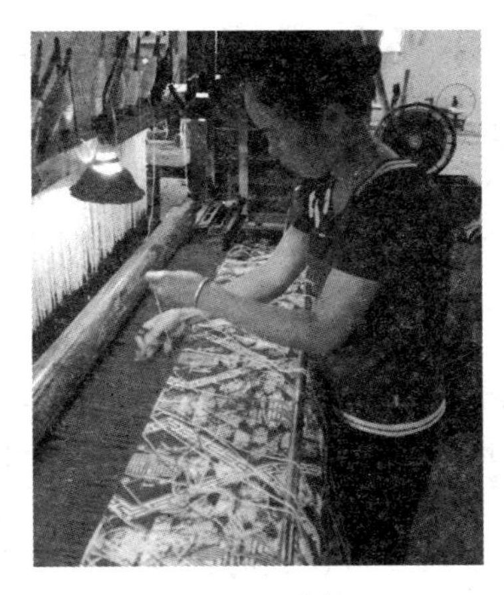

图9.5 壮锦

2. 美食

广西北接湖南，东连广东，西与云南、贵州、四川近邻，因此在饮食口味上受川味、湘味、粤味的影响很深，加之少数民族的地域特色，逐渐形成“城乡有别，风味不同，清甜、微辣、鲜香、脆嫩”的地方饮食文化特色。广西菜点由南宁、桂林、柳州、梧州等城市菜和壮族、瑶族、京族、侗族等少数民族菜组成。少数民族的小吃、点心非常有特色。广西菜肴以山珍为主料，以土特产为辅料，营养价值高，色、香、味俱全，桂林米粉、柳州螺蛳粉、南宁老友面颇负盛名。

9.3 贵州旅游亚区

学习内容

（1）了解本旅游亚区概况。

（2）熟悉本旅游亚区的主要旅游景点。

（3）熟悉本旅游亚区的特色与美食。

贴示导入

贵州省位于中国西南的东南部，辖六个地级市和三个自治州，省会为贵阳市。东毗湖南、南邻广西、西连云南、北接四川和重庆市。贵州是一个秀丽古朴、气候宜人、风景如画的地区。省会贵阳更因气候宜人、适合避暑消夏而成为“世界避暑之都”。贵州地貌属于中国西南部高原山地，境内地势西高东低，自中部向北、东、南三面倾斜，平均海拔在1 100米左右。贵州高原山地居多，素有“八山一水一分田”之说。全省地貌可概括分为高原、山地、丘陵和盆地四种基本类型，其中92.5%的面积为山地和丘陵。

深度学习

9.3.1 广西旅游亚区概况

贵州简称“黔”或“贵”，地处我国西南，位于云贵高原的东部、长江和珠江两大水系的分水岭地带。全省总面积17.6万平方公里。贵州历史悠久。宋代“贵州”名称始见于文献。元代，贵州行政建置渐归统一。明朝中央设置贵州布政使司，贵州正式成为省一级的行政单位。到清雍正五年（1727年），贵州的行政区划基本确定。贵州是一个多民族的省份，世居少数民族有苗族、布依族、侗旅、土家族等16个，少数民族人口占全省总人口的38%左右。

9.3.2 广西旅游亚区的主要旅游景点

1. 贵阳市

贵阳是贵州省省会，位于贵州省中部偏南，云贵高原东侧。因地处贵山之南而得名。全市山环水绕，风光秀丽，是一个典型的高原山城。丰富的喀斯特景观，宜人的气候，以及街头不时可见的苗族、布依族同胞充满了迷人的魅力。

1）黔灵公园

黔灵公园因黔灵山而得名，位于贵阳市中心区西北，园区面积426公顷。主峰大罗岭海拔高1 396米，是园内及贵阳中心区西北第一高峰，有“黔南第一山”的美誉。

黔灵山地区地质构造复杂，既有第四纪冰川遗迹，亦有多姿多彩的喀斯特地貌。圣泉是黔灵八景之一，称为“圣泉百盈”。“九曲径”沿途的明代、清代摩崖石壁、碑亭、古迹不绝。此外还有明代地理学家徐霞客所记的“古佛洞”，吕洞宾像石碑、洗钵池等古迹。弘福寺有“贵州第一禅院”之称，始建于清康熙十一年（1672年），

由赤松和尚创建，为全国重点开放寺庙之一。麒麟洞是一个典型的喀斯特溶洞，洞内有一钟乳巨石，酷似麒麟，称“麒麟洞”。1941 年 5 月～1942 年 10 月、1949 年 2～8 月，抗日爱国将领张学良、杨虎城两将军曾先后被囚禁在洞旁的“水月庵”中。

知识链接

西安事变又称双十二事变，是当时任职西北剿匪副总司令、东北军领袖张学良和当时任职国民革命军第十七路总指挥、西北军领袖杨虎城于 1936 年 12 月 12 日，在西安发动的直接军事监禁事件，扣留了当时任职国民政府军事委员会委员长和西北剿匪总司令的蒋中正，目的是“停止剿共，改组政府，出兵抗日”。西安事变最终以蒋中正被迫接受“停止剿共，一致抗日”的主张，导致了第二次国共合作而和平解决。

2）红枫湖风景区

红枫湖风景区位于贵阳市城西约 20 公里处的清镇、平坝县境内，湖水面积 57 平方公里，是北京十三陵水库的 13 倍，相当于六个杭州西湖，如图 9.6 所示。因湖边有座红枫岭，岭上及湖周多枫香树。深秋时节，红枫似火，红叶碧波，风景优美，故名“红枫湖”。湖水最深处达百米以上，是目前贵州省最大的人工湖，有“高原明珠”之誉。

红枫湖景区以喀斯特地貌和湖光山色为特色，由 192 个大小岛屿及半岛组成，形成山外有山，水外有水、湖中有岛、岛中有湖的奇异景观。景区内依山傍水建有苗族、侗族、布依族三个民族村寨，苗家吊脚楼、布依石板房和侗家的鼓楼、风雨桥错落有致，别具特色。在此，还可欣赏到当地的民族歌舞，接受侗族敬酒歌、苗家拦路酒等少数民族待客礼仪，每周六举行“土风狂欢晚会”。

图 9.6　红枫湖

2. 安顺市

安顺位于贵州省中西部，地理位置显要，素有“滇喉黔腹”之称，自古为黔中重镇。

1）黄果树瀑布风景名胜区

黄果树瀑布位于贵州省西部镇宁县和关岭县接壤处的打邦河支流的白水河上，是

贵州第一胜景，中国第一大瀑布，也是世界上著名的大瀑布之一。黄果树瀑布高68米，加上瀑上瀑6米，总高74米，宽81米。夏秋黄果树瀑布洪水暴涨，奔腾的白水河在这里从悬崖绝壁上直泻而下，形成九级瀑布，如图9.7所示。声如雷鸣，漩涡无数，十里开外也能听到它的咆哮。因巨大冲击力，溅起的水雾可弥漫数百米以上，使坐落在瀑布左侧崖顶上的街市常常被溅起的水雾笼罩。游人谓之“银雨洒金街”。水雾经阳光折射，五彩缤纷，变幻无穷，气象万千，景色极为壮观。

图9.7 黄果树大瀑布

传说故事

现在的黄果树这个地方既不产黄果也没有黄果树，原先是产黄果的，一对贫苦的老夫妇种了整整一百棵黄果树。这一年，一百棵黄果树上只结了一个果子。虽然这只黄果其大无比，却安慰不了老夫妇失望的心。有一天，一个游方道人路过老农门前，发现了这个独挂梢头的黄果，大为惊喜，愿以千金买下。道人付了订金，反复叮嘱：一定要让黄果在树上再生长整整一百天才能收摘，便动身回去取银子。这对贫苦老夫妇诚实地守护在树下，一直小心翼翼地守了九十九个夜晚和早晨。最后一夜他们都已上床就寝，忽然间又觉得心神不宁，熟透的果子最招虫惹鸟，他们担心在最后的时候发生意外，于是连忙起床想把果子摘回家来，心想反正就差那么几个时辰了，于是他们摘下了这个黄果。

天刚亮，游方道人又来到门口，一见树上没有果子就连声叹气。老夫妇茫然，满脸的疑惑。道人只是摇头顿足，要他们跟随自己到大瀑布跟前去看一看。来到黄果树犀牛潭边，道人将黄果抛进潭中，那果子便在水里滴滴溜溜地旋转起来。黄果越来越大，把奔涌的瀑布和深深的潭水都吸了进去。忽然，金光四射，山谷生辉。老夫妇探头一望，只见潭底堆满金银玛瑙，美玉宝珠。他们正惊喜不已，蓦地，那黄果轰然一声爆裂了。刹时间瀑布飞泻，潭水喷溅，金珠宝贝全被淹没。一切又恢复如初。原来这是一个宝果，满一百天，便能取出深藏在犀牛潭的金银珠宝，不满一百天便出现了眼前的局面。道人叹口气说：这都是因为那黄果欠了时辰差了功力的缘故。

如今每到晴天，黄果树瀑布下面的犀牛潭都会出现五彩飞虹，人们说那是珠宝金银的反光。

2）龙宫

龙宫景区位于安顺市西南27公里处的响水龙潭，总面积60多平方公里。景区分为中心景区、漩塘景区、油菜河景区和蚂蝗箐景区。

龙宫是安顺地区水旱溶洞的最大洞群。已探明的溶洞全长近5公里，穿越20余座山峰，连接90余个洞穴，分五进五出，称“五进龙宫”。洞中湖水幽深，异景纷呈，犹有老龙居住。现已开发的一进龙官，全长840米，由宽窄不一的峡道和五个大小形态各异的厅堂组成串珠般的地下暗湖。宠宫风景区如图9.8所示。

(a)

(b)

图9.8 龙宫风景区

3）织金洞

织金洞原名“打鸡洞”，是我国最大的喀斯特洞穴，位于地处乌江源流之一的六冲河南岸，织金县城东北面23公里民寨乡东街口。织金洞如图9.9所示。

织金洞属于高位旱溶洞。洞口位于山腰，高约15米，宽约20米，洞穴高旷宽阔，岩溶景观宏伟壮丽。全洞长11公里，已勘察部分长6.6公里，面积约20万平方米。最宽处达175米，最高处达150米，一般高、宽在40~60米。洞内地形起伏，岩层复杂，洞道纵横交错，石峰四布，流水、间歇水塘、地下湖错落其间。高大的石幔、石帷如从天上垂下，颜色各异。织金洞被誉为“岩溶瑰宝”、“溶洞奇观”，是名副其实的“第一洞天”。因其喀斯特景观如传说中的天宫，又称“织金天富”。

图9.9 织金洞

3. 其他主要旅游景点

1）马岭河峡谷风景名胜区

马岭河峡谷风景名胜区位于黔西南布依族苗族自治州兴义市境内，地处滇、黔、

桂三省区结合部。景区总面积450平方公里，是以万峰、千岛、百瀑、奇符、彩画的神奇地缝为景观特色的风景名胜区，被誉为“地球上最美丽的疤痕”。景区内还有众多鲜为人知的水帘洞。峡谷深幽，栈道攀崖而行，曲曲折折，引人入胜。马岭河峡谷如图9.10所示。

马岭河峡谷风景名胜区除有丰富的自然景观外，其他名胜古迹也非常丰富。有距今二亿四千万年中生代三叠纪时期“贵州龙”化石群，比恐龙蛋化石早一亿年；有“猫猫洞”、“张口洞”古人类活动遗址；有汉墓群、刘氏庄园、何应钦故居等人文景观；中国工农红军长征时在此也留下毛主席、周总理指挥战斗的足迹。

图9.10 马岭河峡谷

2）赤水风景名胜区

赤水风景名胜区位于遵义赤水市境内。赤水有“黔北门户”之称，1935年中国工农红军长征时“四渡赤水”，赤水因此名扬天下，如图9.11所示。

赤水地处云贵高原向四川盆地过渡的大斜坡地带，海拔从1 730米急剧沉降至221米，谷深坡陡，沟渠纵横。经亿万年风化侵蚀，形成了1 200多平方公里全国面积最大、发育最美丽壮观、最具典型性和代表性、最年轻的丹霞地貌。特殊的地理气候，又成为国家一级保护植物、侏罗纪残遗种——“桫椤”的天然避难所，仅赤水桫椤国家级自然保护区内就有4.7万株（赤水境内各处还有共计3万余株），是全世界分布最集中的区域，被誉为我国最大的古生物博物馆。

知识链接

四渡赤水之战是中央红军在川黔滇边地区进行的一次出色的运动战。在这次作战中，毛泽东充分利用敌人的矛盾，灵活地变换作战方向，指挥红军纵横驰骋于川黔滇边界地区，巧妙地穿插于敌人重兵集团之间，调动和迷惑敌人。当发现敌人的弱点时，立即抓住有利战机，集中兵力，歼敌一部，牢牢地掌握战场的主动权，从而取得了战略转移中具有决定意义的胜利。成为战争史上以少胜多、变被动为主动的光辉范例，如图9.11所示。

一渡赤水，集结扎西，待机歼敌；二渡赤水，回师遵义，大量歼敌；三渡、四渡赤水，突破天险，摆脱敌人。

图 9.11 赤水

9.3.3 贵州旅游亚区的特产与美食

1. 特产

贵州省物产丰富，产于“箫笛之乡”——贵州省王屏侗族自治县的玉屏箫笛，是侗乡传统的手工艺品和民族乐器，至今已有300多年的历史。箫笛音质纯正，音色圆润，尤其是椭圆形扁萧，音色更佳，为箫中上品。贵州蜡染是贵州著名的民间手工艺品，图案造型以行云、流水、花草、鱼、虫、禽、鸟、几何等图纹为主，极富浪漫主义色彩。此外，产于贵州仁怀县茅台镇的茅台酒，酒液晶莹透明，酱香突出，是我国酒中之冠，有“国酒”之称，也是世界三大名酒之一。

2. 特色节庆

贵州少数民族的节日大约有1 000多个，节日活动丰富多彩。主要的民族节日有苗族、布依族的“四月八”，布依族“六月六”歌节，彝族“火把节”，瑶族“盘古王节”等。

3. 风味饮食

“贵州菜”又名“黔味菜”，其独特的风味有别于川、湘、粤、鲁、苏等菜系，香辣是黔味菜的主要特点。黔味菜肴还突出酸，贵州有“三天不吃酸、走路打窜窜”的民谣。贵州菜有三绝：酸汤、花江狗肉、卤鹅头。另外，具有代表性的菜肴还有糟辣脆皮鱼、宫保鳝鱼、独山盐酸鳝片、八宝汽锅脚鱼、天麻鸳鸯鸽、宫保鸡等。

9.4 云南旅游亚区

学习内容

(1) 了解本旅游亚区概况。
(2) 熟悉本旅游亚区的主要旅游景点。
(3) 熟悉本旅游亚区的民间艺术、美食和特产。

贴示导入

云南省位于中国西南边陲。战国时期，这里是滇族部落的生息之地。云南即“彩云之南”，另一说法是因位于“云岭之南”而得名。在全国各省级行政区中面积排名第八。与云南省相邻的省区有四川、贵州、广西、西藏，云南省的三个邻国是缅甸、老挝和越南。北回归线从该省南部横穿而过。

深度学习

9.4.1 云南旅游亚区概况

云南位于西南边陲，总面积约39万平方公里。省会为昆明市。云南是中国少数民族最多的省份，有26个形成聚落的少数民族，少数民族人口仅次于广西壮族自治区，居全国第二位。云南素有“彩云之南，万绿之宗”之美誉。云南属青藏高原的南延部分，地形地貌复杂，海拔相差大。独特的地理环境形成了云南独特的气候条件，南部热带林木茂密，自然保护区密布。高原面上“四季如春，一雨成冬”。

9.4.2 云南旅游亚区的主要旅游景点

1. 昆明市

昆明市是云南省省会，位于云南省中部滇池盆地东北部，三面环山，南临滇池。昆明周围既有群山阻隔冷风，又有湖水调节气候，所以冬无严寒，夏无酷暑，空气干湿适度，气候温凉宜人，是著名的“春城”。昆明四季花开，有“花都”、“天然花园”之称。

1) 滇池风景区

滇池位于昆明市西南，又名昆明池，古称“滇南泽”，其外形似一弯新月，是云南省面积最大的高原湖泊，也是全国第六大淡水湖，有着“高原明珠之称”。滇池飞欧如图9.12所示。它是受第三纪喜马拉雅山造山运动的影响，而形成的高原石灰岩

断层陷落湖，海拔高度为1 886米，南北长39公里，东西最宽为13公里。湖岸线长163.2公里，面积为330平方公里，容水量为15.7亿立方米，素称“五百里滇池”。池面一碧万顷，风帆点点，湖光山色令人陶醉。池周名山胜景有大观楼、西山、海埂、白鱼口、郑和公园、石寨山古墓群遗址等。

2）石林

石林位于云南省路南彝族自治州，距昆明116公里。石林面积达400平方公里，是形成于古生代、发育典型的热带喀斯特地貌。在这里，漫山遍野都是形态各异的石峰、石柱、石笋、石芽，从岚叠嶂之下还有深邃的溶洞、美丽的石钟乳和神秘的地下河。石林如图9.13所示。一支支巨大的灰色石峰、石柱拔地而起，接踵连片，远望如莽莽森林，因此被称为“石林”。路南石林在世界同类型石林中规模最大，被誉为“天下第一奇观”。石林的主要游览区由石林湖、大石林、小石林和外石林等部分组成。

图9.12　滇池飞欧

图9.13　石林

传说故事

在小石林内，有一泓湖水碧波粼粼，湖畔屹立着一座独立的石峰，每天都吸引了无数的游客前来观赏、留影。那颀长高挑的身段，风姿绰约的动人体态，还有那包头衫、身后的背篓，像一位彝族撒尼少女。这就是著名的阿诗玛石峰。它还有一个动人的传说故事。从前有个叫阿着底的地方，贫苦的格路日明家生了个美丽的姑娘，爹妈希望女儿像金子一样珍贵闪光，给她取名阿诗玛，也就是盒子的意思。阿诗玛渐渐长大了，漂亮得像一朵艳丽的美伊花。她能歌善舞，许多小伙子都喜欢她。她爱上了和她青梅竹马的孤儿阿黑，立誓非他不嫁。在某一年的火把节，她和聪明勇敢的阿黑订了亲。财主热布巴拉的儿子阿支也看上了美丽的阿诗玛，便请媒人去说亲，但不管怎样威胁和利诱阿诗玛，都无济于事。热布巴拉家乘阿黑到远方放羊之机，派人抢走了阿诗玛并强迫她与阿支成亲，阿诗玛誓死不从，被鞭打后关进了黑牢。阿黑闻讯，日夜兼程赶来救阿诗玛，他和阿支比赛对歌、砍树、接树、撒种，全都赢了阿支。热布巴拉恼羞成怒，指使家丁放出三只猛虎扑向阿黑，阿黑用三箭将猛虎射死，并救出了阿诗玛。狠毒的热布巴拉父子不肯罢休，勾结崖神，乘阿诗玛和阿黑过河时，放洪水卷走了阿诗玛。十二崖子的应山歌姑娘救出阿诗玛并使她变成了石峰，变成了回声神，如图9.14所示。从此，你怎样喊她，她就怎样回答你。她的声音、

她的影子永远留在了人间。阿诗玛的传说故事还被改编成了电影、大型歌舞剧，在国内外放映和演出后，引起了强烈的反响，阿诗玛的故事也随之广为流传。

图 9.14 阿诗玛石峰

3）云南世界园艺博览园

云南世界园艺博览园（以下简称世博园）位于昆明市东北郊金殿风景区，距市中心 7 公里，占地 3 270 亩。世博园内森林密布，水面宽广，共移栽树木、竹类 1 500 种，约 20 万棵，其中有的树龄长达数百年。有近百种珍稀名贵且有观赏价值的树种，其中 80 余种属国家保护类，有来自热带、温带及高寒地区的珍稀植物近 2 000 种。此外，还有 400 余种常用、珍稀药用植物。有来自 93 个国家和国际组织的园林、园艺精品，如图 9.15 所示。

知识链接

世博园是最高级别的专业性国际博览会，也称世界园艺节。它是世界各国园林园艺精品、奇花异草的大联展，是以增进各国的相互交流，集文化成就与科技成果于一身的规模最大的 A1 级世界园艺博览会。会期通常为 6 个月，自晚春起，经盛夏至中秋。

图 9.15 世博园

2. 大理白族自治州

大理白族自治州位于云南省中部偏西，地域辽阔，资源丰富，山川秀丽，四季如春，是一个以白族为自治民族的自治州。全州居住着汉族、白族、彝族、回族、傈僳族、藏族、纳西族等26个民族的居民，是闻名于世的电影《五朵金花》的故乡。州府大理市是国家级历史文化名城，首批中国优秀旅游城市之一。

1）苍山风景区

苍山又名点苍山，是云岭山脉南端的主峰，因其山色苍翠，山顶终年积雪，状似白头而得名，如图9.16所示。苍山从北至南由19座山峰组成，巍峨耸立，直插云霄，海拔一般都在4 000米左右，其中最高峰为马龙峰，海拔4 122米，峰顶上终年积着皑皑白雪。苍山19峰，每峰之间都有一条溪水奔泻而下，流入洱海，形成著名的十八溪。

苍山景色以雪、云、泉、石而著称。经夏不消的苍山雪是大理“风花雪月”四大名景之最，也是苍山景观中的一绝。苍山云景变幻万千，云聚云散，有时淡如轻烟，有时浓如泼墨。其中最有名的是“望夫云”、“玉带云”和“海盖云”。苍山是植物的宝库、花的海洋。云南的八大名花，即山茶花、杜鹃花、玉兰花、报春花、百台花、龙胆花、兰花、绿绒蒿，在苍山都能找到踪迹。苍山也是野生动物的乐园。这里气候适宜，植被茂密，至今还生活着鹿、麂、岩羊、野牛、山驴、野猪、狐、雉鸡等及少数珍稀动物，如“四不像”等。

图9.16 苍山风景区

2）洱海风景区

洱海位于苍山东麓，湖面南北长40公里，东西宽9公里，它两头窄，中间宽，略弯曲，形如人的耳朵，故而得名，如图9.17所示。洱海是中国第七大淡水湖。洱海的面积虽比滇池小，但它的蓄水量却比滇池大，相当于滇池的两倍。洱海是一个风光明媚的高原湖泊，湖岸多沙洲和崖壁，形成三岛、四洲、五湖、九曲等自然美景及许多美丽的海湾。

洱海月是大理“风花雪月”四大名景之一。每到农历十五，洱海月格外得亮、格外得圆。水中，月圆如轮，浮光瑶金；天空，玉镜高悬，清辉灿灿，仿佛刚从洱海中浴出。

图 9.17　洱海风景区

3）崇圣寺三塔

崇圣寺三塔位于大理古城（中和镇）西北 2 公里的苍山应乐蜂下，如图 9.18 所示。现寺宇已毁，仅存三塔，是云南著名古迹。三塔矗立如品字形，以中塔为主。主塔又名千寻塔，始建于唐长庆三年（823 年），历时 48 年完工。此塔为密檐式方形空心砖塔，共有 16 层，高 69.13 米，其塔基前有“永镇山川”四个大字，每字直径为 1.7 米，笔力雄浑苍劲，气势磅礴，为明代沐世阶所书。南、北二小塔建于宋代，为密檐式的八角形十层砖塔，均高 43 米。每层出檐，角往上翘，不用梁柱斗拱等，以轮廓线取得艺术效果。塔身有佛像、莲花、花瓶等浮雕层层各异。塔通体抹石炭，好似玉柱擎天。三塔布局成鼎足之势，高耸蓝天，成为大理白族文化的象征。

图 9.18　大理三塔

3. 丽江地区

丽江位于云南省北部，是纳西族的主要聚居区，古纳西王国的心脏。纳西古代文化因保存于东巴教而得名东巴文化，至今已有近千年的历史。丽江是世界东巴文化的中心。

1）丽江古城

丽江古城又名大研镇，它位于丽江坝中部，海拔 2 400 米，是丽江行政公署和丽江纳西族自治县所在地。它是中国历史文化名城中唯一没有城墙的古城。古城以江南水乡般的美景、别具风貌的布局及建筑风格特色，被誉为“东方威尼斯”、“高原姑苏”。

丽江古城最初建于宋末元初（12 世纪末～13 世纪初），盛于明清，距今大约有 800 年的历史。丽江古城既无规矩的道路网，又无森严的城墙，建筑物依山就水，错落有致，其设计艺术在中国现存古城中极为罕见。古城保留了大片明清年代的居民建

筑，均是土木结构瓦屋面楼房，多数为三坊一照壁，也有不少四合院，融合了纳西族、白族、汉族等民族建筑艺术的精华。丽江古城如图 9. 19 所示。

(a)

(b)

图 9. 19 丽江古城

2）玉龙雪山风景区

玉龙雪山位于丽江坝北边，距丽江县城 15 公里，山北麓直抵金沙；玉山主峰为扇子陡，海拔 5 596 米。玉龙雪山不仅气势磅礴，而且秀丽挺拔，由北向南呈纵向排列，绵延近 50 公里，东西宽约 13 公里。

玉龙雪山是云南亚热带的极高山地，从山脚河谷到峰顶具备了亚热带到寒带的完整的垂直带自然景观。玉龙雪山分布的冰川类型齐全，发育有 19 条现代冰川，总面积达 11. 61 平方公里。“白水一号”现代冰川长达 2. 7 公里，位于扇子陡的正下方，从山脚望去，如同一条瀑布悬挂天际，令人震撼不已。冰舌部分的冰塔林，像一把把刀戟直刺苍穹，在阳光的照射下，不白而绿，绿雪万仞，如图 9. 20 所示。

(a)

(b)

图 9. 20 玉龙雪山和绿雪奇峰

4. 西双版纳傣族自治州

西双版纳位于中国云南省南端，西南面与缅甸、老挝接壤，与泰国近邻，土地面积近 2 万平方公里，国境线长 966 公里。西双版纳既是面向东南亚的重要通道和基地，也是云南对外开放的窗口。西双版纳自然景观秀丽，民族风景独具特色，素有“动物王国”、“植物王国”、“物种基因库存”的美称，被列入联合国生物多样性保护圈。

1）西双版纳傣族园

西双版纳傣族园位于距景洪市约27公里的勐罕镇，占地面积3.36平方公里，有“中国第一生态村”之称。园内共有五个傣族自然村寨——曼将、曼春满、曼听、曼乍、曼嘎，其中曼春满和曼听是两个较大的寨子，其名称含义分别为“花园寨”、“宫廷花园寨”。

西双版纳有13个民族，傣族为主体民族，占全州总人口的35%。傣族园作为代表西双版纳傣族文化的主体景区，保留了原有杆栏式建筑风格和自然风光，向人们展示了原汁原味的傣族文化。西双版纳傣族园如图9.21所示。

图9.21　西双版纳傣族园

2）西双版纳热带植物园

西双版纳热带植物园坐落在距景洪市96公里的小勐仑罗梭江的葫芦岛上，占地面积900公顷，是在我国著名植物学家蔡希陶教授领导下于1959年创建的，现已建成棕榈植物园、百竹园、椿树园、奇花异卉园、名人名树园、荫生植物园等20多个园林景观优美、科学内涵丰富的植物专类园区。园中培植有中外热带植物4 000多种，其中1 700种是本地植物，有诸多奇花异草、珍稀物种，世所罕见。在这片园地里，“板根现象”、“老茎生花”、“绞杀现象”、“独树成林”、“空中花园”等热带雨林奇观随处可见，每一种植物都凝聚了自然进化的历程，是珍贵的自然遗产。

5. 其他主要旅游景点

1）陆良彩色沙林

陆良彩色沙林距陆良县城18公里的彩色沙林风景区，已命名的108个景点分布在“Y”字型峡谷中，总面积180公顷。该沙林因风化剥蚀而成，为层峦垒峰状；又因其以红、黄、白色为主色调，杂以青、蓝、黑、灰色，加上季节、气候、日照及观赏角度的不同，产生绚丽多彩的色调，故名彩色沙林，是著名的地质旅游景观，如图9.22所示。

图9.22　陆良彩砂沙林

2）三江并流风景区

三江并流风景区位于云南西部，是青藏高原南延部分的横断山脉纵谷地区，由怒江、澜沧江、金沙江及其流域内的山脉组成，如图9.23所示，整个区域达4.1万平方公里。

大约在4 000万年前，印度次大陆板块与欧亚大陆板块大碰撞，引发了横断山脉的急剧挤压、隆升、切割，高山与大江交替展布。在地质构造条件控制下，金沙江、澜沧江、怒江自北向南纵贯全区，被紧束于60～100公里的狭窄地带，并行奔流170多公里，穿越高黎贡山、怒山和云岭，最近处直线距离约66公里，怒江与澜沧江两江间最近16.3公里，形成了世界上罕见的“旺水并流而不交汇”的奇特自然地理景观。同时，三江并流也造就了怒江大峡谷、澜沧江梅里雪山大峡谷和金沙江虎跳峡大峡谷。三江并流区域内，南北向的大江与大山相间排列，由西往东依次为高黎贡山、怒江、怒山（南段称碧罗雪山）、澜沧江、金沙江、沙鲁里山，从空中望去，形成了“四山并列、三江并流”这一世界独有的地理奇观。

图9.23 三江并流

3）香格里拉风景区

香格里拉县位于云南省西北部的滇、川、藏大三角区域，地处迪庆香格里拉腹心地带。位于青藏高原东南的横断山地，是亚洲几条大河流经的地方。这些河流数千万年的雕刻作用，造就了一大片在全世界几乎是仅有的雄奇的自然景观，如图9.24所示。

图9.24 香格里拉

第二次世界大战期间，美国的飞行员因飞机失事“飘落”在虎跳峡北面金沙江的

支流的一个小小的山谷中。奇异而且美妙的自然景色使飞行员完全忘记了刚刚从死神的手中挣脱的惊恐，脱口说出："这真是世界上独一无二的地方。"在第二次世界大战之后，"香格里拉"一词便不胫而走。

9.4.3 云南旅游亚区的民间艺术、美食和特产

云南省少数民族众多，由于各自居住于不同的自然环境，呈现出不同的社会文化形态。每一个民族有个性鲜明的衣、食、住、行及婚恋、丧葬、生育、节典、礼仪、语言、文字、图腾、宗教、禁忌、审美。主要的民族节日有泼水节、刀杆节、插花节、火把节、木鼓节、三月节等，节庆活动独具特色。

1）民间艺术

滇剧约有200多年历史，唱腔刚柔相济，表现力丰富。花灯剧源于花灯歌舞，广泛吸收了云南各民族曲调，载歌载舞。白剧、壮剧、彝剧、傣剧为少数民族戏剧。傣族的孔雀舞、象脚鼓舞，景颇族的"木脑纵戈"，哈尼族的扇子舞，白族的霸王鞭，拉祜族的芦笙舞，纳西族的东巴舞，瑶族的铜铃舞，怒族的生产舞，傈僳族的琵琶舞等最有代表性。

2）美食

滇味菜肴讲究鲜嫩，调料多用云南特产的甜酱油，具有"鲜香回甜，滋嫩醇厚"的特点，兼有京菜的清醇和川菜的麻辣。云南的过桥米线以其制汤考究、吃法特异著称；汽锅鸡是云南独有的高级风味菜，以烹制特殊、鸡肉滋嫩、汤汁鲜美、原汁原味、芳香扑鼻、富于营养而广为流传。

3）特产

云南的土特产中，烤烟产量多、质量优。茶叶品种优良，种类齐备，色、香、味、形俱佳。宣威火腿是云南著名特产之一，素以风味独特而与浙江金华火腿齐名媲美。此外，核桃、蚕豆、竹笋、泰国芒果和品种繁多的食用菌等，食味各具特色。药材、香料则以资源丰富、名贵品种比比皆是而著称。各种工艺品以地方民族风格浓郁而见长，斑铜工艺品造型浑厚古朴。

课堂讨论

（1）试析喀斯特与民族风情旅游区旅游业的发展前景。

（2）讨论喀斯特与民族风情旅游区形成的地理环境因素和资源特征。

小　结

喀斯特与民族风情旅游区主要包括广西、贵州、云南三省区，面积约97万平方公里。区内气温适宜、动植物资源丰富。少数民族众多，其独特的民俗风情和绚丽多彩的文娱活动是最富特色的人文资源。

课堂小资料

云南十八怪如下。

云南第一怪，鸡蛋用草串着卖；云南第二怪，粑粑饼子叫饵块；
云南第三怪，三只蚊子炒盘菜；云南第四怪，石头长到云天外；
云南第五怪，摘下草帽当锅盖；云南第六怪，四季衣服同穿戴；
云南第七怪，种田能手多老太；云南第八怪，竹筒能做水烟袋；
云南第九怪，袖珍小马有能耐；云南第十怪，蚂蚱能做下酒菜；
云南十一怪，四季都出好瓜菜；云南十二怪，好烟见抽不见卖；
云南十三怪，茅草畅销海内外；云南十四怪，火车没有汽车快；
云南十五怪，娃娃出门男人带；云南十六怪，山洞能跟仙境赛；
云南十七怪，过桥米线人人爱；云南十八怪，鲜花四季开不败。

考 考 你

(1) 本区旅游资源的基本特征是什么？
(2) 概述“桂林阳朔”旅游线概况。
(3) 简述本区的主要旅游胜地。

10

山川巴楚文化旅游区

学习任务

（1）了解本旅游区概况。

（2）熟悉本旅游区的旅游资源特征。

（3）熟悉本旅游区内的主要旅游景点。

知识导读

本区位于我国中南部和西南部，包括四川、重庆、湖北、湖南，总面积达 90 多万平方公里，幅员辽阔，地广人稀，旅游资源有明显的地方特色和民族特色。波澜壮阔的长江、大盆地、大雪山、神秘的巴蜀文化、楚地文明，集自然资源与人文资源于一身的山川巴蜀文化等着游客来探索。多姿多彩的民族风情，让人流连忘返。

10.1 山川巴楚文化旅游区概述

学习内容

（1）熟悉本旅游区概况。

（2）熟悉本旅游区的旅游资源特征。

贴示导入

唐代诗人李白的优美的诗句："朝辞白帝彩云间，千里江陵一日还；两岸猿声啼不住，轻舟已过万重山。"给大家的少年时期留下了深刻的印象。明代文学家杨慎的《临江仙》："滚滚长江东逝水，浪花淘尽英雄。是非成败转头空。青山依旧在，几度夕阳红。"令多少人的中年生出几多惆怅。巴楚景观展开一幅幅瑰丽的画卷等游客品鉴。

深度学习

10.1.1 山川巴楚文化旅游区概况

山川巴楚文化旅游区位于我国中部，属于长江中、上游地区，包括四川、重庆、湖北和湖南，共三省一市，是全国唯一既不靠海又无陆地国境线的旅游区。全区总面积约 97 万平方公里，约占全国总面积的 10%。人口约 2.4 亿（据第六次全国人口普查），约占全国人口的 17%，是我国八大旅游区中人口较稠密的旅游区。

该旅游区地域复杂，地窄人多，主要分布在湿润和半湿润地区。自然环境优越，水资源丰富，植被生长茂盛，工农业都很发达，是我国重要的工业基地和农业商品基地。

该区域居于长江上游，西高东低，区域差异明显，地形复杂。高原、山地、盆地、丘陵和平原错落其间。构成层次分明、景观多样的自然景观。一年四季都适合旅游，淡旺季差别不明显，对旅游业发展有促进作用。

该区域位于我国的西南腹地，长江三峡穿越本区。该区域孕育形成了古老而独特的历史文化，人文资源丰富，是中原文化和少数民族交融最多的地域，民族文化多样化，"十里不同风，百里不同俗"。悬棺、哭嫁等特色民俗产生于此。

10.1.2 山川巴楚文化旅游区的旅游资源特征

1. 地表结构复杂，地貌类型多样

从地形上看，本区跨越了我国地势的三级阶梯，地貌类型多样，自西向东大致可

以划分为川西高原、四川盆地、川东及鄂西山地、湖南丘陵、两湖平原等地川西高原的活动十分强烈，地形极其复杂。其北部是青藏高原的一部分，平均海拔在 3 000 米以上，其西南为横断山脉的一部分，属于河流众多、水系密集的一部分，由西向东构成了金沙江、沙鲁里山、雅砻江、大雪山、大渡河、邛崃山、岷江等山河相间的高山峡谷区。四川盆地在整体地貌上呈现为菱形，盆地地势为西北高，东部低，周边围绕着山地和高原。它的西边是川西高原，北面是大巴山脉，东边是巫山山脉，南面是云贵高原，长江从四川盆地南部穿过。四川盆地的主要风景胜地有峨眉山、青城山、乐山及古代重大水利工程都江堰等。在川东及鄂西山地分布有巫山、武当山、荆山等，长江三峡就形成于长江流经巫山山脉的一段。湖南丘陵包括湘中丘陵、湖南山地及湘东、湘西山地，风景秀丽的武陵源风景区就位于该地区。两湖平原为长江中游平原的重要组成部分，以长江干流为界，长江以北为江汉平原，属湖北省；长江以南为洞庭湖平原，属于湖南省。

2. 温暖湿润的亚热带季风气候

本区除川西高原属于高寒气候之外，其余地区都属于温暖湿润的亚热带季风气候。气候特点为夏季炎热，冬季温暖，冬季短而夏季长，四季分明，降水充沛，季节分配均匀。本区的武汉和重庆为我国著名的“火炉”城市。本区为全国降水比较丰沛的地区，年平均降水量在 800~1 600 毫米，分布规律为东南多，西北少，山地多，平原少。另外，由于气候湿润，植被生长茂盛，森林覆盖率很高，植被以常绿阔叶林为主，但也混有南方热带型和北方温带型植被。因此本区的旅游季节较长，即使是在冬季，也是山清水秀。

3. 自然保护区众多，生物资源丰富

由于本区气候湿润，地形多样，非常适合植物生长，因此形成了很多植被茂盛、未受人类太多干扰的自然生态环境。良好的生态和植被使得本区自然景观丰富多彩，野生动植物繁多。为了保护自然环境和许多珍稀动植物，本区建立了许多风光优美的重要的自然保护区，如卧龙、九寨沟、黄龙寺、神农架、张家界等，著名的珍稀动物有大熊猫、小熊猫、金丝猴等，珍稀植物有连香树、金线槭、水青树、领青木、红豆杉等。这些自然保护区以自然生态原始性、生物物种的多样性和珍稀性名扬中外，对游客有巨大的吸引力。

4. 巴楚文化，三国胜景

本区形成了独特的巴楚文化。巴文化与楚文化原本是两种独立的地域文化。重庆是 3 000 多年前巴国的首府，成都是蜀国首都，楚国则主要在长江中游湖北地区。两地由于地域相近，民族长期融合，逐渐形成了独特的巴蜀文化。早在先秦时期，这里的文明已经相当繁荣，制作的青铜器、丝织与刺绣、漆器已经到了相当精美的程度；带有鲜明巴楚文化特点的哲学、艺术及宗教已经发展得较为完备。本区的铜梁龙灯、綦江版画、秀山花灯、文化遗址、青铜器、丝织、音乐、舞蹈、民风民俗等都显示出“楚中有巴，巴中有楚”的特点。

本区是三国时期的矛盾中心，曹魏、蜀汉、吴国三国为争夺霸权，统一中国，在此进行了长期的政治军事斗争，留下了丰富的历史遗迹。三国故事的发生地借助小说《三国演义》的精彩描写，成为中国人人皆知的名胜，为三国古迹游创造了优越条件。

10.2　四川旅游亚区

学习内容

（1）了解本旅游亚区概况。
（2）熟悉本旅游亚区的主要旅游景点。
（3）熟悉本旅游亚区的特产与美食。

贴示导入

蜀山剑派的传奇、青城、峨眉的神秘道教文化，乐山大佛、峨眉金顶的佛光、五彩斑斓的九寨沟、天然画卷的黄龙。漫漫历史长河中，更是孕育出无数青史留名的伟人：李白从这里仗剑远行，杜甫在此望月怀乡，陈子昂、苏东坡、陆放翁恰如灿烂的明星，诸葛亮勤谨治国，唐玄宗剑阁闻铃，李冰父子修筑都江堰……

深度学习

10.2.1　四川旅游亚区概况

四川省地处长江上游，因古为蜀国，故简称蜀。全省总面积为48.5万平方公里，居民大部分为汉族，也有彝族、藏族、羌族、土家族、苗族、壮族等14个少数民族。省会为成都。地形上，除川西为高原外，其余为四川盆地。四川盆地属中亚热带湿润区，四季分明，雨量充沛，非常适合农作物生长，素有“天府之国”之称，拥有峨眉山、乐山大佛、青城山、都江堰、九寨沟和青城山六处世界遗产景观。

10.2.2　四川旅游亚区的主要旅游景点

1. 峨眉山

峨眉山位于四川盆地西南部的峨眉市境内，包括大峨山、二峨山、三峨山、四峨山，其中大峨山为峨眉山的主峰，我们通常说的峨眉山就指的是大峨山。峨眉山是我国著名的四大佛教名山之一，相传为普贤菩萨道场。峨眉山风景区面积达154平方公里，其最高峰万佛顶海拔为 3 099 米。此外，峨眉金顶是峨眉山第二高峰，如图 10.1 所示，以“佛光、云海、日出及圣灯”四大奇观而著称。

图 10.1　峨眉金顶

知识链接

峨眉佛光又称“宝光”，以峨眉“金顶佛光”最为著名。峨眉佛光一般在午后三四点出现。这时，人们站在舍身崖前，就可见到宝光奇观，只见五彩光环浮在云层上面，自己的身影倒映在光环之中，影随人移，绝不分离。佛光是一种光的自然现象，是阳光照在云雾表面所起的衍射作用而形成的。当天空晴朗无风，阳光、云层和人体（或物体）三者同处于倾斜 45°的一条直线上，人处于云层与阳光之间时，即可见到佛光。在我国，因峨眉山云雾天数、湿度条件和风速条件结合较好，峨眉山佛光出现的次数最多，色彩也最鲜艳，最多时全年可达 100 次左右。

2. 乐山大佛

乐山大佛位于峨眉山东 31 公里的乐山市，依凌云山、栖霞峰临江峭壁凿造而成，又名凌云大佛，为弥勒坐像，如图 10.2 所示。佛像高 71 米，是世界上最大的石刻弥勒佛坐像。大佛头长 14.7 米，头宽 10 米，肩宽 24 米，耳长 6.7 米，耳内可并立二人，脚背宽 9 米，可坐百余人，素有“佛是一座山，山是一尊佛”之称。

图 10.2　乐山大佛

3. 青城山

青城山位于四川灌县西南15公里处，背靠岷江，俯瞰成都平原，景区总面积200平方公里，有36峰、8大洞、72小洞、108个景点。青城山由诸山峰环绕而成，状若城郭，山上古木参天，树木繁茂，四季常青，素有“青城天下幽”之美誉。青城山是我国道教发源地之一。相传东汉末年道教创始人张道陵曾修道于此，创立天师道。晋代以后，山中道教渐盛，极盛时有道观70余座，胜景100多处，被道家称为“第五洞天”。

知识链接

张道陵，原名张陵，客居四川，学道于鹤鸣山中，依据《太平经》造作道书，自称出于太上老君口授，并根据巴蜀地区少数民族的原始宗教信仰，奉老子为教主，以《道德经》为经典，创立了五斗米教，又称天师道，被后世尊为天师，道名为张道陵。传说道教天师张道陵晚年显道于青城山，并在此羽化。此后，青城山成为天师道的祖山，全国各地历代天师均来青城山朝拜祖庭。天师道经过张道陵及其子孙历代天师的创建和发展，逐渐扩及全国。晋隋时期，天师道有北天师道和南天师道的兴起和地区教派的产生。青城山所传属于南天师道的正一教派。

4. 都江堰

都江堰（如图10.3所示）位于岷江中游的灌县境内，修筑于2 200多年前的战国时期，由秦国蜀郡太守李冰父子率领当地百姓建造，目的是“引水以灌田，分洪以减灾”。都江堰至今仍在发挥作用，它不仅是中国水利工程技术的伟大奇迹，也是世界水利工程的璀璨明珠。都江堰工程包括鱼嘴、飞沙堰和宝瓶口三个主要组成部分。鱼嘴是一个分水的建筑工程，把岷江水流一分为二。东边的叫内江，供灌溉渠用水；西边的叫外江，是岷江的正流。又在灌县城附近的岷江南岸筑了离碓（同堆），离碓就是开凿岩石后被隔开的石堆，夹在内外江之间。离碓的东侧是内江的水口，称宝瓶口，具有节制水流的功用。为了进一步控制流入宝瓶口的水量，起到分洪和减灾的作用，防止灌溉区的水量忽大忽小、不能保持稳定的情况，李冰又在鱼

图10.3 都江堰

嘴分水堤的尾部，靠着宝瓶口的地方，修建了分洪用的平水槽和“飞沙堰”溢洪道，以保证内江无灾害，溢洪道前修有弯道，江水形成环流，江水超过堰顶时洪水中夹带的泥石便流入到外江，这样便不会淤塞内江和宝瓶口水道，故取名“飞沙堰”。都江堰至今仍在发挥作用，它不仅是中国水利工程技术的伟大奇迹，也是世界水利工程的璀璨明珠。

知识链接

都江堰位于岷江由山谷河道进入冲积平原的地方，它灌溉着灌县以东成都平原上的万顷农田。原来的岷江上游流经地势陡峻的万山丛中，一到成都平原，水速突然减慢，因而夹带的大量泥沙和岩石随即沉积下来，淤塞了河道。

每年雨季到来时，岷江和其他支流水势骤涨，往往泛滥成灾；雨水不足时，又会造成干旱。远在都江堰修成之前的二三百年，古蜀国杜宇王以开明为相，在岷江出山处开了一条人工河流，分岷江水流入沱江，以除水害。

秦昭襄王五十一年（公元前256年），李冰为蜀郡守。李冰在前人治水的基础上，依靠当地人民群众，在岷江出山流入平原的灌县，建成了都江堰。

5. 九寨沟

九寨沟位于四川阿坝藏族羌族自治州南坪县境内，因周围有九个藏族村寨而得名。九寨沟风景名胜区总面积约620平方公里，是一条纵深60余公里的山沟谷地，约有52%的面积被茂密的原始森林所覆盖。九寨沟以森林、瀑布、湖泊、雪峰、藏族风情而闻名，有“童话世界”、“人间仙境”之美誉，如图10.4所示。九寨沟一年四季均可旅游，犹以秋九寨风季为最佳，主要有树正、诺日朗、剑岩、长海、扎如、天海六山景，以3沟108海为代表，包括5滩12瀑、10流数10泉等水景。树正、日则、则查洼这三条主沟呈Y型分布，其中主要的树正景区，长75公里，有盆景滩、树正群海、树正瀑布、双龙海、火花海、卧龙海等景点；日则景区，有诺日朗、珍珠滩、高瀑布三大瀑布，此外还有镜海、熊猫海、芳草海、天鹅梅、剑岩、原始森林、悬泉、五花海等景点；则查洼景区，有长海和五彩池等景点。1997年，九寨沟被纳入联合国“世界生物圈保护区”。

图10.4　九寨沟

6. 黄龙

黄龙位于四川省阿坝藏族羌族自治州松潘县境内，被誉为“人间瑶池”。黄龙风景区面积700平方公里，由黄龙沟、雪宝顶、牟尼沟、红星岩、丹云峡五部分组成。而坐落于其间的黄龙沟以它那五彩斑斓、绚丽迷人、层层叠叠的彩池，高低错落、光芒万丈的大雪山，茂密的原始森林及珍稀的野生动物大熊猫而著称于世，其景更被人们准确地概括为雄、峻、奇、秀、野五个字，并享有“世界奇观”、“人间瑶池”之美誉。五彩池如图10.5所示。1982年经国务院批准为国家级重点风景名胜区。1991年又获“中国旅游胜地四十佳”。黄龙于1992年12月14日正式被联合国教育、科学及文化组织批准列入《世界遗产名录》。1999年2月1日正式被纳入“中国人与自然生物圈”。

图10.5 五彩池

10.2.3 四川旅游亚区的特产与美食

1. 特产

四川特产主要有猪鬃、桐油、白蜡、生漆等；宜宾等地的工夫红茶；邛崃、雅安一带所产的砖茶属压紧茶类，是专供青藏的传统名特产。果品特产首推红橘、甜橙及江安夏橙，还有泸州桂圆、金川雪梨等。四川地道药材有川芎、川连、川贝母、川木香、川明参等。农林特产还有雅安天府鲜笋、泸州粉丝、汉源花椒。四川特产食品有怪味蚕豆、南充松花蛋、西昌板鸭等。名酒有宜宾五粮液、绵竹剑南春、泸州老窖、郎酒。传统工艺品有蜀绣蜀锦、隆昌夏布、成都裱器、会理美术陶瓷，以及众多的特产竹制品，如成都竹编、自贡竹扇、南充竹帘画等。

2. 美食

四川菜是中国四大菜系之一，享有“一菜一格，百菜百味”之美誉，以其特有的调味和独特的烹调技法而著称。四川菜具有取材广泛、风味独特、调味多样、菜式适应性强等特点。在烹调技法上，有炒、煎、烘、氽、炸、熏、泡、炖、焖、烩、爆等50多种，在风味上，特别讲究色、香、味、形、养的统一，并以味的多、广、厚著称于世。在国际上享有“食在中国，味在四川”的美誉。其中最负盛名的菜肴有干烧岩鲤、干烧鳜鱼、鱼香肉丝、怪味鸡、水煮鱼、宫保鸡丁、粉蒸牛肉、麻婆豆腐、毛肚火锅、干煸牛肉丝、夫妻肺片、回锅肉、灯影牛肉、樟茶鸭子、龙抄手等。

10.3 重庆旅游亚区

学习内容

（1）熟悉本旅游亚区概况。
（2）熟悉本旅游亚区的旅游资源特征。
（3）熟悉本旅游亚区的特产与美食。

贴示导入

重庆是著名的山城，地形起伏有致。最具特色的就是山城的夜景，万家灯火与水光天色交相辉映，绮丽动人。重庆是中国西南地区和长江上游的经济中心城市和重要的交通枢纽，工业发达，为旅游业的发展提供了良好的环境。重庆山清水秀，风貌独特，旅游资源极为丰富。

深度学习

10.3.1 重庆旅游亚区概况

重庆简称“渝”，位于中国西南部、长江的上游，也是长江与嘉陵江的交汇处，总面积8.24万平方公里。居民以汉族为主体，此外有土家族、苗族、回族、满族等49个少数民族，土家族人口最多，其次是苗族。重庆是中国西部唯一的直辖市，位于北半球亚热带内陆地区，属于中亚热带湿润季风气候。夏季气候闷热，是长江流域著名的四大“火炉”之一；冬季气候比较温暖，气温平均在6°~8°；夏秋两季雨水多。此外，重庆在秋末至初春时多雾，故又有“雾都”之称。长江三峡、缙云山、大足石刻等都是著名的景点。

10.3.2 重庆旅游亚区的主要旅游景点

1. 人民解放纪念碑

人民解放纪念碑，简称解放碑，是重庆的标志性建筑之一，位于重庆市区中心，如图10.6所示。碑通高27.5米，有旋梯可达顶端。该碑落成于1940年3月12日孙中山逝世纪念日，原为低矮木结构。1945年抗战胜利后重建，题名“抗战胜利纪功碑”。1950年由刘伯承改题为“人民解放纪念碑”。以解放碑商业步行街为中心，形成了重庆城最繁华的商贸中心地带，是市民休闲、购物、娱乐的最佳去处。

图 10.6 解放碑

2. 大足石刻

大足石刻位于重庆市大足县境内。有石窟 76 处，造像 6 万多尊，石刻 40 多处。大足石刻以佛教题材为主，尤以北山摩崖造像和宝顶山摩崖造像最为著名，是中国著名的古代石刻艺术。北山摩崖造像位于重庆市大足区城北 1.5 公里的北山。北山摩崖造像长约 300 多米，是全国重点文物保护单位、世界文化遗产。造像最初开凿于晚唐景福元年（892 年），历经后梁、后唐、后晋、后汉、后周五代至南宋，于 1162 年完成，历时 250 多年。现存雕刻造像 4 600 多尊，是中国晚期石窟艺术中的优秀代表。大足石刻如图 10.7 所示。

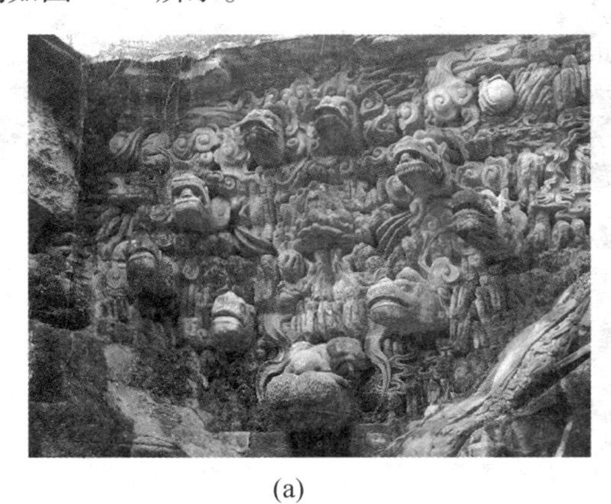

(a)

(b)

图 10.7 大足石刻

3. 长江三峡

长江三峡是万里长江一段山水壮丽的大峡谷，为中国十大风景名胜区之一。它西起重庆奉节县的白帝城，东至湖北宜昌市的南津关，由瞿塘峡、巫峡、西陵峡组成，全长 191 公里。长江三段峡谷中的大宁河、香溪、神农溪的神奇与古朴，使三峡景色更加迷人。长江三峡的山水也伴随着许多美丽动人的传说。长江三峡两岸悬崖绝壁，江中滩峡相间，水流湍急。长江三峡是中国古文化的发源地之一，曾是三国古战场，是无数英雄豪杰用武之地。长江三峡建成了世界上最大的水利枢纽工程——三峡工程，是世界上唯一可以乘船游览的大峡谷，是中国最早向世界推荐的两条黄金旅游线之一（另一条为丝绸之路）。

4. 小三峡

小三峡是长江三峡段第一大支流，全长约250公里。小三峡是大宁河下游龙门峡、巴雾峡、滴翠峡的总称。它南起龙门峡口，北至涂家坝，全长50公里。龙门峡是小三峡的第一个峡谷，长约3公里，峡谷犹如瞿塘峡的“夔门”，故有“小夔门”之称。峡谷内两岸峰峦耸立，绝壁摩天，河东岩壁上有一清泉流入河中，人称“龙门泉”；河西绝壁上可见古栈道遗迹；出了龙门峡，滩险流急，这就是著名的险滩“银窝滩”；过滩即进入铁棺峡（又名巴雾峡），峡长约长10公里，两岸怪石嶙峋，形成一组组天然雕塑，妙趣横生，在河东岸离水面四五米高的绝壁石缝中还有一具黑色悬棺，据考乃战国时期巴人的悬棺，俗称“铁棺材”，峡名也由此而来，如图10.8所示；继续向前就是小三峡中最长、最迷人的滴翠峡，峡中钟乳石遍布，石石滴水，处处苍翠，游峡可以欣赏到“赤壁摩天”、“红屏翠莲”、“关门岩”等奇景。小三峡如图10.9所示。

图10.8　悬棺

图10.9　小三峡

10.3.3　重庆旅游亚区的特产与美食

1. 特产

重庆出产许多名贵中药材，如石柱的黄连、天麻，南川的杜仲，巫山的庙参等。重庆的地质、气候条件十分适宜水果的生长，江津甜橙、苍溪雪梨、潼南黄桃、长寿沙田柚、北碚锦橙、城口磨盘柿等皆久负盛名。其大红袍曾为朝廷贡品。重庆沱茶、翠坪银针茶、西农毛尖等也是茶中上品。

重庆的民间手工艺品历来名播四方。有中国四大名绣之一的蜀绣，如图10.10所示；走出国门的荣昌折扇；以及各式竹编、土家织锦、龙水小五金、三峡石砚等，都极具地方民族色彩。

2. 美食

重庆火锅，又称毛肚火锅或麻辣火锅，如图10.11所示，起源于明末清初的重庆嘉陵江畔、朝天门等码头，是船工纤夫的粗放餐饮方式，原料主要是牛毛肚、猪黄

喉、鸭肠、牛血旺等。20 世纪 20 年代在重庆江北城发展壮大。最初一般挑担子零卖，小贩买水牛毛肚后，洗净煮一煮而后将肝子、肚子等切成小块，与担头置泥炉一具，炉上置分格的大铁盆一只，盆内翻煎倒滚着一种又麻又辣又咸的卤汁，于是河边桥头一般“卖劳力”的朋友，便围着担子吃起来。各人认定一格且烫且吃，吃若干块，付若干钱，既经济，又能增加热量。直到 1934 年，重庆城内才有一家小饭店将它高档化了，从担头移到桌上，泥炉依然，只将分格铁盆换成了赤铜小锅，卤汁、蘸汁也改为由食客自己调，以求干净而适合重庆人口味。

图 10.10 蜀绣

图 10.11 重庆火锅

10.4 湖北旅游亚区

学习内容

（1）了解本旅游亚区概况。
（2）熟悉本旅游亚区的主要旅游景点。
（3）熟悉本旅游亚区的美食特产和特色民俗。

贴示导入

珍稀的白鳍豚、神秘的神农架野人、道教胜地武当山、明显陵、长江三峡、赤壁之战、八百里洞庭湖一段段、一首首精彩的神话和传说，传唱于大江南北，传唱于国内外。神奇湖北欢迎你我。

10.4.1 湖北旅游亚区概况

湖北省简称鄂，位于我国中部长江中游洞庭湖以北，因此被称为湖北，总面积 18.59 万平方公里。湖北为多民族省区之一，以汉族为主体，有 53 个少数民族成分（缺乌孜别克族、德昂族），少数民族人口占湖北省总人口的 4.4%。国家级自然保护区神农架、五峰后河、长江新螺段及天鹅洲故道白鳍豚自然保护区；神农架、武当

山、明显陵分别被联合国教育、科学及文化组织列入“世界生物保护圈”和《世界遗产名录》。举世闻名的长江三峡，跨湖北、重庆两省市，全长201公里，其中湖北段140公里，也是湖北省的王牌景点。

10.4.2 湖北旅游亚区的主要旅游景点

1. 武当山

武当山位于湖北省西北部丹江口市西南，又名太和山、玄岳山，是我国著名的道教圣地。相传道教信奉的“真武大帝”即在此修仙，得道飞升，也是武当拳术的发源地。武当意为“非真武不足当之”。武当山面积为312平方公里，有众多的自然胜景和人文胜景。

武当山不但风景美，而且是我国一座文化宝库，山上古代建筑中规模宏伟、工程浩大的道教官观更负盛名，称得上是世界古代建筑史上的奇迹，如图10.12所示。现存的大量古建筑多为明代所建。殿堂庙宇有2万多间400多处，总占地面积160万平方米，超过故宫一倍，其规模之宏大、技艺之精湛、工程之艰巨，实为世所罕见。整个建筑体系按照政权和神权相结合的政治意图，每一建筑单元都建在峰、峦、坡、崖、涧的合适位置上，借自然风景的雄伟高大或奇峭幽邃，构成仙山琼阁的意境。既体现了皇权的威仪庄严，又体现了神权的玄妙神奇，创造了自然美与人文美高度融合的名山景观。武当现存33处道教古建筑。

(a)

(b)

图10.12 武当山建筑群

2. 神农架

神农架景区位于湖北省西北部，面积为105.7万亩，林地占85%以上，森林覆盖率69.5%。相传上古时候神农氏（炎帝）曾在此尝遍百草，为民除病。由于千峰陡峭，珍贵药草生长在高峰绝壁之上，神农氏就伐木搭梯而上，采得药草，救活百姓，故此地被称为神农架。神农架最高峰大神农架，即神农顶海拔3 105.4米，是华中地

区最高峰，有“华中屋脊”之称。神农架自然保护区属国家级森林和野生动物的自然保护区。区内古木参天，奇花异卉遍布，有“绿色宝库”之称。另外，还有种类繁多的珍稀动物。除名贵的金丝猴外，还有白雕、白鹿、白松鼠、白蛇、白熊等，堪称是一个“白色的动物王国”。神农白熊已被定为国家一级保护动物。神农架流传着野人的传说，也因此成为神秘的旅游胜地。

知识链接

神农架野人历史上流传已久，古籍中早有记载。在神农架山区，目击野人的人数达百余。所见者以红毛野人居多，也有麻色和棕色毛的野人，少数目击者甚至撞见过白毛野人。从1976年开始，中国科学院组织科学考察队对神农架野人进行了多次的考察。考察中，发现了大量野人脚印，长度从21~48厘米，并灌制了数10个石膏模型；收集到数千根野人毛发；在海拔2 500米的箭竹丛中，考察队还发现了用箭竹编成的适合坐躺的野人窝。到目前为止，科学家们已经确认神农架野人是神农架山区客观存在的一种奇异动物。虽然已初步了解到这种动物活动地带及其活动规律，但要揭开这千古之谜，还需要进行一系列的科学考察。

3. 黄鹤楼

黄鹤楼耸立于湖北武昌蛇山之上，享有“天下绝景”的盛誉，与湖南岳阳楼、江西滕王阁并称为“江南三大名楼”。黄鹤楼始建于三国时期吴黄武二年（223年），传说是为了军事目的而建的，孙权为实现“以武治国而昌”（“武昌”的名称由来于此），筑城为守，建楼以瞭望。至唐朝，黄鹤楼逐渐演变为著名的名胜景点，历代文人墨客到此游览，留下不少脍炙人口的诗篇。

知识链接

唐代崔颢的《黄鹤楼》如下。

昔人已乘黄鹤去，此地空余黄鹤楼。
黄鹤一去不复返，白云千载空悠悠。
晴川历历汉阳树，芳草萋萋鹦鹉洲。
日暮乡关何处是，烟波江上使人愁。

今黄鹤楼于1985年6月重建落成，主楼以清代同治楼为蓝本，但更高大雄伟。运用现代建筑技术施工，钢筋混凝土框架仿木结构。飞檐为五层，攒尖楼顶，金色琉璃瓦屋面，通高51.4米。黄鹤楼的平面设计为四边套八边形，谓之“四面八方”。从楼的纵向看，各层的檐形如黄鹤，展翅欲飞，如图10.13所示。全楼各层布置有大型壁画、楹联、文物等。楼外铜铸黄鹤造型、胜像宝塔、牌坊、轩廊、亭阁等一批辅助建筑，将主楼烘托得更加壮丽。登楼远眺，“极目楚天舒”，“不尽长江滚滚来”，武

汉三镇风光尽收眼底。

图 10.13　黄鹤楼

4. 赤壁

湖北省有两个赤壁，一个是三国赤壁，位于蒲圻县境。这里就是三国时期有名的赤壁之战厮杀的疆场。东汉建安十三年（208 年），曹操率二十几万大军南下，与孙权、刘备五万联军初战于赤壁，曹军失利，退回江北，后来孙刘联军用火攻大破曹军，这就是中国历史上著名的赤壁大战。赤壁山险峻而又雄伟，石壁西侧刻有“赤壁”二字，相传为东吴大将周瑜所书，石壁上还有石刻诗词，为历代文人雅士凭吊古人所题诗赋。赤壁山崖头建有“翼江亭”，这里相传是赤壁之战时周瑜破曹操观战的哨所。与赤壁山紧紧相连的山为西屏山，山上的“拜风台”相传是当年诸葛亮火烧战船而拜祭东风的地方。在武侯官大殿上，供有刘备、关羽、张飞、诸葛亮全身塑像。

另一个赤壁是位于湖北黄州的东坡赤壁，也称赤鼻矶。唐代诗人杜牧错将赤鼻矶视为古战场，写下题为《赤壁》的绝句：“折戟沉沙铁未销，自将磨洗认前朝。东风不予周郎便，铜雀春深锁二乔。”北宋苏东坡也误认黄州赤鼻矶为赤壁，写下了传诵千古的前《赤壁赋》、后《赤壁赋》和《念奴娇 · 赤壁怀古》等词赋。虽然这里不是真正的赤壁古战场，却因名人的吟咏而出名。

10.4.3　湖北旅游亚区的美食、特产和特色民俗

1. 美食

湖北菜系由荆南、襄郧、鄂州、汉沔四大风味流派组成，以武汉菜为代表。湖北菜的特点是汁浓、芡稠、口重、味纯，富有民间特色，并且以“水产为本，鱼菜为主”。烹饪方法以蒸、煨、烧、炒见长。湖北地方代表菜有干烧武昌鱼、网衣鳜鱼、鱼糕丸子、清炖鱼、黄州豆腐、荷包丸子、粉蒸肉、蒸珍珠丸子、蒸白肉、烧三合、三鲜酥肉、散烩八宝、黄焖甲鱼、红烧野鸭、母子大会等。此外，湖北的热干面和精武鸭颈也闻名全国。

2. 特产

湖北省特产主要有江陵荆缎、武穴竹器、天门印花布沙市鸭绒被，宜昌宜红茶、成宁青砖茶、恩施玉露茶，咸宁桂花、保康术耳、秭归柑橘、兴山夏橙、阳新枇杷、随州蜜枣，鄂州武昌鱼、黄梅银鱼、沙湖盐蛋，孝感麻糖、黄州东坡饼、武汉炸米锅、湖北绿松石雕等。

3. 特色民俗

湖北是屈原的故乡，每逢农历五月初五端午节，民间普遍有赛龙舟和吃粽子的风俗。此外，"朝武当"、天门"三棒鼓"、通山山鼓、"筒鞋"做嫁妆的婚俗、孝感的夜嫁等都深深地吸引着游客。

10.5 湖南旅游亚区

学习内容

(1) 了解本旅游亚区概况。
(2) 熟悉本旅游亚区的主要旅游景点。
(3) 熟悉本旅游亚区的美食、特产和民间艺术。

贴示导入

湖南位于中国长江中游，洞庭湖以南，是中华人民共和国的缔造者毛泽东诞生的地方。湘江是湖南境内最大的河流，也是湖南人民的母亲河。它自南向北，流贯全省，注入洞庭湖，湖南因而简称"湘"。湖南境内广植芙蓉，古诗有"秋风万里芙蓉国"之句，故湖南省还有"芙蓉国"的美誉。毛泽东曾在诗中盛赞："芙蓉国里尽朝晖。"

深度学习

10.5.1 湖南旅游亚区概况

湖南省简称"湘"，位于长江中游、洞庭湖以南，因全省大部分幅员处于洞庭湖以南，故名湖南。全省土地面积 21.18 万平方公里。主要的少数民族为土家族、苗族、瑶族等。省内最大河流湘江流贯全境。

10.5.2 湖南旅游亚区的主要旅游景点

湖南省旅游资源十分丰富。著名的有马王堆汉墓、苗阳洞庭湖和岳阳楼、南岳衡

山、常德桃花源、株洲炎帝陵、宁远九嶷山和舜帝陵、石门的夹山寺和闯王陵、郴州苏仙岭、娄底湄江、韶山毛泽东故居等。张家界市的武陵源风景名胜区被联合国教育、科学及文化组织列入《世界遗产名录》。

1. 武陵源风景区

武陵源风景区位于湖南省西北部武陵源山脉中段，隶属张家界市。武陵源风景区包括大庸县的张家界、慈利县的索溪峪和桑植县的天子山及新开发的杨家界景区，总面积达 522 平方公里。最高峰为兔儿望月峰，海拔 1 264. 5 米。武陵源以“奇峰、幽谷、秀水、深林、溶洞”享有盛誉，称为武陵源“五绝”，如图 10. 14 所示。

武陵源风景区属于罕见的石英砂岩峰林地貌景观。这些峰林造型独特，高低参差，风格各异，构成蔚为壮观的奇绝胜景，其中以骆驼峰、醉石峰和五指峰最为典型，或险峻高大，或淑秀清丽，阳刚之气与阴柔之姿并存，令人赏心悦目。

(a)

(b)

图 10. 14　武陵源风景区

2. 岳阳楼

岳阳楼耸立在湖南省岳阳市西门城头、紧靠洞庭湖畔。自古有“洞庭天下水，岳阳天下楼”之誉，北宋范仲淹脍炙人口的《岳阳楼记》更使岳阳楼著称于世。现在的岳阳楼为沿袭清朝光绪六年（1880 年）所建时的形制。

1984 年，岳阳楼大修竣工并对外开放。修复后的岳阳楼保存了清朝的规模、式样和大部分的建筑构件。岳阳楼的楼顶为层叠相衬的“如意斗拱”托举而成的盔顶式，这种拱而复翘的古代将军头盔顶式结构在我国古代建筑史上是独一无二的。岳阳楼是江南三大名楼中唯一的一座保持原貌的古建筑，如图 10. 15 所示。

图 10. 15　岳阳楼

3. 洞庭湖

洞庭湖跨湘鄂两省，它南接湘江、资水、沅江、酆水四水，湖水最后在北边的岳阳城陵矶注入长江口。洞庭湖古称“云梦泽”，是我国第二大淡水湖。湖上烟波浩瀚，气象万千，如图 10. 16 所示。洞庭湖最大的特色是湖外有湖，湖中有山，渔帆点点，芦叶青青，水天一色，鸥鹭翔飞。古“潇湘八景”中的“洞庭秋月”、“远浦归帆”、“江天暮雪”等都是洞庭湖美景的真实写照。湖中著名的君山风景秀丽，是一个有着 72 座大小山峰的孤岛。号称“八百里洞庭”的洞庭湖水产资源极为丰富，仅湖中的鱼、虾、蟹就有数百种，其中以洞庭湖银鱼最为著名。

图 10. 16 洞庭湖

4. 衡山

衡山位于湖南衡山县，是五岳中的南岳，也是我国著名的佛教、道教并存的名山。衡山地处江南，植被茂盛，有“五岳独秀”之称。山上有著名山峰 72 座，其中并称“五峰”的祝融峰、天柱峰、芙蓉峰、紫盖峰及石禾峰最为著名，韶峰为 72 峰中的最小的一座。其主峰祝融峰海拔 1 300. 2 米。“祝融峰之高、方广寺之深、藏经殿之秀、水帘洞之奇”被称为“南岳四绝”。衡山是南方的宗教文化中心，中国南禅、北禅、曹洞宗和禅宗南岳、青原两系的发源地；南方最著名的道教圣地，有道教三十六洞天之第三洞天——朱陵洞天，道教七十二福地之青玉坛福地、光天坛福地、洞灵源福地。

知识链接

南岳是中国五岳之寿岳，历来为祈福、求寿的圣地，福寿文化源远流长。人类人文始祖、南岳主神祝融氏生息于南岳衡山，是主管人间福、禄、寿的神。关于南岳为寿岳的历史记载颇丰，《春秋元命苞》、《大唐开元占经》、《春秋感精符》、《唐书天文志》等许多古代典籍，都有南岳被称为寿岳的记载。《辞源》即释寿岳为南岳。自汉代起，南岳即有寿岳之称。

5. 桃花源

桃花源位于桃源县城西南，地处沅江下游，因东晋诗人陶渊明的《桃花源记》而

得名。风景名胜区总面积为157.55平方公里。桃花源主要景区有桃仙岭景区、桃源景区、7人村景区等，其外围景点有战国采菱城遗址、翦伯赞故居、宋教仁故居及百里江风景线等。

6. 韶山

韶山位于湖南湘潭市西北部，相传虞舜南巡至此，命奏韶乐，因而得名。韶山是中国人民的伟大领袖毛泽东的故乡，也是毛泽东青少年时期生活、学习、劳动和从事早期革命活动的地方。韶山现有毛泽东故居（如图10.17所示）、滴水洞、清溪和韶峰四大景区。

毛泽东故居——上屋场是一栋普普通通的江南农舍，为“一担柴”式的房子，总建筑面积472.92平方米，占地566.5平方米。它坐南朝北，背山面水。屋前荷花塘和甫岸塘相毗邻，风过处，荡起缕缕涟漪。放眼青山，背依翠竹，绿水、苍松和翠竹把这栋普通农舍映衬得生气盎然。

(a)

(b)

图10.17　毛泽东故居

7. 岳麓山

岳麓山位于长沙西郊，湘江西岸，是南岳衡山72峰之一，南北朝时的《南岳记》中提到：“南岳周围八百里，回雁为首，岳麓为足”，岳麓山由此得名。岳麓山云麓峰左侧峰峦上著名的禹王碑是岳麓山古老文化的象征。这块碑石刻有奇特的古篆字，字分九行，共77个字。传说大禹曾到过南岳，并在岣嵝峰立下了这块石碑。宋嘉定五年（1212年），何致游南岳，在岣嵝峰摹得碑文，过长沙时请人翻刻于岳麓山巅。宋代以后，石碑被土所掩埋。明代长沙太守潘镒找到此碑，传拓各地，自此禹王碑闻名于世。现在全国各地有10余处禹王碑，据说都是复刻的岳麓山禹王碑，由此可见它的珍贵，如图10.18所示。

岳麓书院（如图10.19所示）至麓山寺的谷地，名为清风峡。《岳麓书院志》记载：“当溽暑时，清风徐至，人多休息，故名以此得。”历朝历代的人们都将这里看成避暑的天然胜地。清风峡自然景色秀美，峡内林木茂密，古树参天，溪涧盘绕，流泉星罗棋布。风物景色随着气候和季节的转换呈现出千变万化的姿态。峡内还有众多的文物古迹为世人所瞩目，内有历史悠久的佛寺名塔——舍利塔，有我国四大名亭之一的爱晚亭、著名的二南诗刻，以及刘道一等近代名人的墓葬。

图 10.18　禹王碑

图 10.19　岳麓书院

10.5.3　湖南旅游亚区的美食、特产和民间艺术

1. 美食

湖南菜简称“湘菜”，属于中国八大菜系之一。湘菜品种丰富，味感鲜明，极富地方特色，现已形成湘中、南地区，洞庭湖区和湘西山区三种地方风味。湘中、南地区的菜以长沙、湘潭、衡阳为中心，是湖南菜的主要代表。其特点是用料广泛，制作精细，品种繁多。在质地和味感上注重鲜香酥软，在制法上以煨、炖、腊、蒸、炒见长。洞庭湖区的菜以烹制湖鲜、水禽见长，多用煮、烧、蒸的制法。湘西山区擅长烹制山珍野味和各种腌制品，具有浓厚的山乡风味。三种地方风味虽各具特色，但异中见同，构成了湘菜的三大特点：刀工精妙，形味兼美；长于调味，酸辣著称；技法多样，尤重煨烤。

2. 特产

湖南特产丰富多彩，主要有湘莲、湘茶、油茶、辣椒、苎麻、柑橘、湘黄鸡、溆浦鹅、宁乡猪、湖粉、湖南米粉等。其中，湘莲是湖南省有着 3 000 余年历史的著名特产，富含淀粉、蛋白质、脂肪、胡萝卜素和无机盐，有补脾、养心、涩肠、固精功效。湖南盛产黑茶，也是全国最大的黑茶产区。岳阳君山银针是我国十大名茶之一。著名水果特产有济阳、蓝山金橘，雪峰蜜橘，黔阳冰糖橙，安江香柚等。湖南手工艺品极为丰富，最著名的就是中国四大名绣之一的湘绣。此外，还有湘西土家锦、浏阳夏布、醴陵釉下彩瓷、邵阳竹雕、益阳水竹凉席、浏阳花炮、菊花石雕、长沙和邵阳的羽绒制品等。特产名食有粉丝、湖南米粉、辣椒油、洞庭银鱼、跃寿五香酱干、松花皮蛋等。

3. 民间艺术

湖南花鼓戏是湖南各地地方小戏花鼓、灯戏的总称，已有 200 多年的历史。湖南花鼓戏的音乐曲调约 300 条支，根据曲调结构、音乐风格和表现手法的不同，大致可分为黄川调、打锣腔、洞腔（即师公腔）、小调。花鼓戏的表演艺术朴实、明快、活泼，行当以小丑、小旦，小生的表演最具特色。花鼓戏多以表现劳动生活为主。

课堂讨论

（1）试析山川巴楚文化旅游区旅游业的发展前景。

（2）试述山川巴楚文化旅游区形成的地理环境因素和资源特征。

小　　结

本区位于我国中部，属于长江中上游地区，包括四川、重庆、湖北和湖南，共三省一市。是全国唯一既不靠海又无陆地国境线的旅游区。民族构成较为复杂，除了汉族以外，还有土家族、苗族、回族、满族、侗族等许多少数民族，是我国少数民族较多的地区，人口较为稠密。本区的旅游资源以名山大川、巴楚文化和三国胜迹为主要特色，以长江三峡、张家界、九寨沟、峨眉山为典型代表。

课堂小资料

中南地区有苗族、土家族、白族、瑶族等少数民族聚居村落，他们各有独特的生活习俗。

1. 吊脚楼

吊脚楼是苗族、土家族住宅，同宗同姓的人聚居成一村一寨，以姓氏为寨名，如李家湾、向家坡。住宅由正屋、偏屋、木楼三部分组成。正屋一般修六扇五间，有“三柱四棋”、“五柱八棋”或“七柱十一棋”。“七柱十一棋”的大屋为十扇九间。住山地的人们，多依山傍水建造坐北朝南、纯木结构的吊脚楼。吊脚楼为每扇四柱撑地、横梁对穿、上铺木板的悬空阁楼，绕楼三面有悬空的走廊，廊沿装有木栏扶手。木栏上雕“回”字格、“喜”字格、“亚”字格等吉祥图案。既可凭栏观景，又可晾晒衣物。阁楼屋脊以瓦为大极图形，四角翘棒，玲珑飘逸。

2. 背篓

武陵源一带山高坡陡，道路崎岖，不便肩挑而宜背负。当地土家族、白族、苗族人多用竹片编成长筒形背篓作为生产、生活用的负重工具。根据不同用途，背篓规格、制作各异。用于生产的大且粗糙耐用，用于生活的小巧精细。柴背篓用粗厚的青竹麓编织，形状较大，四周用竹片做成“墙”；洗衣背篓选料精细，用水竹破成细篾精心编织，上大下小；陪嫁背篓形状如同洗衰背篓，只是制作工艺更为考究，篓口用斑竹和青竹镶迎，表示嗣阳交合，中部用缸漆剐出一个约 3 厘米宽的圆圈，以示喜庆，燕丝细腻，图案别致，花纹巧，以示新娘心灵手巧；背小孩的背篓是椅架式，篓框用毛竹制成，用布做背带。

3. 结草标

土家苗寨有结草标为记的习俗。草标由几根草编结而成，以形状区别不同用意，广泛用于生产、生活和交易活动中。旱地播种或水田插秧后，将草标结成“又”字形，以祝愿丰收和看护庄稼。锄草时把草标结在锄头上，放鸭时结在浪竿上，封山育林时结在树上，背柴时结在背篓上，以示物有其主。卖牛时草标结在牛角上，卖猪时

结在猪笼上，以示此牛或此猪出售。草标还是情感交流的载体。青年男女恋爱时，在约会地点结成圆形的草标，表示团聚求爱。若女方同意即在草标上系上一根丝线；不同意就另结两个分开的草标，表示不再往来。若草标用青草与黄草扎成，表示秋后相会。几根草结在一起表示相会，其根数表示几天后相会。

考　考　你

（1）本区旅游资源的基本特征是什么？

（2）概述长江三峡旅游线概况。

（3）简述本区的主要旅游胜地。

11 岭南山海风情旅游区

学习任务

(1) 了解本旅游区概况。
(2) 熟悉本旅游区的旅游资源特征。
(3) 熟悉本旅游区内的主要旅游景点。

知识导读

岭南是指中国南方的五岭之南的地区。所谓岭南是指五岭之南，五岭由越城岭、都庞岭（一说揭阳岭）、萌渚岭、骑田岭、大庾岭五座山组成，是中国江南最大的横向构造带山脉，是长江和珠江两大流域的分水岭。长期以来，南岭山脉是天然屏障，阻碍了岭南地区与中原的交通与经济联系，使岭南地区的经济、文化远不及中原地区，被北方人称为“蛮夷之地”。岭南古为百越之地，是百越族居住的地方，秦末汉初，它是南越国的辖地。自唐朝宰相张九龄在大庾岭开凿了梅关古道以后，岭南地区才得到逐步开发。

11.1 岭南山海风情旅游区概述

学习内容

（1）了解本旅游区概况。

（2）熟悉本旅游区的旅游资源特征。

贴示导入

古代岭南由于山高岭峻的阻隔，与中原沟通困难而开发得较晚。但正是由于“山高皇帝远”，较少受到中原政治风波的影响，经济发展一直较为平稳。与中原地区“以农为本”的模式相同，农作物为五谷，尤以水稻为首，而且种植历史相当悠久。

深度学习

11.1.1 岭南山海风情旅游区概况

岭南山海风情旅游区包括福建、广东、海南、台湾四省及香港特别行政区、澳门特别行政区，地处我国东南沿海，地理位置特殊，为我国最主要的侨乡。总面积约37万平方公里，人口1.2亿。本区经济发达，有显著的岭南外来文化特征，是我国的旅游热点地区，旅游业在全国处于领先地位。

岭南地貌因在历次地壳运动中，受褶皱、断裂和岩浆活动的影响，形成了山地、丘陵、台地、平原交错，且山地较多，岩石性质差别较大，地貌类型复杂多样的特点。

岭南河流众多，具有流量大、含沙量少、汛期长、径流量丰富等特点。岭南最大的河流为珠江，是中国第三长河，流量仅次于长江，居全国第二位。

岭南属东亚季风气候区南部，具有热带、亚热带季风海洋性气候特点，高温多雨为主要气候特征。大部分地区夏长冬短，终年不见霜雪。因全年气温较高，加上雨水充沛，所以林木茂盛，四季常青，百花争艳，各种果实终年不绝，岭南动物种类较多，是全国动物最繁盛的地区之一。

岭南拥有较长的海岸线和较早开放的港口，海上对外贸易无时无刻不在刺激着商品经济和商品意识。交通运输发达，拥有以铁路、公路为主，海运、航空为辅的现代化交通运输网。

11.1.2 岭南山海风情旅游区的旅游资源特征

1. 自然旅游资源多彩，名山秀水植物景观丰富

本区丹霞地貌发育十分典型，如广东的丹霞山，福建的武夷山、冠豸山等均是著

名的丹霞景观。本区花岗岩分布很广，福建东部沿海和南部山地最为集中，如福建的鼓浪屿、清源山、太姥山等都是花岗岩景区。本区的粤西、粤北和闽西地区都有喀斯特发育，著名的有广东的肇庆、福建鳞隐石林等景观。华南地区海岸线长，海积海蚀地貌发育齐全。三亚大东海是世界上最佳的海水浴场之一。

本区处于热带地区，自然植被四季常青，植物种类丰富多样，是我国热带经济作物主要产区，热带和亚热带水果品种繁多，名茶名花数不胜数，如福建乌龙茶世界扬名。本区由于处于稳定的亚热带环境，保存了大量的古老树种和珍稀动物。为了适应生物研究和保护环境的需要，本区建立了一系列自然保护区，我国第一个自然保护区——鼎湖山自然保护区就位于广东省肇庆。

2. 中外文化交融，岭南文化明显

本区开发较晚，明代之前常为流放之所，但一些中原饱学之士，如韩愈、苏轼对当地文化发展有着重要影响，使中原文化和当地文化更好地融合，促成岭南文化的发展。明清之后，由于外国势力的入侵，加之兴旺的海上贸易往来，本土文化与外来文化相融合。这具体表现在造园、民居、宗教建筑上，岭南园林既吸收了中原和江南造园手法，也借鉴了西方构园理念，表现出以我国民族形式为主、兼容外国风格的特点。独特的文化艺术也是岭南文化的表现，如福建梨园戏、广东粤剧等具有强烈的岭南特色；本区饮食文化享誉全国，扬名海外；民俗风情也很有地方特色，如福建的妈祖文化、海南的黎族风情、广东的过年习俗等。

11.2 福建旅游亚区

学习内容

（1）了解本旅游亚区概况。
（2）熟悉本旅游亚区的主要旅游景点。
（3）熟悉本旅游亚区的特产与美食。

贴示导入

福建地处祖国东南部、东海之滨，东隔台湾海峡，与台湾省隔海相望，东北与浙江省毗邻，西北横贯武夷山脉与江西省交界，西南与广东省相连。福建属于中国华东地区。福建是中国著名侨乡，菲律宾、马来西亚、印度尼西亚这三地的闽籍华人华侨最多。福建与台湾源远流长，关系最为密切，台湾同胞中80%祖籍为福建。福建居于中国东海与南海的交通要冲，是中国距东南亚、西亚、东非和大洋洲最近的省份之一。

深度学习

11.2.1 福建旅游亚区概况

福建旅游亚区位于我国东南沿海，东隔台湾海峡与台湾省相望，面积12.13万平方公里。福建有汉族、畲族、回族、满族、蒙古族和高山族等54个民族（缺基诺族、赫哲族），是大陆畲族人口最多和高山族人口较多的省份，也是回族发祥地之一。省会为福州。福建在历史上是“海上丝绸之路”、“郑和下西洋”、伊斯兰教等重要文化的发源地和商贸集散地，福州、厦门曾分别被辟为全国五口通商口岸之一。

知识链接

关于八闽的来源，有两种说法，一种是福建古为闽地，北宋时始分为八州、军，南宋分为八府、州、军，元分八路，因有八闽之称。另一种是《辞源》的说法：福建省在元代分福州、兴化、建宁、延平、汀州、邵武、泉州、漳州八路，明代改为八府，所以有八闽之称。建宁、延平、邵武、汀州为上四府；福州、兴化、漳州、泉州为下四府，共八府，号称八闽。

11.2.2 福建旅游亚区的主要旅游景点

1. 鼓浪屿

鼓浪屿位于厦门岛西南隅，与厦门市隔海相望，面积1.78平方公里，如图11.1所示。鼓浪屿因海西南有海蚀洞受浪潮冲击，声如擂鼓，明朝雅化为今名。由于历史原因，中外风格各异的建筑物在此地被完好地汇集、保留，有“万国建筑博览”之称。小岛还是音乐的沃土，人才辈出，钢琴拥有密度居全国之冠，又得美名“钢琴之岛”、“音乐之乡”。岛上气候四季宜人，无车马喧嚣，有鸟语花香，素有“海上花园”之誉。主要观光景点有日光岩（如图11.2所示）、菽庄花园、皓月园、毓园、环岛路、鼓浪石、博物馆、郑成功纪念馆、海底世界和天然海滨浴场等，融历史、人文和自然景观于一体，为国家级风景名胜区和全国35个王牌景点之一。

图11.1 鼓浪屿

图11.2 日光岩

2. 日月谷

日月谷温泉坐落于厦门市海沧区东孚镇，闹中取静，独享优越的地理环境。整体规划面积约 26 万平方米，包括日月谷温泉主题公园、日月谷温泉酒店及日月谷温泉私人会所，是集观光度假、休闲疗养、商务会议、运动健身、生态教学与环保宣传等于一身的综合性旅游度假村。

3. 南普陀寺

南普陀寺位于厦门市区五老峰下，面对龙海市南太武山，南面是厦门大学。南普陀寺是厦门著名古刹。建于明代永乐年间（1403—1424 年），明末（1628 年）毁于兵火中。因位于我国四大佛教道场之一的浙江舟山普陀山之南，故称南普陀寺。寺内有 1925 年创办的国内最早的佛教学府——闽南佛学院。1985 年，闽南佛学院重新办学，在国内及东南亚地区都有着广泛的影响。南普陀寺与厦门大学仅一墙之隔，却是两种意境："古朴与摩登并存，小和尚和大学生为邻"。南普陀寺如图 11. 3 所示。

知识链接

南普陀景区位于厦门老城区的东面。从思明南路到胡里山海滨，沿途有鸿山公园、华侨博物馆、南普陀寺、胡里山炮台等游览点，连同厦门大学的鲁迅纪念馆、人类博物馆和陈嘉庚先生纪念堂，组成了南普陀游览区。这里山海映趣，一派南园风光。该景区风景妩媚动人，反映了宗教文化。

图 11. 3 南普陀寺

4. 武夷山

武夷山游览胜地一般是指位于福建省武夷山市西南 15 公里的小武夷山，它方圆百余里（1 里=0. 5 公里），自成一处胜地，号称福建第一名山。武夷山风景区以丹霞地貌为特色，有"三三、六六"之胜。"三三"是指迂回曲折的九曲溪，"六六"是指九曲溪两岸的 36 座山峰。碧山丹水，一曲一景，曲景相异。游武夷山既可乘竹筏沿九曲溪观光，又可徒步登山探胜，二者也可在溪流中相互结合。在登山探胜中也可

去天心岩一带探奇。放筏九曲是游武夷山最独特之处，它起于星村，止于崇阳溪入口处的武夷宫，全长7.5公里。武夷山如图11.4所示。

(a)

(b)

图11.4 武夷山

5. 永定客家土楼

永定客家土楼位于永定县湖坑镇洪坑村，是国家AAAA级旅游区、全国重点文物保护单位、世界文化遗产景区。永定客家土楼以历史悠久、风格独特、规模宏大、结构精巧、功能齐全、内涵丰富而闻名于世，在中国传统古民居建筑中独树一帜，被誉为“东方文明的一颗璀璨明珠”。永定客家土楼如图11.5所示。

图11.5 永定客家土楼

6. 东西塔

开元寺中两侧的双塔，东为镇国塔，高48.27米；西为仁寿塔，高45.06米。东西两塔是我国最高也是最大的一对石塔。镇国塔始建于唐咸通六年（865年），初为木塔；南宋宝庆三年（1227年），易为砖塔；嘉熙二年至淳祐十年（1238—1250年），改为现存的八角五层楼阁式仿木构的花岗岩石塔。仁寿塔始建于五代梁贞明二年（916年），初为木塔；南宋淳熙年间（1174—1189年），易为砖塔；绍定元年至嘉熙元年（1228—1237年），改为现存的八角五层楼阁式仿木构的花岗岩石塔。东西两塔历经风雨侵袭、地震摇撼，仍屹然挺立，表现了宋代泉州石构建筑和石雕艺术的高度成就，成了泉州古城的独特标志和象征，如图11.6所示。

图 11.6　东西塔

7. 洛阳桥

洛阳桥又称万安桥，因位于泉州市东北郊洛阳江入海处，故得名。洛阳桥是我国第一座海港大石桥，现桥长 835 米，宽 7 米，桥墩 31 座，石亭 2 座，明清重修碑记 12 座，桥南有忠惠祠，为纪念蔡襄造桥功劳而建。内有石碑，为蔡襄撰文书写《万安桥记》。桥北有昭惠祠，为奉祀护桥海神而立。

8. 清净寺

清净寺位于泉州市南涂门街，是我国历史最悠久的伊斯兰教寺院，全寺面积为 2 100 平方米，寺门高 20 米，宽 4.5 米，穹顶呈尖拱形，由青白花岗岩砌成，是仿照叙利亚大马士革礼拜寺的式样而建的，具有西亚阿拉伯伊斯兰教的风格。

9. 鼓山

鼓山位于福州市东郊、闽江北岸，离市中心区约 8 公里。鼓山最高峰海拔 925 米，山上胜迹众多。鼓山的一大特点是摩崖题刻比比皆是，数量达 300 余处，上起北宋，下迄清代以至当代，内容丰富，隶书、行书、草书、楷书俱全，是福建古代石刻最多、最集中的地点。鼓山的景点以涌泉寺为中心，分东西南北四路。东路有回龙阁、灵源洞、喝水岩、龙头泉、白猿峡、水云亭、听水斋、甘露松等 25 景。西路庵堂、岩洞最多，最著名的是达摩洞十八景（俗称十八洞）。

10. 石竹山

石竹山位于福州市南福清市西宏路镇，紧靠鲤鱼湖，因山上石奇岩怪，竹松苍翠，故得名。山上有石竹寺，寺内有大雄宝殿、文昌阁、观音亭、石佛宫等建筑，规模宏大。寺外景色秀丽，石竹山上有龟蛇石、小蓬莱、三重檐等 30 多处天然美景。寺西有一座龙女岩，传说为东海龙王公主的化身，近邻还有九鲤仙醉卧岩，一条长约丈许、宽约尺余的石条横架其间，此即“天桥”胜景。

11.2.3 福建旅游亚区的特产与美食

福建的特产有橄榄、福桔、龙眼、闽姜、荔枝、芙蓉李、茉莉花茶、木画、木雕（如图 11.7 所示）、纸伞、贝雕、瓷器、脱胎漆器（如图 11.8 所示）等。

福建的美食有白拌黄螺、白炒响螺、白蜜黄螺、爆糟排骨、爆炒鳝片、菜包、糟片鸭、炒海瓜子、炒海蜇、醉排骨、葱爆肉丝、葱油饼、蛋拌豆腐、淡糟香螺片、海鲜豆腐羹、芙蓉海蚌、咖哩鸡、咖哩牛肉、干贝水晶鸡。

图 11.7 木雕

图 11.8 脱胎漆器

11.3 广东旅游亚区

学习内容

（1）了解本旅游亚区概况。
（2）熟悉本旅游亚区的主要旅游景点。
（3）熟悉本旅游亚区的特产与美食。

贴示导入

广东省简称粤，是中国大陆南端沿海的一个省份。广东是一个以汉族为主体的省份，全国 56 个民族中广东有 53 个。广东在语言风俗、历史文化等方面都有着独特的一面，内部有三大民系，与中国北方地区有很大的不同。广东是中国经济最发达的省份之一，也是经济教育发展最不平衡的省份之一。

深度学习

11.3.1 广东旅游亚区概况

广东旅游亚区是中国大陆最南的旅游省份，北枕南岭，南临南海，简称粤，全省陆地面积约 18 万平方公里。广东有瑶族、壮族、回族、满族、畲族等 52 个少数民族。省会为广州。广东是中国的南大门，与香港、澳门接壤，临近东南亚诸国。广东为全国华侨最多的省份，广东籍华侨华人遍布世界五大洲。

11.3.2 广东旅游亚区的主要旅游景点

1. 越秀山

越秀山又名观音山，位于广州市区，是广州市规模最宏大的一座综合性公园。山顶有镇海楼，建于明初，现为省博物馆。镇海楼一侧为广州市美术馆，另一侧的山坡上矗立着 120 多米高的中山纪念碑。越秀山上有花岗岩五羊雕像，为广州市的象征，如图 11.9 所示。

11.9　五羊雕像

2. 花塔和光塔

花塔在六榕寺内，寺与塔建立于南朝梁代。花塔有八角九层，玲珑剔透，如冲霄花柱，故名花塔。光塔位于怀圣寺，怀圣寺为伊斯兰教在我国沿海最早建立的三大古寺之一，寺与塔建立于唐代。光塔呈圆形柱，为阿拉伯风格，塔顶设导航灯。

3. 虎门和三元里

珠江口太平镇依山傍海，扼控珠江，为广州屏障，曾建关塞、设炮台，成为虎门要塞。1839 年，林则徐在太平镇虎门滩销毁所收缴的鸦片，并在虎门要塞抗击英国侵略者，现于销烟处建立了公园与纪念馆，如图 11.10 所示。三元里是 1841 年 103 乡农民奋起抗击英国的地方，三元里古庙今已被辟为纪念馆，如图 11.11 所示。

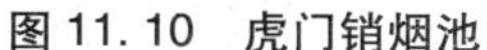

图 11.10　虎门销烟池

图 11.11　广州三元里人民抗英英雄纪念馆

知识链接

广州是中国近代和现代改革的策源地。著名的三元里抗英斗争、黄花岗民主革命战役、广州公社均发生在广州。革命先驱孙中山在广州创办了黄埔军校（全名为陆军军官学校），曾三次建立了政权。毛泽东在这里举办了农民运动讲习所，培养了大批革命骨干力量。张太雷、叶挺、叶剑英等在这里领导了轰轰烈烈的广州起义。鲁迅、郭沫若、郁达夫等也来过广州传播先进文化。

4. 白云山

白云山位于广州市北部，是九连山脉的南延部分，白云山由多座山峰簇集而成，山区面积 28 平方公里。最高峰摩星岭海拔 382 米，是广州市最高峰，又称“天南第一峰”。据说每到秋季，雨过天晴时，山上白云缭绕于青山绿水间，景色十分秀丽，由此得名白云山。白云山很早就知名于世。战国时已有名士出入，晋朝时已风景宜人，唐朝便以胜地著称。宋代以来的“羊城八景”中的“菊湖云影”、“白云晚望”、“蒲间濂泉“、“景泰僧归”都在白云山里。

5. 黄埔军校

黄埔军校位于广州市黄埔区长洲岛上，校名曾多次变更，但通称黄埔军校。它是 1924 年孙中山在中国共产党和苏联的帮助下创办的一所新型陆军军官学校，是国共第一次合作时期的产物。它以“创造革命军来挽救中国的危亡”为宗旨，为中国新民主主义革命培养了大批优秀的军事人才，在当时是与美国西点军校、日本士官学校、英国皇家军官学校、苏联伏龙芝红军大学齐名的世界著名军校之一。

6. 锦绣中华

锦绣中华坐落在深圳湾畔，占地 30 万平方米，是目前世界上面积最大、景点最多的微缩景区之一，是中国自然风光与人文历史精粹的缩影，如图 11.12 所示。

7. 中国民俗文化村

中国民俗文化村是深圳华侨城四大旅游景点之一，占地 18 万平方米，是国内第一个荟萃各民族民间艺术、民俗风情和民居建筑于一体的大型文化旅游区，于 1991 年 10 月 1 日建成开业。占地 20 公顷，选取全国 21 个民族的 24 个村寨景点按 1：1 比例建成。中国民俗文化村如图 11. 13 所示。

图 11. 12　锦绣中华

图 11. 13　中国民俗文化村

8. 世界之窗

世界之窗毗邻锦绣中华和中国民俗语文化村，占地 48 万平方米。它将世界奇观、历史遗迹、古今名胜、自然风光、民居、雕塑、绘画及民俗风情、民间歌舞表演汇集一园。

9. 深圳野生动物园

深圳野生动物园坐落于山清水秀的西丽湖畔，占地面积 120 万平方米，是我国第一家融动物、植物、科普等多种观赏功能为一体的亚热带新型园林生态环境景区。每日表演的“动‘人’的乐章”，是世界动物园中少有的大制作。

10. 深圳海洋世界

深圳海洋世界坐落于深圳东部黄金海岸线上享有“东方夏威夷”美誉的小梅沙海滨旅游区，距市区 28 公里。首期工程占地约 20 万平方米，以“七馆三园”（即水族馆、幻游海洋馆、鲸鲨馆、鲨鱼馆、海贝馆、科普馆、航模馆、海洋乐园、海神花园、嬉水乐园）、“十六套水中特色节目”为展示主体，同时包括海洋乐园、海洋广场、海底隧道、触摸池、海龟岛、钓虾池、情侣廊和内湖等景观。

11. 珠海度假区

珠海度假区是一座背山面海占地达 63 万平方米的综合性旅游活动基地，有出租别墅、乡村俱乐部、大酒店及购物中心四个部分。乡村俱乐部内除设有夜总会、保龄球、桌球、电子游戏外，还有网球、游泳、滚轴溜冰、跑马、射击、射箭、划艇、钓鱼、风帆、摩托快艇、露营烧烤等活动项目。

知识链接

珠海于1999年获联合国人居中心颁发的“国际改善居住环境最佳范例奖”，成为中国唯一获此殊荣的城市。珠海还以整座城市作为景区入选“中国旅游胜地四十佳”，获得“国家园林绿化城市”、“国家环境保护模范城市”、“国家卫生城市”、“国家级生态示范区”等殊荣。珠海如图11.14所示。

(a)

(b)

图11.14 珠海

11.3.3 广东旅游亚区的特产与美食

广东特产：红茶，香蕉、甘蔗、荔枝、菠萝四大名果，粤绣（如图11.15所示）、牙雕（如图11.16所示）、端砚、陶瓷等。

图11.15 粤绣

图11.16 牙雕

广东美食：八宝酿冬菇、八宝酿凉瓜、八宝窝鸡、白果鸡球、白果鸭煲、百花鱼肚、百鸟朝凤凰、白切鸡、白玉藏珠、白云猪手、白玉藏龙、白斩河田鸡、白斩鸡、白焯响螺片、煲仔鱼丸、八珍扒鸭、北菇鹅掌、菠菜鸡煲、玻璃酥鸡、玻璃白菜。

知识链接

中国四大名绣指的是我国刺绣中的苏绣、湘绣、粤绣、蜀绣。刺绣，古称针绣，是用绣针引彩线，按设计的花纹在纺织品上刺绣运针，以绣迹构成花纹图案的一种工艺。除了四大名绣外，在我国还有京绣、鲁绣、汴绣、瓯绣、杭绣、汉绣、闽绣等地方名绣，而我国的少数民族，如维吾尔族、彝族、傣族、布依族、哈萨克族、瑶族、苗族、土家族、景颇族、侗族、白族、壮族、蒙古族、藏族等也都有自己特色的民族刺绣。

11.4 海南旅游亚区

学习内容

（1）了解本旅游亚区概况。
（2）熟悉本旅游亚区的主要旅游景点。
（3）熟悉本旅游亚区节庆活动及特产美食。

贴示导入

海南岛海岸带景观丰富，山岳、热带原始森林条件良好，大河、瀑布、水库风光自然秀丽，溶洞、温泉及历史上的火山喷发在海南岛留下的许多死火山口也成为旅游景点。海南岛有历史意义的古迹繁多，黎族、苗族、回族等世居海南岛的少数民族保留着许多质朴醇厚的民风民俗和生活习惯，使海南的社会风貌显得独特而多彩。海南岛上种植了大量的热带作物，热带作物及田园风光极大地丰富了自然景观。

深度学习

11.4.1 海南旅游亚区概况

海南旅游亚区位于中国最南端，其主体海南岛是我国第二大岛，简称琼。海南的面积3.54万平方公里。汉族、黎族、苗族、回族是世居民族，黎族是海南岛上最早的居民。省会为海口。海南是全国著名侨乡。海南有2 000多年的历史文化，有奇异的热带原始森林、珍奇的动植物园、琳琅满目的热带佳果、丰富的海产资源，有“东方夏威夷”之称，是避寒、冬泳、度假和旅游的胜地。

11.4.2　海南旅游亚区的主要旅游景点

1. 五公祠

在海南思古抒怀，一定要去五公祠，如图 11.17 所示。该祠位于海口市区与琼山市接壤处，由五公祠、苏公祠、观稼堂、学圃堂、五公精舍、琼园等一组古建筑群构成，人们以五公祠统称。有“海南第一楼”之誉，海口市八景之一的“圣祠叠彩”就在这里。这是一幢以上等木料精心构筑的红楼，楼高十几米，分上下二层，四角攒尖式的屋顶，素瓦红掾、奇花异木掩映楼阁，地近闹市，独有清幽，为海南最早的楼房，故称海南第一楼。

图 11.17　五公祠

知识链接

五公祠是为纪念唐宋时期被贬谪到海南岛的五位著名历史人物，即唐朝名相李德裕、宋朝名相李纲、李光、赵鼎、名臣得诠而建的，故名五公祠。建筑面积 2 800 余平方米，连同园林、井泉、池塘约占地 100 亩。始建于明万历年间（1573—1620 年），清光绪十五年（1889 年）重修，后又多次修缮，现仍是熠熠生辉。至今已有百余年。

2. 海瑞墓

海瑞墓位于海口市西郊滨涯村，为国家级重点文物保护单位。海瑞一生刚直不阿，居官期间平反了一些冤狱，被誉为“海青天”，亦称“包公再世”、“南包公”。他 72 岁病逝于南京。万历十七年（1589），海瑞的灵柩终于被运回海南，安葬在海口市滨涯村。海瑞墓历代都有重修。1962 年，广东省人民委员会公布海瑞墓为广东省重点文物保护单位。现在的海瑞墓规模宏大、布局严谨、风格独特，是人们瞻仰古贤、欣赏文物的游览胜地，如图 11.18 所示。

(a) (b)

图 11.18 海瑞墓

3. 东坡书院

东坡书院位于海口市西线 180 公里的儋州市中和镇，是为纪念北宋文豪苏东坡而建于 1098 年，后经重修，1549 年更为现名。890 年前，苏东坡由幼子苏过陪伴，在这里度过了三年的流放生活。后人把他讲学、会友、寓居过的地方命名为东坡村、东坡田、东坡井、东坡路、东坡坐石，并建东坡居士塑像以示纪念。

4. 亚龙湾

“天下第一湾”亚龙湾国家旅游度假区是我国唯一具有热带风情的国家级旅游度假区，位于三亚东 20 公里外，是海南最南端的一个半月形海湾（如图 11.19 所示），沙滩平缓，沙质洁白细软，湾内波平浪静，绿山怀抱着清澈海水，是绝佳的海滨浴场和休闲度假胜地，可进行潜水活动，包括乘半潜式海底游览船。

(a) (b)

图 11.19 亚龙湾

5. 鹿回头

鹿回头位于三亚市南部 5 公里的三亚湾，是一深入南海的山岭，状似一头金鹿站在滨海回头观望，如图 11.20 所示。这里三面临海，四季山青，以其魅力的神话传说闻名于世。登临山顶，三亚风景尽收眼底。“海闻龙摆尾，山见鹿回头。椰林森森立，

渔舟渺渺浮”，这是董必武赞美鹿回头的诗句。

图 11.20 鹿回头

知识链接

相传，古时候五指山区的一位黎族青年猎手将一只鹿追赶到滨海的石崖上，鹿一看已经无路可逃，就一回头变成了美丽的少女，从此俩人过着幸福的生活，并繁衍了一个黎族村寨。这座山岭就被叫作“鹿回头岭”，这个村就被叫作“鹿回头村”，这个半岛就被叫作“鹿回头半岛”。

6. 天涯海角

天涯海角位于三亚市郊的天涯镇，是分布在银色海滩上的一片石群。“天涯”和“海角”和“南天一柱”（如图 11.21 所示）等字分别铭刻在三块突兀耸立的巨石之上。古时“鸟飞尚需半年程”的琼岛，人烟稀少，远离中原，是人迹罕至的蛮荒之地，被流放的“逆臣”跋山涉水来到这里，面对着茫茫大海发出了“到了天之涯、海之角”的感叹。这里记载着历史上贬官逆臣的悲剧人生，经历代文人墨客的题咏描绘，成为我国富有神奇色彩的著名游览胜地。

图 11.21 南天一柱

知识链接

“天涯”和“海角”这两块大石头也是有来历的。传说一对热恋的男女分别来自两个有世仇的家族，他们的爱情遭到各自族人的反对，于是两人携手私奔，从大陆来到这个南海边上。岂料后面追赶的家丁也来到海边。面对茫茫的大海，已无路可走，这对青年恋人悲伤流泪，只能紧紧相拥，欲双双投海。一帮家丁横冲而来，将两人冲散。此时，天空电闪雷鸣，风雨大作，轰的一声，这对被分开的恋人立地变成了石头，屹立在海岸上。据说，依偎立于海边刻有“天涯”和“海角”的两块巨石就是当年的这对恋人。那帮家丁也被雷击成小小的碎石，散落在“天涯”、“海角”石头中间。后来男女恋人常以“天涯海角永相随”来表明自己的心意。

11.4.3 海南旅游亚区的旅游节庆活动及特产美食

1. 旅游节庆活动

（1）三亚天涯海角国际婚庆节。天涯海角国际婚庆节集大型婚庆活动和蜜月度假旅游于一身，有“海誓山盟”、“放漂”、共饮幸福甘露、共植爱情长青松、浏览海山奇观、亚龙湾等景点及在国内外有影响力的主题节庆活动。

（2）海南国际椰子节。椰子树是海南岛的象征，人们也常把海南岛称为椰岛。每年3月底或4月初，在海南省海口、三亚、通什、文昌等地都要过椰子节。这是海南省大众参与、面向世界的综合性、国际性的大型商旅文化节庆。

2. 特产美食

椰子食品：椰子糖果、椰丝、椰花、椰子糖角、椰子糕、椰子酱等。
民族工艺品：牛角雕、藤器、海南红豆、木画、木雕、根雕系列产品。
金饰品和珠宝：条纹珠、金刚珠、佛珠、星月珠、琼珠、海水珍珠、天然水晶。

11.5 港澳台旅游亚区

学习内容

（1）了解本旅游亚区概况。
（2）熟悉本旅游亚区的主要旅游景点。
（3）熟悉本旅游亚区的主要特产与美食。

贴示导入

港澳台是对我国的香港特别行政区、澳门特别行政区和台湾省的统称，因为此三地在政治、经济和文化体制上有诸多类似，有别于中国大陆（内地），故我们常常将香港、澳门、台湾统称为港澳台。

深度学习

11.5.1 港澳台旅游亚区概况

香港的全称是中华人民共和国香港特别行政区（Hong Kong Special Administrative Region，简称HKSAR），包括香港本岛、九龙半岛和新界三部分，总面积1 104平方公里。香港经济发达，是国际贸易和航运中心、国际金融、信息、旅游、购物中心，是世界第三大金融中心，是世界最大的钻石进口及转口市场，是世界最大的股票市场和期货市场之一，是世界最大的成衣、玩具、电子制品、家电、摄影器材和手表的出口地。

知识链接

香港全境的三个部分（香港岛、九龙、新界）分别来源于不同时期的三个不平等条约。1840年第一次鸦片战争后，英国强迫清政府于1842年签订《南京条约》，割让香港岛。1856年英法联军发动第二次鸦片战争，迫使清政府于1860年签订《北京条约》，割让九龙半岛，即今界限街以南的地区。1894年中日甲午战争之后，英国逼清政府于1898年签订《展拓香港界址专条》，强租新界。

澳门位于珠江口西岸，毗邻珠海市。澳门包括澳门半岛和凼仔、路环两岛，澳门的总面积因为沿岸填海造地而一直扩大，已由19世纪的10.28平方公里逐步扩展至今日的32.8平方公里。澳门是自由港，外汇不受管制，商品种类繁多，是一个购物天堂。澳门旅游业发达，制造业、博彩旅游业和建筑业是澳门经济的三大支柱。澳门有“东方赌城”之称，与蒙地卡罗、拉斯维加斯并称世界三大赌城。

台湾位于我国东南海面上，总面积3.6万平方公里，其中台湾是我国第一大岛。台湾旅游资源十分丰富，素有“美丽宝岛”之称。台湾经济是一个典型的出口导向型经济体系，通过进口替代、出口扩张、结构调整与自由化改革的发展轨迹，台湾经济获得了较快发展。

11.5.2 港澳台旅游亚区的主要旅游景点

1. 香港会议展览中心

香港会议展览中心是一座外观犹如银鸟振翼高飞的新型建筑。这座智慧型建筑物设备完善、先进，为全亚洲区规模最大及设计最现代化的会议展览场馆之一。全球触目的“中英政权移交大典”及“世界银行周年大会”亦于1997年在此处举行。漫步于其宽敞的新翼大堂，欣赏对岸尖沙咀醉人景色，不失是一个好节目。

2. 香港珠宝展示中心

香港珠宝展示中心是香港与世界珠宝交易的集散地，每年5月和10月，在此都会有大型的、来自世界各地的国际珠宝、名表展会。

3. DFS 环球免税店

DFS 环球免税店（DFS Galleria）华懋广场店位于尖沙咀东部地段，共占两层，总面积达七万平方尺。坐落在尖沙咀海岸旁，酒店林立，交通四通八达，提供品种齐全的世界名牌、及一系列香港纪念品以供顾客选择。

4. 金紫荆广场

金紫荆广场矗立于香港会议展览中心新翼海旁的博览海滨花园内，如图 11.22 所示。附近屹立着一座回归纪录碑，碑上刻有江泽民的亲笔字迹。纪录碑顶部的白环象征香港的主权归还中国，而上面的 50 个环代表香港特别行政区的生活方式保持 50 年不变。湾仔区北部这朵紫荆花为镀金雕像，由中央政府送给香港作为特别行政区政府成立的礼物，别具纪念价值，不少旅客专程到此游览。这朵金紫荆花已成为香港重要的地标及旅游胜地之一。

(a)

(b)

图 11.22　金紫荆广场

5. 星光大道

星光大道位于尖沙咀海滨长廊，毗邻香港艺术馆，向尖沙咀东部延伸，实为一座美丽的海滨栈桥，如图 11.23 所示。星光大道全长 440 米，路面镶嵌着为打造香港这座“东方好莱坞”而做出卓越贡献的电影工作者的手印或名字，成龙的手印及签名如图 11.24 所示；道旁共设立九座红色的电影“里程碑”，用文字介绍了香港电影百年的发展历程。

图 11.23　星光大道

图 11.24　成龙的手印及签名

6. 香港迪士尼乐园

香港迪士尼乐园的面积为126公顷，是全球面积最小的迪士尼乐园。乐园大致上包括四个主题区：美国小镇大街、探险世界、幻想世界和明日世界。香港迪士尼乐园是全球第五个以迪士尼乐园模式兴建、迪士尼全球的第十一个主题乐园及首个根据加利福尼亚州迪士尼（包括睡公主城堡）为蓝本的主题乐园。

7. 四面佛

澳门有两座四面佛：一座在氹仔澳门赛马会停车场的旁边；另一座在澳门客运码头附近的国际中心内。两处都吸引了不少善男信女前往膜拜。四面佛，人称“有求必应”佛，该佛有四尊佛面，分别代表爱情、事业、健康与财运，掌管人间的一切事务。

知识链接

四面佛原名“大梵天王”，为印度婆罗门教三大神之一，乃是创造天地之神、众生之父，四面佛有四面、八耳、八臂、八手，每手所执之物均有其深长意义：一手持令旗（代表万能法力）；一手持佛经（代表智慧）；一手持法螺（代表赐福）；一手持明轮（代表消灾、降魔、摧毁烦恼）；一手持权仗（代表至上成就）；一手持水壶（代表解渴、有求必应）；一手持念珠（代表轮回）；一手持接胸手印（代表庇佑）。

8. 澳氹大桥

澳凼大桥是澳门半岛与凼仔岛间第一座跨海大桥，由葡萄牙桥梁专家贾多素设计。大桥全长2 569. 8米，引桥长2 090米，桥面宽9. 2米，对开各两车道，两侧还留有0. 8米的人行道。大桥由六个桥墩支撑，最大跨度为73米，高度35米，桥面可行驶大型载重汽车，桥下大型客轮在任何时候都可畅通无阻。

9. 妈阁庙

妈阁庙是澳门最著名的名胜古迹之一，初建于明弘治元年（1488年）。原称妈祖阁，俗称天后庙，位于澳门的东南方，主要建筑有大殿、弘仁殿、观音阁等殿堂。庙内主要供奉道教女仙妈祖，又称天后娘娘、天妃娘娘，人称其能预言吉凶，常于海上帮助商人和渔人化险为夷、消灾解难，于是福建人与当地人商议在现址立庙祀奉，如图11. 25所示。

图11. 25　妈阁庙

传说故事

妈祖在闽语里是"母亲"的意思。妈祖姓林名默，为宋朝福建莆田人，自幼聪颖，得老道秘传法术，能通神，经常在海上搭救遇难船只，"升天"后仍屡次在海上显灵，救助遇难的人。人们感其恩德，尊其为护航海神，历代王朝也多次封谥，明朝时晋封其为天后。相传400多年前明代时，有一位福建商人在澳门附近遭遇飓风，危在旦夕，幸得"显灵海上消灾解难"的妈祖解难相救。后来这位商人在神女显圣处设庙纪念以谢神恩，被称为妈阁庙。妈祖如图11.26所示。

图11.26 妈祖

10. 葡京大酒店

葡京大酒店是一间东南亚闻名的综合性大酒店，地处交通要道，于1970年落成，屡经扩建成为一座完善的旅游娱乐和赌钱的综合体，以赌场引人注目。葡京即葡萄牙的京城之意，是澳门最大的赌场，又号称东亚的最大赌场。

11. 台北"故宫博物院"

"台北故宫博物院"位于外双溪，始建于1962年，于1965年孙中山诞辰纪念日落成；整座建筑仿北京故宫博物院的形式，采用中国宫廷式设计，外观雄伟壮丽，背负青山，是中国收藏文物艺术精华所在。进入台北"故宫博物院"广场前，即见六根石柱所组成的牌坊，坊上题有孙中山手迹"天下为公"；拾级而上，可见刻有"博爱"二字的铜鼎。

知识链接

1931年"九一八"事变后，日本侵略者步步进逼，北京故宫博物院等地存藏的珍宝南迁。在故宫博物院院长马衡主持下，经过挑选、造册、编号、装箱，迁走故宫博物院古物约20万件，《溪山行旅图》亦包括在内。南迁古物暂存上海，抗战前夕运到四川，抗战胜利后又迁回南京，1948年又从南京迁往台湾。

12. 台北中山纪念馆

台北中山纪念馆位于台北市仁爱路四段中山公园内，为仿中国宫殿式的建筑，是为了纪念孙中山先生百年诞辰而兴建的。于1972年落成，馆高达30.4米，是当今台湾罕见的宏大建筑物。纪念馆的正门高敞轩宏，入门是长方形的大纪念厅，安置着孙中山先生的纯铜坐姿塑像，高5.8米，重17吨。一楼的大会堂可容纳3 000人，设备一流，许多全台湾性质的文化艺术活动都在这里举行；"励学室"有200个座位，专供青少年学生进修之用；二楼为台湾著名的"孙逸仙博士图书馆"，1973年正式开放，其藏书达14万册，多为国内外珍贵版本。

13. 日月潭

日月潭旧称水沙连，又名水社里，位于台湾阿里山以北、能高山之南的南投县鱼池乡水社村。是台湾最大的天然淡水湖泊，堪称明珠之冠。在清朝时即被选为台湾八大景之一，有"海外别一洞天"之称。日月潭中有小岛，即拉鲁岛。岛的东北面湖水形圆如日，称日潭；西南面湖水形觚如月，称月潭，统称日月潭。

14. 阿里山

阿里山位于台湾嘉义市东方75公里，海拔2 000公尺以上，四周高山环列，气候凉爽，平均气温为10.6℃，夏季平均气温为14.3℃，冬季平均气温为6.4℃。阿里山的日出、云海、晚霞、森林与高山铁路，合称阿里山五奇。阿里山铁路于1912年通车，是世界上仅存的三条高山铁路之一，途经热带、暖带、温带、寒带四带，景致迥异，搭乘火车如置身于自然博物馆。

11.5.3 港澳台旅游亚区的特产与美食

香港汇聚世界各地的美食；提供中国各地的特色佳肴，以广东菜餐馆尤其多，其他地道菜包括潮州菜、湖南菜、四川菜、北京菜、上海菜等。香港还是一个小食的天堂，具有地方色彩的小食，如叮叮糖、糖葱薄饼、炒栗子、龙须糖等。饮品方面则有各式果汁、餐茶、凉茶，此外还有粥、粉面类，碗仔翅、油炸鬼、臭豆腐等，最富香港特色的流行食品——鱼蛋粉。在旺角最常见的小食是煎酿三宝、炸大肠等。

澳门的葡国菜分为葡式、澳门式两种。澳门式葡国菜是兼收并蓄了葡萄牙、印度、马来西亚及中国粤菜的烹饪技术，对原来的葡国菜经过改良的菜式；葡式葡国菜的名菜有红豆猪手、青菜汤、马介休（即鳕鱼）等。

台湾特产：超火辣槟榔西施、乌鱼子、阿里山竹笋、台湾牡蛎（蚵仔）、枝仔冰、花莲石雕、澎湖四室、高雄家鳄、美浓油纸伞、白毫乌龙、莺歌陶瓷、冈山三宝、冻顶乌龙、海草地毯。

台湾美食：凤梨酥、猪血糕、药炖排骨、太阳饼、小笼汤包、芋圆、割包、姜母鸭、贡糖、珍珠奶茶。

课堂讨论

（1）试述岭南山海风情旅游区形成的地理环境因素和资源特征。

（2）如何理解本区的异域文化色彩？

小　结

岭南山海风情旅游区包括福建、广东、海南、台湾四省及香港特别行政区、澳门特别行政区，是我国的旅游热点地区，旅游业发展在全国处于领先地位。地理位置得天独厚，经济发达，交通便利，是华侨之乡，亦是革命圣地与爱国主义教育基地。地貌类型多样，海岸曲折，海域辽阔，岛屿众多，为热带、亚热带季风气候，高温多雨，异域文化色彩浓厚，自然保护区众多，特产丰富。介绍了福建、广东、海南、香港、澳门和台湾各旅游亚区的代表景点及特征。

课堂小资料

远古时代，台湾与大陆相连，后来因地壳运动，相连接的部分沉入海中，形成海峡，出现台湾。

台湾早期住民中，大部分是从中国大陆直接或间接移居而来的。考古学家认为，“左镇人”是在3万年前从大陆到台湾的，与福建考古发现的“清流人”、“东山人”同属中国旧石器时代南部地区的晚期智人，有着共同的起源，都继承了中国直立人的一些特性。

台湾有文字记载的历史可以追溯到230年。当时三国吴王孙权派1万官兵到达“夷洲”（台湾），吴人沈莹的《临海水土志》留下了世界上对台湾最早的记述。隋唐时期（589—618年）称台湾为“流求”。隋王朝曾三次出师台湾。据史籍记载，隋大业六年（610年），汉族人民开始移居澎湖地区。到宋元时期（960—1368年），汉族人民在澎湖地区已有相当数量。汉族开拓澎湖以后，开始向台湾发展，带去了当时先进的生产技术，公元12世纪中叶，宋朝将澎湖划归福建泉州晋江县管辖，并派兵戍守。元朝也曾派兵前往台湾。元、明两朝政府在澎湖设巡检司，负责巡逻、查缉罪犯，并兼办盐课。明朝后期开拓的规模越来越大。在战乱和灾荒的年代，明朝政府的福建当局和郑芝龙集团曾经有组织地移民台湾。

16世纪，西班牙、荷兰等西方殖民势力迅速发展，开始把触角伸向东方。17世纪初，荷兰殖民者乘明末农民起义和东北满族势力日益强大，明政府处境艰难之时，侵入台湾。不久，西班牙人侵占了台湾北部和东部的一些地区，后于1642年被荷兰人赶走，台湾沦为荷兰的殖民地。荷兰殖民者实行强制统治，把土地据为己有，强迫人民缴纳各种租税，掠夺台湾的米、糖，把其收购到的中国生丝、糖和瓷器经台湾转口运往各国，牟取高额利润。荷兰殖民者的统治激起了台湾人民的反抗。1652年9月，农民领袖郭怀一领导了一次较大规模的武装起义。这次武装起义虽然被镇压下

去，但它表明荷兰的殖民统治已经出现危机。

1644 年，清军入关，在北京建立清朝政权。1661 年 4 月，郑成功以南明王朝招讨大将军的名义，率 2. 5 万将士及数百艘战舰，由金门进军台湾。郑成功在进军台湾时，向荷兰殖民者表示，台湾“一向属于中国”，台湾和澎湖这两个“岛屿的居民都是中国人，他们自古以来占有和耕种这一土地”，荷兰“自应把它归还原主。”经过激烈战斗和围困，1662 年 2 月，郑成功迫使荷兰总督揆一签字投降。郑成功从荷兰殖民者手中收复了中国领土台湾，成为一位伟大的民族英雄，受到广大人民的敬仰。

1684 年，清政府设置分巡台厦兵备道及台湾府，隶属于福建省。至 1811 年，台湾人口已达 190 万，其中多数是来自福建、广东的移民。移民大量开垦荒地，使台湾成为一个新兴的农业区域，并向大陆提供大量稻米和蔗糖，由大陆输入的日用消费品和建筑材料等使台湾的经济得到相当程度的发展。这个时期，台湾与福建、广东的来往十分密切，祖国传统文化更加全面地传入台湾。

由于西方列强向中国边疆侵逼，中国出现了边疆危机。1884—1885 年中法战争期间，法军进攻台湾，遭刘铭传率军重创，到 1885 年 6 月《中法新约》签订，法军被迫撤出台湾。

中法战争以后，清政府为了加强海防，于 1885 年将台湾划为单一行省，台湾成为中国第 20 个行省。首任台湾省巡抚刘铭传积极推行自强新政，把众多新式事业集中于一省，使台湾成为当时中国的先进省份之一。

1894 年日本发动甲午战争，翌年清政府战败，于 4 月 17 日被迫签订丧权辱国的《马关条约》，把台湾割让给日本。消息传出后，举国同愤，反对割台；台湾全省“哭声震天”，鸣锣罢市。从此，台湾沦为日本的殖民地达 50 年之久。

考　考　你

（1）本区的旅游特征是什么?

（2）本区有哪些革命圣地和爱国主义教育基地?

12

都市园林江南水乡旅游区

学习任务

（1）了解本旅游区概况。
（2）熟悉本旅游区的旅游资源特征。
（3）熟悉本旅游区内主要旅游景点。
（4）熟悉本旅游区特产与美食。

知识导读

本区地理位置优越，气候条件良好，经济文化发达，水陆交通方便，物产丰富，人口集中，自古经济繁荣。园林荟萃，名山众多，旅游资源丰富，为旅游业的发展提供了坚实的资源基础。

12.1　都市园林江南水乡旅游区概述

学习内容

（1）熟悉本旅游区概况。
（2）熟悉本旅游区的旅游资源特征。

贴示导入

“江南好，风景旧曾谙。日出江花红胜火，春来江水绿如蓝。能不忆江南?”白居易《忆江南》，描写的就是江州（今江西九江）的春色。从唐宋起所赋予的江南文化，让江南从一个地理名词真正变为一个包含着美丽、文气与富庶、被世人所不断向往和憧憬的词。如今的江南不仅以鱼米之乡、风景秀丽著称，江南文化更是一种情义绵长的代表；被广为传颂的才子佳人等佳话则是对江南文化底蕴的另一赞美；白墙青瓦小桥流水式的经典江南建筑风格也别有一派恬静内秀的韵味。

深度学习

12.1.1　都市园林江南水乡旅游区概况

都市园林江南水乡旅游区地处长江下游，包括上海、江苏、安徽、浙江、江西四省一市，面积51.62万平方公里，人口约2.3亿，人口密度418人/平方公里，为全国人口密度最大的旅游区。

本区河网密布，湖泊众多，集中分布在长江两岸。主要河流有长江及其支流、淮河、钱塘江、京杭大运河等。这些河流在流经地区及沿江河岸塑造出丰富多彩的自然旅游资源，并孕育了各具特色的人文旅游资源。

本区地处我国地形三大阶梯的最低一级，呈现出平原和低山丘陵相间分布的地形结构：自北而南依次为黄淮平原、皖中丘陵、长江中下游平原及长江三角洲、江南丘陵及闽浙丘陵。

本区具有四季分明、冬温夏热、雨量充沛的气候特征，为典型的亚热带湿润季风气候。5月进入梅雨季节。梅雨以后进入盛夏，河谷平原为高温中心。南昌、九江、南京被称为江南三大“火炉”。冬季在无寒潮时，比较温暖。每年3~11月均适宜旅游。春秋两季为旅游旺季。

本区有以铁路、水运为主，公路和航空为辅的旅游交通网。便利的交通、发达的经济为本区旅游业的发展提供了强有力的保障。

优越的自然条件、众多高素质的人口、悠久的开发历史、优越的地理位置和发达的交通条件造就了本旅游区发达的经济。本旅游区农业发达，物产非常丰富，素有“鱼米之乡”的美称。粮、棉、麻、蚕丝、茶叶、花生、水产等的生产均在全国占有十分重要的地位。长江三角洲平原、鄱阳湖平原是我国重要的商品粮基地。土特产品和工艺品具有地方风格和民族特色、种类繁多。

知识链接

长江流域开发历史悠久，是中华文明的发祥地之一。经济的繁荣促进了文化艺术的发展，在优越的自然环境和独特历史发展过程中，逐步形成了以灵毓秀雅、尚文崇慧为特色的吴越文化。吴越文化表现为如下三大特点。一是崇尚文化的民风，历史上名人荟萃，人才辈出，如有科学家祖冲之、沈括、徐光启，书画家唐寅、郑板桥，文学巨匠施耐庵、吴承恩，地理学家徐霞客等。二是从各种建筑到文学艺术、戏曲等都以纤巧、秀雅、婉转、细腻为特色。例如，诗词戏曲轻柔委婉、多情细腻，手工艺品精致细巧、玲珑剔透。三是商业发达，游娱之风盛行。自古本区商业兴盛，城镇店铺、酒楼、茶社林立，游娱之风浓厚。踏青是江浙一代人们的传统游娱活动，南京的秦淮河是历史上最繁华之地。

12.1.2 都市园林江南水乡旅游区的旅游资源特征

1. 名山众多

庐山、紫金山、钟山、云台山、雁荡山、普陀山、天台山、黄山、九华山、天柱山、井冈山、三清山、龙虎山、琅琊山、莫干山、雪窦山、齐云山、天回山、怀玉山、仙霞山、会稽诸山等，这些风景名胜名山融丰富的自然景观和文物古迹于一体，并融入了大量文人名士的诗词文章和山水画卷，加上宜人的气候和便捷的交通，历来多为著名的避暑游览胜地。

2. 水景秀丽

本区河流分属淮河、长江和钱塘江水系。河流流经山地的河段风景秀丽：钱塘江及其支流沿岸景色如画；淮河的峡山口、荆山峡、浮山峡，合称淮河小三峡；赣州至吉安间的赣江河段有 18 滩及唐代、宋代、明代古迹；长江沿岸山崖深入江中称为“矶”，以采石矶、燕子矶最为著名；鄱阳湖、太湖、巢湖、洪泽湖等沿岸湖光山色，风景优美。嵊泗列岛、普陀山、朱家尖是著名的滨海旅游区。长江、京杭大运河、富春江、新安江、楠溪江是我国重要的江河旅游线，尤其是京杭大运河，沿线贯穿数座旅游名城。本区占有我国五大淡水湖中的四个，即鄱阳湖、太湖、洪泽湖和巢湖，且多与沿岸山景融为一体，湖光山色分外妖娆。旅游价值较大的还有杭州西湖、南京玄武湖、扬州瘦西湖、嘉兴南湖、宁波东钱湖、淳安千岛湖、绍兴东湖等，它们均是著名风景名胜区。本区还有众多的泉水和瀑布，尤其著名的有黄山温泉、黄山人字瀑、

九龙瀑、庐山三叠瀑、香炉瀑、杭州虎跑泉、龙井泉、苏州虎丘的“天下第三泉”、镇江金山中冷泉、南京汤山温泉、无锡惠山泉和雁荡山大小龙湫等，旅游价值都很大。

3. 园林荟萃

本区园林大多集中于苏州、南京、无锡、扬州、杭州、绍兴、嘉兴等地。本区著名园林有上海的豫园、古猗园、醉白池；南京的梅园、瞻园；苏州的拙政园、留园、狮子林、沧浪亭；无锡的蠡园、梅园、寄畅园；扬州的个园；绍兴的沈园等。

12.2 上海旅游亚区

学习内容

(1) 了解本旅游亚区概况。
(2) 熟悉本旅游亚区的主要旅游景点。
(3) 熟悉本旅游亚区的特产与美食。

贴示导入

上海是一座充满生机的、富有激情的城市，其旅游业始终保持持续、稳定、健康发展的态势。多元化高品位的旅游资源和独特的区位优势为上海旅游业的发展提供了得天独厚的条件，在此基础上，上海已形成了市区现代风貌旅游区和市郊环城市观光游览度假带两个系列不同风格、相辅相成的旅游带，满足了旅游者的多样化需求。

深度学习

12.2.1 上海旅游亚区概况

上海旅游亚区地处长江三角洲前沿、长江入海处，面积 6 340.5 平方公里，境内辖有崇明、长兴、横沙三个岛，其中崇明岛为我国第三大岛。到 2012 年，常住人口为 2 347.46 万人，为全国人口密度最大的城市。上海河湖众多，水资源丰富，是著名的江南水乡。上海是一座新兴的旅游城市，有深厚的近代城市文化底蕴和众多历史古迹，并成功举办 2010 年世界博览会。江南的传统与移民带入的文化融合逐渐形成了特有的海派文化。

知识链接

相传春秋战国时期，上海曾经是楚国春申君黄歇的封邑，故上海别称为“申”。公元四五世纪时的晋朝，吴淞江和滨海一带的居民多以捕鱼为生，他们创造了一种竹编的捕鱼工具，叫作“扈”，又因为当时江流入海处称“渎”，因此，吴淞江下游一带被称为“扈渎”，以后又改“扈”为“沪”。故称上海为“沪”，又称申城。

12.2.2 上海旅游亚区的主要旅游景点

1. 豫园

豫园是上海市区唯一留存完好的江南古典园林，全国重点文物保护单位。豫园始建于明嘉靖三十八年（1559 年），规模宏伟，被誉为“东南名园冠”。园主潘允端曾任四川布政使，建造此园是为“愉悦老亲”，故名豫园，如图 12.1 所示。1987 年重建东部，共有 48 处景点，景致各别，有“以小见大”的特色。其中点春堂为 1853 年上海小刀会起义的指挥部。“玉华堂”前的“玉玲珑”假山石是与苏州留园的“瑞云峰”、杭州花圃的“皱云峰”齐名的江南园林三大奇石之一。

图 12.1　豫园

2. 外滩建筑群

有人说“外滩的故事就是上海的故事”。150 年前，当殖民者踏上上海这块陌生的土地时，就看中了黄浦江的这片江滩。于是，这条曾经是船夫与苦工踏出来的纤道，经过百余年的建设，高楼林立、车水马龙。外滩“财政街”、“远东华尔街”如图 12.2 所示。外滩的精华就在于这些被称为“万国建筑博览”的外滩建筑群。北起苏州河口的外白渡桥，南至金陵东路，全长约 1 500 米。著名的中国银行大楼、和平饭店、海关大楼、汇丰银行大楼再现了昔日“远东华尔街”的风采，它们的建筑色调基本统一，整体轮廓线处理惊人得协调。

(a)

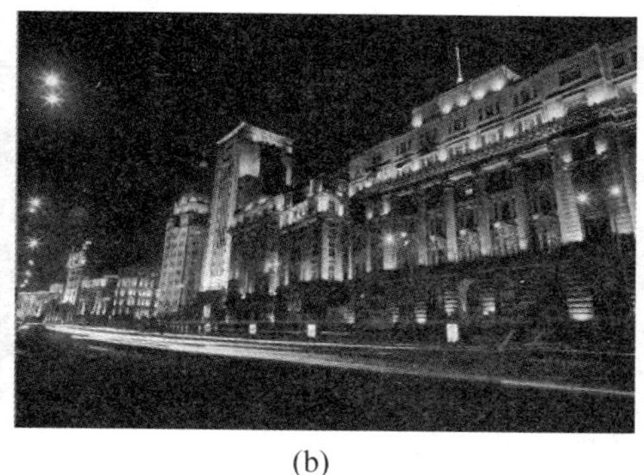

(b)

图 12.2 外滩“财政街”、“远东华尔街”

3. 中共“一大”会址

中共“一大”会址位于上海市兴业路 76 号，是出席中共“一大”的上海代表李汉俊之兄李书城的住所，为一座石库门式楼房。1921 年 7 月 23 日起，大会在底层一间约 18 平方米的客堂中召开。出席这次大会的有毛泽东、董必武等 13 名代表。大会通过了党纲，选举了中央领导机构，成立了中国共产党。新中国成立后，会址按纪念馆原貌修复，室内布置维持了当年的原样，现为全国重点文物保护单位，如图 12.3 所示。

4. 东方明珠广播电视塔

东方明珠广播电视塔坐落于黄浦江畔浦东陆家嘴嘴尖上，与外滩的万国建筑博览群隔江相望。塔高 468 米，与左右两侧的南浦大桥、杨浦大桥一起，形成双龙戏珠之势，成为上海改革开放的象征。东方明珠广播电视塔如图 12.4 所示。

图 12.3 中共“一大”会址

图 12.4 东方明珠广播电视塔

知识链接

东方明珠广播电视塔融观光、会议、博览、餐饮、购物、娱乐、住宿、广播电视发射为一体，已成为21世纪上海城市的标志性建筑。目前，东方明珠广播电视塔年观光人数和旅游收入在世界各高塔中仅次于法国的艾菲尔铁塔而位居第二，从而跻身世界著名旅游景点行列。

5. 老城隍庙

“到上海不去城隍庙，等于没到过大上海。”城隍是道教中城市的保护神，相传明永乐年间（15世纪初），上海知县张守约将方浜路上的金山神庙（又名霍光行祠）改建成了今天的城隍庙。1926年重建，殿高4.8丈，深6.33丈，钢筋水泥结构，而彩椽画栋、翠瓦朱檐规模大增。抗战胜利后，为与新城隍庙（原址在金陵西路连云路口）相区别，故称老城隍庙，如图12.5所示。

图12.5　老城隍庙

6. 孙中山故居

孙中山故居位于香山路7号，是当时旅居加拿大的华侨为了支持孙中山的革命活动，集资购买送给他的，成为孙中山先生于1918—1924年在上海的寓所。1961年被列为全国重点文物保护单位。在这里，孙中山进行了改组国民党的活动，达成了国共第一次合作，完成了《孙文学说》等著作。故居陈设按照宋庆龄生前回忆安排布置，基本保持了原貌。故居内陈列着孙中山先生使用过的指挥刀、军事地图、文房四宝等物品。

7. 毛泽东故居

毛泽东故居位于威海卫云路兰芳7号（今威海路583弄7号），是一幢老式的两层楼砖木结构的石库门房屋。1924年2月中旬，毛泽东在担任中共中央局秘书、国民党上海执行部执行委员、组织部秘书等职务期间，曾在此居住。现被列为上海市的文物保护单位。

8. 周公馆

周公馆位于思南路73号，是一座具有西方建筑风格的花园洋房，红漆大门上写有“周公馆”和“周恩来将军寓所”字样。1946—1947年曾是中国共产党驻上海代表处。周恩来在这里举行过多次重要的记者招待会，会见过许多著名爱国人士。馆内陈列着周恩来同志的墨迹及珍贵纪念物。1979年正式被辟为纪念馆。

9. 鲁迅故居

鲁迅故居位于山阴路132弄9号，是一幢红砖红瓦的三层楼房，为鲁迅生前居住和工作的寓所。在这里，鲁迅从事了大量的创作活动和翻译、编辑工作，创建了“中国自由运动大同盟”和“中国左翼作家联盟”等组织。故居内陈列着鲁迅先生生前用过的写作用具和珍贵物品。

12.2.3 上海旅游亚区的特产与美食

1. 特产

上海是我国工艺美术品的主要生产基地之一，加工水平较高，产品类别繁多，品种丰富且具有鲜明的地方色彩。其中轻纺、手工业工艺品，以选料精、式样新、品种多为特色。服装、毛呢、皮鞋、化妆品、钟表、家具、耐用消费品等许多优质名牌产品蜚声海内外。还有海派戏装、饰品、雕塑、绣品、人造花等工艺美术品也很著名。

2. 美食

上海风味以红烧、生煸、滑炒水产蔬菜见长，具有惠及全国各地风味、适应性强的特点。风味食品，如松江鲈鱼、龙华水蜜桃、淀山湖清水大闸蟹、三林塘崩瓜、城隍庙梨膏糖、五香豆、南翔小笼（如图12.6所示）、高桥松饼、乔家栅糕点、汤团、生煎馒头、蟹亮黄、小绍兴鸡粥、上海八宝鸭（如图12.7所示）、鸡鸭血汤等都很有名。

图12.6 南翔小笼

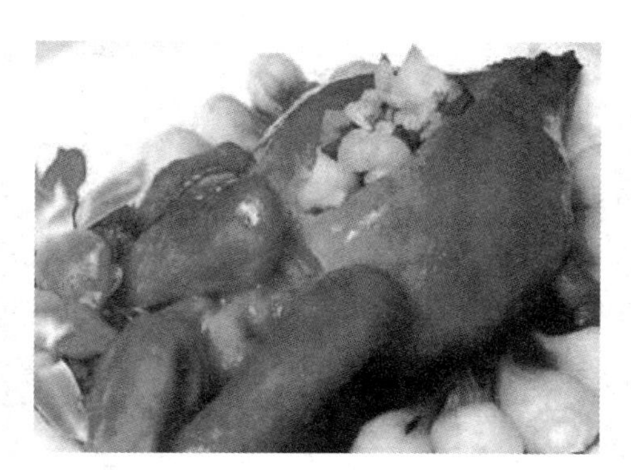

图12.7 上海八宝鸭

12.3 江苏旅游亚区

学习内容

(1) 了解本旅游亚区概况。
(2) 熟悉本旅游亚区的主要旅游景点。
(3) 熟悉本旅游亚区的特产与美食。

贴示导入

江苏位于我国大陆东部沿海，地处美丽富饶的长江三角洲，地形地势低平，河湖众多，素有“江南水乡”之美称；其历史悠久，文化深厚，自然景观与人文景观交相辉映，有小桥流水人家的古镇水乡，有众口颂传的千年名刹，有精巧雅致的古典园林，有烟波浩渺的湖光山色，有规模宏大的帝王陵寝，有雄伟壮观的都城遗址。纤巧清秀与粗犷雄浑交汇融合，可谓是“吴风汉韵，各擅所长”。

深度学习

12.3.1 江苏旅游亚区概况

江苏旅游亚区地处中国大陆沿海中部和长江、淮河下游，总面积 10.67 万平方公里，是长江三角洲地区的重要组成部分。江苏得名于清朝江宁府和苏州府二府的首字，简称“苏”。省会为南京。江苏是少数民族散居省区，55 个少数民族齐全。江苏境内平原辽阔，土地肥沃，物产丰富，是著名的“鱼米之乡”；江苏历史悠久，是中国吴文化的发祥地。

知识链接

江苏是中国吴文化的发祥地，早在数十万年前江苏就已经是人类聚居之地。6 000 多年前，太湖附近及徐州和洪泽湖附近就已经出现了原始村落，开始了原始农业生产。3 000 多年前，江苏青铜器的冶炼和锻造已达到很高的技术水平。公元 3~6 世纪，南京成为中国南方经济文化中心。江苏南北差异明显，风情与韵味各异。江南以苏州为代表，是吴文化圈，吴侬软语、苏州评弹、昆曲是最典型的文化表现形式；江北以徐州为代表，语言和人文环境又完全不同，京剧《霸王别姬》、琵琶曲《十面埋伏》，还有话剧《大风歌》最能代表它的风格。

12.3.2　江苏旅游亚区的主要旅游景点

1. 中山陵

中山陵是中国近代伟大的政治家、伟大的革命先行者孙中山先生的陵墓及其附属纪念建筑群，如图 12.8 所示。位于南京市东郊钟山风景名胜区内，紫金山南麓，西邻明孝陵，东毗灵谷寺。中山陵自 1926 年 1 月动工，至 1929 年主体建成。中山陵坐北朝南，面积共 8 万余平方米。主要建筑排列在一条中轴线上，体现了中国传统建筑的风格，被誉为“中国近代建筑史上的第一陵”。

(a)

(b)

图 12.8　中山陵

2. 钟山

南京钟山风景名胜区位于江苏省南京市东北郊，是南京著名的风景游览胜地，为全国第一批国家级风景名胜区之一。钟山风景区以中山陵为中心，包括紫金山、玄武湖两大区域，总面积约 45 平方公里，区内有优美的自然风光和丰富的古迹文物，有“金陵毓秀”的称誉。

3. 明孝陵

南京明孝陵在南京市东郊紫金山（钟山）南麓，明朝开国皇帝朱元璋和皇后马氏合葬于此。作为中国明陵之首的明孝陵壮观宏伟，代表了明初建筑和石刻艺术的最高成就，直接影响了明清两代 500 多年帝王陵寝的形制。因马皇后谥“孝慈”，故陵名称孝陵。

4. 秦淮河

秦淮河是南京第一大河，秦淮河分内河和外河，内河在南京城中，是十里秦淮最繁华之地。秦淮风光，以灯船最为著名。秦淮河如图 12.9 所示。从南朝开始，秦淮河成为名门望族聚居之地。两岸酒家林立，浓酒笙歌，无数商船昼夜往来于河上，文人才子流连其间，佳人故事留传千古。

(a)

(b)

图 12.9　秦淮河

知识链接

相传秦始皇东巡时，望金陵上空紫气升腾，以为王气，于是凿方山，断长垅为渎，入于江，后人误认为此水是秦时所开，所以称其为秦淮。在众多的南京人和外地人心目中，秦淮似乎是个永恒的话题。它既是古城金陵的起源，又是南京文化的摇篮。这里素为“六朝烟月之区，金粉荟萃之所”，更兼十代繁华之地，被称为“中国第一历史文化名河”。

5. 拙政园

拙政园是中国的四大名园之一，苏州园林中的经典作品，如图 12.10 所示。拙政园位于苏州古城区东北楼门内的东北街，布局主题以水为中心，池水面积约占总面积的 1/5，各种亭台轩榭多临水而筑。拙政园的特点是园林的分割和布局非常巧妙，把有限的空间进行分割，充分采用了借景和对景等造园艺术。拙政园是江南园林的代表，也是苏州园林中面积最大的古典山水园林，被誉为“中国园林之母”，全国重点文物保护单位，1997 年被联合国教学、科技及文化组织列为世界文化遗产。

知识链接

拙政园初为唐代诗人陆龟蒙的住宅，明正德四年（1509 年），明代弘治进士、明嘉靖年间（1521—1566 年）御史王献臣仕途失意归隐苏州后将其买下，聘著名画家、吴门画派的代表人物文征明参与设计蓝图，历时 16 年建成。

(a)

(b)

图 12.10　拙政园

知识链接

吴门画派活跃在明代中叶的苏州地区。以沈周、唐寅、仇英、文征明为先驱，其中文氏画风影响最大。吴门画派的支流“松江派”是明代晚期以董其昌为代表的松江地区山水画派流派。

6. 寒山寺

寒山寺在苏州城西阊门外5公里外的枫桥镇，建于六朝时期的梁代天监年间(502—519年)。唐朝诗人张继途经寒山寺，写有《枫桥夜泊》诗：“月落乌啼霜满天，江枫渔火对愁眠，姑苏城外寒山寺，夜半钟声到客船。”诗韵钟声千载流传，寒山寺因此名扬天下，如图12.11所示。

(a)

(b)

图12.11 寒山寺

7. 瘦西湖

瘦西湖位于江苏省扬州市西北部，因湖面瘦长，称瘦西湖。瘦西湖全长4.3公里，游览面积30多公顷，有长堤、徐园、小金山、吹台、月观、五亭桥、凫庄、白塔等名胜。湖区利用桥、岛、堤、岸的划分，使狭长湖面形成层次分明、曲折多变的山水园林景观。

知识链接

扬州画派于清代乾隆年间活跃于扬州地区，统称“扬州八怪”。他们是金农、黄慎、郑板桥等，其实扬州画派的代表也不止八个画家。“扬州八怪”以石涛为前驱，主要取法于徐渭、石涛、八大山人。

8. 周庄

周庄位于昆山市境内西南隅，是一个名副其实的“岛中之镇”，古称贞丰里。周庄以河成街，古朴幽静，保存着900年前江南典型的“小桥、流水、人家”的水乡风貌和格局，如图12.12所示。周庄古桥多，极具特色。最为著名的景点富安桥是江南仅存的立体形桥楼合璧建筑，如图12.13所示；双桥则由两桥相连为一体，造型独特。

图12.12　周庄

图12.13　富安桥

9. 云台山

江苏连云港云台山在连云港市郊。由锦屏山、前云台山、中云台山、后云台山和鹰游山等互不连续的断块山组成。最为著名的景区花果山是由吴承恩命名的。相传，吴承恩在淮安府官场失意，得知海州境内有座云台山，为宇内四大灵山之一，便乘船来到山下，只见云台山四面环海，峰奇石怪，环境堪称“世上瀛洲”。便在一处弯弓形的山脚下的三官庙中住下，他搜集民间传说，并到山上实地考察山石形象、满山花果，以他丰富的想象力，一连写了三年，终于写成了古典名著《西游记》。

12.3.3　江苏旅游亚区的特产与美食

1. 特产

江苏省名产众多。太湖流域乃我国三大桑蚕基地之一。宁镇丘陵山地产茶叶（名茶有碧螺春茶）、药材等。高邮鸭与鸭蛋、原产如东的狼山鸡均享有盛誉。本省为全国重要的淡水湖区，太湖银鱼、长江鲥鱼、刀鱼和阳澄湖大闸蟹均为名产。传统名产有苏州的刺绣、檀香扇，南京的云锦、雨花石雕，无锡的泥塑、丝绸，连云港的地毯、贝雕，扬州的漆器、玉雕、盆景，宜兴丁蜀陶器，常州的梳篦、灯芯绒等。

知识链接

苏州檀香扇为江苏著名传统工艺品。有扇存香在的特点，保存十年八载，依然幽香阵阵。夏令既去，藏入衣箱，还有防虫、防蛀的妙用。约创始于清末民初，20世纪20年代有“张多记”等七家作坊。苏州檀香扇工艺精良，玲珑纤巧，芬芳馥郁，富有地方特色，深为各界妇女珍爱。苏州檀香扇以“四花”（拉花、烫花、雕花、画花）见长，色泽秀丽、典雅大方，在泥金扇面上绘工笔重彩，高贵富丽。

2. 美食

淮扬菜是中国四大菜系之一，主要指扬州、淮安、镇江等地的菜肴。南京菜古称京大菜、苏州菜古称吴菜。江苏饮食主要是茶和酒两大类，茶文化集中于苏州地区。南京盐水鸭、南京板鸭、南京全鸭席、如皋火腿、镇江肴肉、扬州蟹黄汤包、苏州松鼠桂鱼、常熟叫花鸡、阳澄湖大闸蟹、淮安汤包、淮安全鳝席、高邮双黄咸鸭蛋、无锡酱排骨等。风味小吃有苏州松子糖、淮安馓子、苏州月饼等。

12.4 安徽旅游亚区

学习内容

（1）了解本旅游亚区概况。

（2）熟悉本旅游亚区的主要旅游景点。

（2）熟悉本旅游亚区的特产与美食。

贴示导入

左边是黄山的雄奇壮丽，右边是徽村的水墨淡雅，它穿着旖旎的绸缎，在青山绿水间、在清幽的石板路上优雅地走着。

深度学习

12.4.1 安徽旅游亚区概况

安徽旅游亚区位于华东腹地，是我国东部襟江近海的内陆省份，总面积 13.96 万平方公里，全省户籍人口为 5 950.1 万人（据第六次全国人口普查）。简称“皖”，兼跨长江、淮河两流域，有汉族、回族等民族，省会为合肥。境内丘陵、平原皆备，气候温和湿润，物产丰富，山川壮丽，旅游资源丰富。

12.4.2 安徽旅游亚区的主要旅游景点

1. 黄山

黄山位于安徽省黄山市，雄居于风景秀丽的皖南山区，它以三奇、四绝——奇松、怪石、云海（如图 12. 14 所示）、温泉的奇异风采名冠于世，代表性景点有猴子观海（如图 12. 15 所示）、梦笔生花（如图 12. 16 所示）等。黄山景集泰山之雄伟、华山之峻峭、峨嵋之清凉、匡庐之飞瀑、雁荡之巧石、衡山之烟云。景区内奇峰耸立，有 36 大峰、36 小峰，其中莲花峰、天都峰、光明顶（如图 12. 17 所示）三大主峰，海拔均在 1 800 米以上。黄山以变取胜，一年四季景各异，山上山下不同天。独特的花岗岩峰林、遍布的峰壑、千姿百态的黄山松、惟妙惟肖的怪石、变幻莫测的云海，构成了黄山静中有动、动中有静的巨幅画卷。

图 12.14　云海

图 12.15　猴子观海

图 12.16　梦笔生花

图 12.17　光明顶

知识链接

明代大旅行家徐霞客曾两次游黄山，留下“五岳归来不看山，黄山归来不看岳”的感叹。李白等诗人在此留下了壮美诗篇。黄山是中国最美的、令人震撼的十大名山之一，并与长江、长城、黄河并称为中华民族的象征之一。1985 年，黄山入选全国十大风景名胜，1990 年 12 月，被联合国教育、科学及文化组织批准列入《世界遗产名录》，是中国第二个同时作为文化、自然双重遗产列入名录的。黄山生态保护完好，是中国的标志。

2. 九华山

九华山是中国四大佛教名山之一，地藏菩萨道场，首批国家重点风景名胜区。位于安徽省池州市东南境，被誉为国际性佛教道场。九华山主体由花岗岩构成，以峰为主，盆地峡谷、溪涧流泉交织其中。九华山是一幅清新自然的山水画卷。处处有景，

移步换景，自然秀色与人文景观相互融合，加之四季分明的时景和日出、晚霞、云海、雾凇、雪霰、佛光等天象奇观，美不胜收，令人流连忘返。九华山素有“东南第一山”、“江南第一山”之誉，如图 12. 18 所示。

(a)

(b)

图 12. 18　九华山

3. 天柱山

安徽天柱山自古即为中华历史文化名山，公元前 106 年，汉武帝刘彻登临天柱山，封号“南岳”。道家将其列为第 14 洞天、57 福地；三祖寺是佛教禅宗的发祥地之一，传说中佛家三祖僧璨大师曾在此弘扬佛法。唐代诗人白居易的诗句“天柱一峰擎日月，洞门千仞锁云雷”是对天柱山雄奇景象的精彩描述，如图 12. 19 所示。

(a)

(b)

图 12. 19　天柱山

4. 宏村

宏村位于安徽省黟县城西北角。该村始建于北宋，距今已近千年历史，原为汪姓聚居之地。古宏村人独出机抒开“仿生学”之先河，规划并建造了堪称“中华一绝”的牛形村落和人工水系。统看全村，就像一只昂首奋蹄的大水牛，成为当今“建筑史

上一大奇观”。全村现保存完好的明清古民居有140余幢，保存着古村落的原始状态，没有丝毫现代文明的迹象。造型独特并拥有绝妙田园风光的宏村被誉为“中国画里乡村”。宏村如图12.20所示。

5. 齐云山

齐云山古称白岳，位于安徽休宁县，1994年被列为国家重点风景名胜区，如图12.21所示。齐云山属丹霞地貌，奇峰峥嵘，怪石嶙峋，赤如丹砂，灿若红霞。著名的有香炉峰、玉屏峰、五老峰、天门岩（又称象鼻岩）、栖真岩、紫霄岩、石桥岩。齐云山与四川青城山、湖北武当山、江西龙虎山并称道教四大名山，鼎盛时期有道观33座，现仅存6处。齐云山还有建筑风格独特的道教墓葬22处和大量的摩崖石刻、碑刻。

图12.20　宏村

图12.21　齐云山

6. 巢湖

巢湖是我国五大淡水湖之一，位于安徽省中部，面积820平方公里。以优美的山光水色、动人的神话传说及富饶的物产著称，有姥山、褒禅山、中庙、文峰塔、范增墓、王乔洞等景点及疗养胜地——半汤温泉，有杭埠河、丰乐河、上派河、南淝河、柘皋河等注入，湖水经裕溪河入长江，被称为江淮大地的“宝镜”。巢湖是一个以水景为主兼有人文景观的游览胜地，如图12.22所示。

图12.22　巢湖

12.4.3 安徽旅游亚区的特产与美食

1. 特产

安徽特产众多。它是我国重要茶叶产区之一，祁红、屯绿、黄山毛峰、六安瓜片、太平猴魁等均为名茶。萧县、砀山为水果著名生产基地。传统工艺品以文房四宝——泾县的宣纸、宣笔、歙县（徽州）的徽墨、歙砚等驰名中外。

2. 美食

徽菜，中国八大菜系之一，安徽菜系的主要代表。素以烹制山珍野味而著称。特色为“三重”，即重油、重色、重火功。传统名菜有腌鲜鳜鱼、蟹连鱼肚、山药炖鸽、甲鱼烧石鸡、歙味笋丝、李鸿章大杂烩、胡氏一品锅、绩溪炒粉丝等。

12.5 浙江旅游亚区

学习内容

（1）了解本旅游亚区概况。
（2）熟悉本旅游亚区的主要旅游景点。
（3）熟悉本旅游亚区的特产与美食。

贴示导入

浙江山川秀丽，人文荟萃。境内山陵绵延起伏，平原阡陌纵横，江河滔滔不绝，海岛星罗棋布，山、河、湖、海，滩、林、洞、泉，构成了一幅幅或雄、或奇、或险、或幽，或静若处子、或动若蛟龙，或欲比天高、或试比海深，或如泼墨山水、或似万马奔腾的美丽画卷。奇山异水哺育出一代代杰出人物，吸引了一批批四方豪客，在浙江大地留下了一处处人文古迹。浙江文化灿烂，人文荟萃，科技教育发达，名胜古迹众多，素享“文物之邦，旅游之地”的美誉。

深度学习

12.5.1 浙江旅游亚区概况

浙江省地处中国东南沿海长江三角洲南翼，境内最大的河流是钱塘江，因江流曲折，称之江，又称浙江，省以江命名，简称“浙”。省会为杭州。浙江省陆域面积10.18万平方公里，为全国的1.06%，是中国面积最小的省份之一。浙江地形复杂，

有“七山一水两分田”之说。浙江旅游资源非常丰富，素有“鱼米之乡、丝茶之府、文物之邦、旅游胜地”之称。

12.5.2 浙江旅游亚区的主要旅游景点

1. 西湖

杭州西湖，旧称武林水、钱塘湖、西子湖，是一处融秀丽清雅的湖光山色与璀璨丰蕴的文物古迹和文化艺术为一体的国家级风景名胜区。又称“人间天堂”，以一湖、二峰、三泉、四寺、五山、六园、七洞、八墓、九溪、十景为胜。其春夏秋冬各有景色，晴雨风雪各有情致。

知识链接

西湖十景形成于南宋时期：苏堤春晓（如图12.23所示）、曲苑风荷、平湖秋月、断桥残雪、柳浪闻莺、花港观鱼、雷峰夕照、双峰插云、南屏晚钟、三潭印月。西湖十景各擅其胜，组合在一起又能代表古代西湖胜景精华，所以无论杭州本地人还是外地山水客都津津乐道，先游为快。新西湖十景是1985年经过杭州市民及各地群众积极参与评选，并由专家评选委员会反复斟酌后确定的，它们是云栖竹径、满陇桂雨、虎跑梦泉、龙井问茶、九溪烟树、吴山天风、阮墩环碧、黄龙吐翠、玉皇飞云、宝石流霞。

图12.23 苏堤春晓

知识链接

小瀛洲与湖心亭、阮公墩合称为湖上三岛，而小瀛洲是西湖三岛中最大的一个岛，面积7公顷。四周围是环形堤埂，岛中有湖，水面划为“田”字形，建有一座九转三回、三十个弯的九曲桥。岛上建筑精致，四时花卉扶疏，有“水上仙子”的美称。岛南湖面上有三个石塔鼎足而立，塔高2米，球形塔身中空，有五个小圆孔，有“明月映深潭，塔分一十八”之说。绿岛凝秀，廊桥曲折，文脉凝重，丰姿绰约，人们将这里比作神话传说中的仙岛，故此岛有小瀛洲之称，如图12.24所示。

图 12.24 小瀛洲

2. 钱塘观潮

钱塘观潮位于杭州东北 45 公里海宁盐官镇。钱塘江大潮是由于天体引力和地球自转的离心作用，加上杭州湾喇叭口的特殊地形所造成的特大涌潮。每年农历八月十八，钱江涌潮最大，潮头可达数米。远眺钱塘江出海的喇叭口，潮汐形成汹涌的浪涛，犹如万马奔腾，遇到澉浦附近河床沙坎受阻，潮浪掀起 3~5 米高，潮差竟达 9~10 米，确有“滔天浊浪排空来，翻江倒海山可摧”之势。不同的地段可赏到不同的潮景：塔旁观一线潮（如图 12.25 所示），八堡看汇合潮，老盐仓可赏回头潮（如图 12.26 所示）。

图 12.25 钱塘江一线潮

图 12.26 钱塘江回头潮

知识链接

钱塘潮成因如下。

天时：农历八月十六日至十八日，太阳、月球、地球几乎在一条直线上，所以这天海水受到的潮引力最大。

地利：首先，跟钱塘江口状似喇叭形有关。钱塘江南岸赭山以东近 50 万亩围垦大地像半岛似地挡住江口，使钱塘江赭山至外十二工段酷似肚大口小的瓶子，潮水易进难退。杭州

湾外口宽达100公里，到外十二工段仅宽几公里，江口东段河床又突然上升，滩高水浅。当大量潮水从钱塘江口涌进来时，由于江面迅速缩小，使潮水来不及均匀上升，就只好后浪推前浪，层层相叠。其次，还跟钱塘江水下多沉沙有关，这些沉沙对潮流起阻挡和摩擦作用，使潮水前坡变陡，速度减缓，从而形成后浪赶前浪、一浪叠一浪涌。

风势：沿海一带常刮东南风，风向与潮水方向大体一致，助长了潮势。

3. 雁荡山

雁荡山坐落于浙江省温州乐清境内，中国十大名山之一，如图12.27所示。雁荡山分为南雁荡山、中雁荡山、北雁荡山，其中以北雁荡山最为著名，因“山顶有湖，芦苇丛生，秋雁宿之”，故而山以鸟名。雁荡山根植于东海，山水形胜，以峰、瀑、洞、嶂见长，素有“海上名山”、“寰中绝胜”之誉，史称“东南第一山”。开山凿胜，发轫于南北朝，兴盛于唐宋，文化底蕴丰厚。

(a)

(b)

图12.27 雁荡山

知识链接

由于处在古火山频繁活动的地带，雁荡山山体呈现出独具特色的峰、柱、墩、洞、壁等奇岩怪石，称得上是一个造型地貌博物馆。雁荡山的造型地貌也对科学家产生了强烈的启智作用。例如，北宋科学家沈括游雁荡山后得出了流水对地形侵蚀作用的学说，这比欧洲学术界关于侵蚀学说的提出早600多年。现代地质学研究表明，雁荡山是一座具有世界意义的典型的白垩纪流纹质古火山——破火山。它的科学价值具有世界突出的普遍的意义。

4. 普陀山

普陀山位于浙江省舟山群岛东部海域，是舟山群岛1 390个岛屿中的一个小岛，是观世音菩萨教化众生的道场。最高佛顶山283米，素有“海天佛国”、“南海圣境”

之称，普陀山与九华山、峨眉山、五台山合称中国佛教四大名山，而且普陀山又是以山、水二美著称的名山，充分显示着海和山的大自然之美，山海相连，显得更加秀丽雄伟。

知识链接

普陀山三寺：普济禅寺、法雨禅寺、慧济禅寺。

普陀山三宝：多宝塔、杨枝观音碑、九龙藻井。

普陀山三石：磐陀石、心字石、二龟听法石。

普陀山三洞：朝阳洞、潮音洞、梵音洞。

普陀山十二景：莲洋午渡、短姑圣迹、梅湾春晓、磐陀夕照、莲池夜月、法华灵洞、古洞潮声、朝阳涌日、千步金沙、光熙雪霁、茶山夙雾、天门清梵。

5. 千岛湖

千岛湖即新安江水库，位于杭州淳安境内，系 1959 年新安江水电站建成后所形成的巨型人工湖泊，是目前国内最大的国家级森林公园。湖长 150 公里，最宽处 10 余公里，湖区面积 573 平方公里，蓄水量相当于 3 000 多个杭州西湖。因湖中拥有形态各异的大小岛屿 1 078 座，故得“千岛湖”之美名，如图 12. 28 所示。因其山青、水秀、洞奇、石怪而被誉为“千岛碧水画中游”。

(a)　　　　(b)

图 12. 28　千岛湖

6. 富春江

富春江为钱塘江自建德梅城至萧山闻堰段的别称，流经建德、桐庐、富阳、萧山等四县（市、区），属富春江—新安江风景名胜区。富春江“奇山异水，天下独绝”，两岸山峦逶迤，群峰叠翠，江水澄碧，风光优美，沿途著名景点有建德的灵栖洞、大慈岩、七里扬帆，桐庐的桐君山、严子陵钓台、瑶琳仙境、大奇山和富阳的鹳山等。

7. 天台山

天台山位于天台北部，系仙霞岭余脉，为我国名山之一，主峰华顶山海拔 1 138 米。天台山是名僧济公的故乡、佛教天台宗的发祥地，也是日本、韩国佛教天台宗的祖庭。天台山自然风光优美，人文景观众多，素以“佛宗道源，山水神秀”著称于世。

8. 西塘

古镇西塘位于江、浙、沪二省一市交界处的嘉善县，是一座已有千年历史文化的古镇，如图 12.29 所示。早在春秋战国时期就是吴越两国的相交之地，故有“吴根越角”和“越角人家”之称。到元代初步形成市集。西塘与其他水乡古镇最大的不同在于，古镇中临河的街道都有廊棚，总长为 1.04 平方公里，就像颐和园的长廊一样。在西塘旅游，雨天不淋雨，晴天晒不到太阳。

9. 乌镇

乌镇是江南水乡六大古镇之一，古风犹存的东、西、南、北四条老街呈“十”字交叉，构成双棋盘式河街平行、水陆相邻的古镇格局。这里的民居宅屋傍河而筑，街道两旁保存有大量明清建筑，辅以河上石桥，体现了小桥、流水、古宅的江南古镇风韵。镇东的立志书院是茅盾少年时的读书处，现被辟为茅盾纪念馆，为国家级重点文物保护单位。镇上的西栅老街是我国保存最完好的明清建筑群之一。乌镇如图 12.30 所示。

图 12.29　西塘

图 12.30　乌镇

12.5.3　浙江旅游亚区的特产与美食

1. 特产

浙江省特产众多。桑蚕茧及黄麻产量均居全国第一。浙江省还是我国重要的产茶区，以绿茶为代表，又是重要的干鲜果品区，药材以杭菊、白芍药、白术等较出名。浙江还是我国重要的商品鱼生产基地，沿海盛产大黄鱼、小黄鱼、带鱼、乌贼、鲍鱼、海贝等。浙江传统工艺十分丰富，以杭州丝绸、刺绣、织锦，湖州双绉、绫绢，东阳、乐清木雕，青田石刻，龙泉青瓷等闻名。

2. 美食

风味美食有金华火腿、豆腐乳、杭州藕粉、白菊等。风味名菜有杭州煨鸡、西湖醋鱼、富春江鲥鱼、西湖莼菜、宁波海鲜。风味小吃有嘉兴粽子、绍兴香糕、金华酥饼等。

12.6 江西旅游亚区

学习内容

(1) 了解本旅游亚区概况。
(2) 熟悉本旅游亚区的主要旅游景点。
(3) 熟悉本旅游亚区的主要特产与美食。

贴示导入

江西省因733年唐玄宗设江南西道而为省名,又因为江西省最大河流为赣江而得简称"赣","自江北视江南,江东在左,江西在右。"别称江右。

深度学习

12.6.1 江西旅游亚区概况

江西旅游亚区地处中国东南偏中部长江中下游南岸,总面积16.69万平方公里,人口4 503.93万(2012年),由11个地级市组成。省会为南昌。自古以来江西人文荟萃、物产富饶,有"文章节义之邦,白鹤鱼米之国"的美誉。

12.6.2 江西旅游亚区的主要旅游景点

1. 庐山

庐山是中国国家级重点风景名胜区,著名的旅游、避暑胜地,如图12.31所示。雄峙于江西省北部。在300多平方公里的风景区内,有12个景区、37处景点、230多个景物景观。登山俯瞰,南观鄱阳湖,淼淼如银镜,水天一色;北望长江,飘飘似玉带,逶迤东去。庐山集自然景观与人文景观于一身,被中外游客评选为"中国旅游胜地四十佳"之一。

2. 井冈山

井冈山地处江西省西南部、湘赣交界处的罗霄山脉中段,地势险峻。井冈山是

“中国革命的摇篮”，是一块“浸透着烈士鲜血的圣地”。1927 年 10 月，毛泽东、朱德等老一辈无产阶级革命家率领工农革命军来到井冈山，创建了中国第一个农村革命根据地，开辟了以“农村包围城市，武装夺取政权”的具有中国特色的革命道路，尤其是为后人留下了宝贵的精神财富——井冈山精神。

(a) (b)

图 12.31　庐山

3. 三清山

三清山坐落于江西省上饶东北部。以自然山岳风光为主，以道教人文景观为特色，已开发的奇峰有 48 座，怪石 52 处，景物景观 400 余处，有植物 1 088 种。景区总面积 220 平方公里，最高峰玉京峰海拔 1 819.9 米。山南为自然风光：司春女神、巨蟒出山、老道拜月、观音赏曲、神龙戏松堪称世绝。三清山于 2008 年被列入《世界遗产名录》，如图 12.32 所示。

图 12.32　三清山

4. 龙虎山

龙虎山原名云锦山，位于江西省鹰潭市西南 20 公里处贵溪县境内，如图 12.33 所示。龙虎山是我国典型的丹霞地貌风景。龙虎山是道教正一派的祖庭。东汉中叶，第一代天师张道陵来到这里肇基炼九天神丹，“丹成而龙虎见，山因以名”。

图 12.33　龙虎山

5. 滕王阁

滕王阁位于江西省南昌市西北部沿江路赣江东岸，与湖南岳阳楼、湖北黄鹤楼并称江南三大名楼。滕王阁始建于唐代，后几经兴废。明代景泰年间（1450—1456年），巡抚都御使韩雍重修，其规模为三层，高 27 米，宽约 14 米。今天的滕王阁，连地下室共四层，高 57.5 米，占地达 47 000 平方米。

知识链接

滕王阁之所以享有盛誉，很大程度上归功于一篇脍炙人口的散文《秋日登洪府滕王阁饯别序》（即《滕王阁序》）。传说唐代诗人王勃探亲路过南昌，正赶上阎都督重修滕王阁后，在阁上大宴宾客。王勃当场一气呵成，写下千古名篇（即《滕王阁序》）。从此，序以阁而闻名，阁以序而著称。王勃作序后，唐代王绪写《滕王阁赋》，王仲舒写《滕王阁记》，史书称之为“三王记滕阁”佳话。

6. 鄱阳湖

江西境内的鄱阳湖是中国最大的淡水湖，古称彭蠡湖或者彭蠡泽，“彭者大也，蠡者，瓠瓢也。”形容鄱阳湖如大瓢一样，属吞吐性湖泊。鄱阳湖为国家级自然保护区。由于这里的地理和气候条件均适合候鸟越冬，因此，在每年秋末冬初（11 月），从俄罗斯西伯利亚、蒙古国、日本、朝鲜及中国东北、西北等地飞来成千上万双候鸟，和原来定居在这里的野鸭、鹭、鸳鸯等一起度过冬天，直到立年暮（3 月）逐渐离去。鄱阳湖是世界上最大的鸟类保护区，被称为“白鹤世界”、“珍禽王国”。

7. 婺源

婺源，位于赣东北。婺源素有“书乡”、“茶乡”之称，是全国著名的文化与生态旅游县，被外界誉为“中国最美的乡村”，如图 12.34 所示。婺源有世界濒临绝迹鸟种——黄喉噪鹛，有世界最大的野生鸳鸯越冬栖息地——鸳鸯湖，每年冬天有 2 000 多对鸳鸯来到这里越冬，有华夏第一高瀑——大鄣山瀑布。

图 12.34　婺源

8. 瑞金

瑞金是享誉中外的“红色故都”、共和国摇篮、中央红军长征出发地。瑞金在中国革命历史上曾经写下了光辉灿烂的一页，有着重要的历史地位。它是中国第一个红色政权——中华苏维埃共和国临时中央政府的诞生地，第二次国内革命战争时期中央革命根据地的中心，是驰名中外的红军二万五千里长征的出发地之一。

12.6.3　江西旅游亚区的特产与美食

1. 特产

特产有景德镇陶瓷、泰和乌鸡、万载百合粉、宜春茶油、南酸枣糕、丰城冻米糖、兴国红薯干、赣南脐橙、安福火腿、南丰蜜桔、南安板鸭、多味花生、上饶鸡腿、宜丰竹雕、玉山乌猪、龙尾砚、清华婺酒、芦田灌心糖、天桂梨、茶叶、年糕、扣肉、葛粉、葛片茶、米粉干、酒糟鱼、笋干、鄱阳湖银鱼、万年贡米、婺源荷包红鱼、玉山罗纹砚、鄱阳湖白莲等。

2. 美食

美食有南昌炒粉、凉拌粉、煌禽酱鸭、三杯脚鱼、庐山石鸡、庐山石鱼、庐山云雾茶、伊府面、九江茶饼、赣南小炒鱼、弋阳醋鸡、鸡汁仙鱼卷、米粉蒸肉、米面、木瓜凉粉、酿冬瓜圈、牛肉炒粉、平遥熟牛肉、鄱阳湖狮子头、清汤泡糕、宜丰烧卖、宜丰闽笋、饭糊果、豆豉果、灰煎果、油条包麻子果、灯盏果、吊浆果、南瓜干、茄子干、辣椒干、柚子皮干、铅山烫粉、信州炒粉、清汤、月兔香烟、陆羽泉啤酒、信州春酒等。

课堂讨论

（1）试述都市园林江南水乡旅游区形成的地理环境因素和资源特征。

（2）“上有天堂、下有苏杭”，试对比苏州、杭州两座旅游城市的旅游特色有什么异同？

（3）古典园林在本区主要集中在哪些城市？列举代表名园。

小 结

都市园林江南水乡旅游区位于我国东部，包括上海市、江苏省、安徽省、江西省，共四省一市。该区地处长江下游地区，濒临东海、黄海，具有近海区位优势，气候温和，交通便利，物产丰富，园林荟萃，名山众多，经济发达。该区形成了独具特色的吴越文化，其旅游资源以江南水乡、历史名山、古典园林和都市风貌为突出特色，有风光秀美的黄山、庐山、九华山等历史文化名山；以潘阳湖、洞庭湖、太湖和长江、钱塘江、楠溪江为代表的河湖交织的水乡风光；以苏州、扬州等地园林为代表的中国古典风景园林，以上海、南京、杭州为代表的现代都市和历史文化名城；以及以江苏周庄、同里、西塘为代表的水乡古镇，是一个自然山水风光和人文景观兼优、旅游资源密集、类型多样的旅游区。每个旅游亚区各有其特色，在了解该旅游区概况基础上，着重于掌握该区旅游资源的基本特征和各重要旅游点的概况。

课堂小资料

江南园林有以下三个显著特点。

第一，叠石理水。江南水乡以水景擅长，水石相映，构成园林主景。太湖产奇石，玲珑多姿，植立庭中，可供赏玩。宋徽宗营艮岳，设花石纲专供搬运太湖石峰，散落遗物尚有存者，如上海豫园玉玲珑、杭州植物园绉云峰、苏州瑞云峰。又发展以叠石为山，除太湖石外，并用黄石、宣石等。明清两代，叠石名家辈出，如周秉忠、计成、张南垣、石涛、戈裕良等，他们活动于江南地区，对园林艺术贡献甚大。今存者为扬州片石山房假山，传出石涛手。戈裕良所叠山以苏州环秀山庄假山为代表，今尚完好。常熟燕园黄石湖石假山经修理已失旧观。

第二，花木种类众多，布局有法。江南气候和土壤适合花木生长。苏州园林堪称集植物之大成，且多奇花珍木，如拙政园中的山茶和明代画家文征明的手植藤。扬州历来以莳花而闻名。清初扬州芍药甲天下，新种奇品迭出，号称花瑞。江南园林由于得天独厚和园艺匠师精心培育，因此四季有花不断。

江南园林按中国园林的传统，虽以自然为宗，绝非丛莽一片，漫无章法。其安排原则大体如下：树高大乔木以荫蔽烈日，植古朴或秀丽树形树姿（如虬松、柔柳）以供欣赏，再辅以花、果、叶的颜色和香味（如丹桂、红枫、金橘、腊梅、秋菊等）。江南多竹，品类亦繁，终年翠绿以为园林衬色，或多植蔓草、藤萝，以增加山林野趣。也有赏其声音的，如雨中荷叶、芭蕉，枝头鸟啭、蝉鸣等。

第三，建筑风格淡雅、朴素。江南园林沿文人园轨辙，以淡雅相尚。布局自由，建筑朴素，厅堂随宜安排，结构不拘定式，亭榭廊槛，宛转其间，一反宫殿、庙堂、住宅之拘泥对称，而以清新洒脱见称。这种文人园风格后来为衙署、寺庙、会馆、书院所附庭园，乃至皇家苑囿所取法。宋徽宗的艮岳、苑囿中建筑皆仿江浙白屋，不施五彩。清初营建北京的三山五园（见圆明园）和热河的避暑山庄，有意仿效江南园林意境。例如，清漪园的谐趣园仿寄畅园，圆明园的四宜书屋仿海宁安澜园；避暑山庄

的小金山、烟雨楼都是以江南园林建筑为范本的。这些足以说明以蕴含诗情画意的文人园为特色的江南园林，已成为宋代以后中国园林的主流。北方士大夫营第建园，也往往延请江浙名师为之擘画主持。

考 考 你

（1）本旅游区有哪些宗教名山？

（2）本旅游区的主要旅游特色是什么？

（3）思考本旅游区旅游资源的特色和不足之处，开发新的旅游项目，增强其竞争力。

13

中原腹地名山胜水旅游区

学习任务

（1）了解本旅游区概况。

（2）熟悉本旅游区的旅游资源特征。

（3）熟悉本旅游区内的主要旅游资源和旅游景点。

知识导读

本区包括北京市、天津市、河北省、山东省、河南省、山西省和陕西省二市五省，总面积达 89.85 万平方公里，占全国总面积的 9.35%。该区是我华夏民族的发祥地，是中国的政治中心，有许多历史古迹和文化名胜，旅游资源丰富多彩。该旅游区区位优越，经济发达，交通方便，是旅游较发达的地区。

13.1 中原腹地名山胜水旅游区概述

学习内容

(1) 熟悉本旅游区概况。
(2) 熟悉本旅游区的旅游资源特征。

贴示导入

本旅游区作为中华民族的发祥地，区内华夏文明遗迹遍布，自然旅游资源丰富，是我国重要的旅游地区之一。突出特色是华夏古今文明（万里长城、北京故宫、秦始皇陵兵马俑、敦煌莫高窟、五台山）和山海形胜（泰山、崂山、渤海湾）。在自然方面，地势起伏，地貌形态多样；河湖瀑海（壶口瀑布），各具特色；典型的大陆性季风气候。在人文方面，华夏文明源远流长；古城云集，古迹众多；宗教艺术博大精深；民俗文化千般风情。沿海地区资源组合较好，且交通便利，旅游发展水平较高；山西和陕西等地经济发展较落后，组合较差，区域间发展极不平衡。该区主要以人文景观为主，自然与人文景观的组合亦佳。

深度学习

13.1.1 中原腹地名山胜水旅游区概况

中原腹地名山胜水旅游区包括京、津、冀、鲁、豫、晋、陕二市五省，是我国历史文化的主要发祥地，全国的政治、经济、文化和交通中心，是我国旅游活动兴起和发展最早的地区之一，以优越的区位和丰富的旅游资源为基础而成为我国最发达的旅游区。

1. 自然地理

中原腹地名山胜水旅游区拥有山地、高原、平原、丘陵和盆地等地形，地貌类型齐全，自然景观多样。本区名山众多。黄土高原上覆盖着深厚的黄土层，黄土窑洞是黄土高原特有的人文景观。

本旅游区位于亚欧大陆东部、北半球中纬度地带，除汉中盆地以外，皆为暖温带湿润、半湿润季风气候，其气候特点是春季干燥多风，夏季炎热多雨，秋季秋高气爽，冬季寒冷少雪，四季分明。

2. 人文旅游地理

开发历史悠久

自古以来，中原腹地名山胜水旅游区一直是华夏祖先最早生存繁衍的地区之一，现已发现了蓝田人和丁村人等古人类化石和遗址，半坡文化、仰韶文化、大汶口文化、龙山文化遗址、殷墟等。本旅游区交通运输发达，拥有以铁路、公路为主，海运、空运为辅的现代化交通运输网。发达的经济、便捷的交通为本区发展旅游业创造了优越的条件。本旅游区的旅游纪念品也是非常引人注目的，如陕西、河南的唐三彩，陕西的古碑帖拓片、山东的鲁砚，北京的景泰蓝、宫灯、金漆镶嵌等；京剧、河北梆子、豫剧、秦腔、山东快书等多种文艺形式也是深受广大旅游者喜爱。本旅游区是我国早期的政治、经济和文化的中心，开发历史悠久，经济发达，现在更是全国的政治、经济、文化中心。

13.1.2 中原腹地名山胜水旅游区的旅游资源特征

中原腹地名山胜水旅游区是中华民族的发祥地，人文旅游资源异常丰富，且山水胜景和文物古迹相融合，构成了本区旅游的独特优势。

1. 文物古迹众多且多属精华

中原腹地名山胜水旅游区自然条件优越，蓝田人、丁村人等古人类化石均发掘于本区，半坡文化、仰韶文化、大汶口文化、龙山等文化遗址亦在本旅游区，成为我国古文化发展阶段的标志。帝王陵寝众多，黄帝陵、尧帝陵、舜帝陵，孔墓、孟墓、司马迁墓等名闻天下。宗教遗址也比较丰富，白马寺、少林寺、悬空寺、龙门石窟、云冈石窟也在本区。四大佛教名山的五台山、现存最古的山西应县佛宫寺释迦塔、北京牛街清真寺都在本区。

古建筑绝世超群，北京故宫、曲阜孔庙、泰山岱岳、承德避暑山庄更是享誉海内外。我国七大古都中，本区有北京、西安、洛阳、开封和安阳五个，且建都历史早，持续时间长，城市规模大。

2. 海滨优美、名山众多，自然景观和人文景观奇妙结合

中原腹地名山胜水旅游区位于渤海、黄河之滨，是我国著名的海滨旅游胜地。海岸线漫长曲折，滩涂平缓宽阔，冬无严寒，夏无酷暑，气候宜人，是消夏避暑和沐浴的良好场所，其中北戴河、南戴河、烟台、青岛等地为理想的阳光海滩旅游胜地。

中原腹地名山胜水旅游区名山众多，可进入性大。著名的五岳中本区占有四岳（泰山、嵩山、恒山和华山）；还有佛教名山五台山、道教名山崂山及云中公园鸡公山、京东第一山盘山等。出于历史的原因，本区许多的自然风景旅游资源都与重大历史事件相关。例如，骊山景色优美，温泉驰名，唐玄宗与杨贵妃的故事更是随着《长恨歌》的演唱流传千古。

13.2 北京旅游亚区

学习内容

（1）了解本旅游亚区概况。

（2）熟悉本旅游亚区的主要旅游景点。

（3）熟悉本旅游亚区的特产与美食。

贴示导入

表面上北京是现代大都会，但内心却有抹不去的古朴和怀旧。闲庭信步在逐渐少去的胡同里，走进那热气腾腾的涮肉店，这才是真正的北京。

深度学习

13.2.1 北京旅游亚区概况

北京是我国首都，中央直辖市、国家中心城市，我国政治、文化、教育和国际交流中心，同时也是我国经济金融的决策中心和管理中心。全市面积 16 411.54 平方公里，北京市共辖 14 个市辖区、2 个县，人口 2 069.3 万（2012 年）。位于华北平原北端，东南与天津相连，其余为河北省所环绕。北京有着 3 000 余年的建城史和 850 余年的建都史，是“中国七大古都”之一，具有一定的国际影响力。荟萃了自元明清以来的中华文化，拥有众多名胜古迹和人文景观，是全球拥有世界文化遗产最多的城市。北京也为华北地区降雨最多的城市之一。

13.2.2 北京旅游亚区的主要旅游景点

1. 北京故宫

北京故宫（如图 13.1 所示），又称紫禁城，是明清两代的皇宫，为我国现存最大、最完整的古建筑群，面积达 155 000 平方米，房屋 9 000 多间（民间传说 9 999.5 间）。出于防御的需要，北京故宫四周有 10 米高的城墙，墙外还有 52 米宽的护城河环绕，城的四角各有一座华丽奇特的角楼。北京故宫全城南北长 960 米，东西宽 760 米，占地 72 万平方米。北京故宫有一条贯穿宫城南北的中轴线，在这条中轴线上，按照“前朝后寝”的古制，布置着帝王发号施令、象征政权中心的三大殿（太和殿、中和殿、保和殿）和帝后居住的后三宫（乾清宫、交泰殿、坤宁宫）。在其内廷部分（乾清门以北），左右各形成一条以太上皇居住的宫殿——宁寿宫和以太后、太妃居住

的宫殿——慈宁宫为中心的次要轴线，这两条次要轴线又和外朝以太和门为中心，与左边的文华殿、右边的武英殿相呼应。两条次要轴线和中央轴线之间，有斋宫及养心殿，其后为嫔妃居住的东西六宫。

2. 八达岭长城

八达岭长城位于延庆县境内，是万里长城的精华和明长城的杰出代表。八达岭长城是世界文化遗产、国家5A级景区、国家重点文物保护单位、国家重点风景名胜区、“中国旅游胜地四十佳”之首、全国文明旅游风景示范区，如图13.2所示。

图13.1　北京故宫

图13.2　八达岭长城

3. 颐和园

颐和园在北京西北部海淀区境内，是我国保存最完整、最大的皇家园林，也是世界上著名的游览胜地之一，属于第一批全国重点文物保护单位。颐和园原是帝王的行宫和花园。1750年，乾隆将这里改建为清漪园。1888年，更名为颐和园，如图13.3所示。

图13.3　颐和园

4. 明十三陵

明十三陵是明朝迁都北京以后的十三位皇帝的陵墓群。坐落在北京西北郊昌平县境内的燕山山麓。据京城约50公里，总面积120余平方公里。这里自永乐七年（1409年）5月始作长陵，到明朝最后一帝崇祯葬入思陵止，其间230多年，先后修建了十三座金碧辉煌的帝王陵墓、七座妃子墓、一座太监墓。共埋葬了十三位皇帝、二十三位皇后、两位太子、三十余名妃嫔。明十三陵是当今世界上保存完整、

埋葬皇帝最多的墓葬群。十三座皇帝陵墓掩映在青山秀水之间，宫殿巍峨，金碧辉煌，如图 13.4 所示。

5. 国家体育场

国家体育场位于北京奥林匹克公园中心区南部，形态如同孕育生命的“巢”，故又名鸟巢，是2008 年第 29 届夏季奥林匹克运动会的主体育场，如图 13.5 所示。国家体育场工程总占地面积 21 公顷，建筑面积 25.8 万平方米。场内观众坐席约为 9.1 万个，其中临时坐席约 1.1 万个。2008 年第 29 届夏季奥林匹克运动会后，国家体育场成为北京市民广泛参与体育活动及享受体育娱乐的大型专业场所，并成为具有地标性的体育建筑和奥林匹克运动会遗址工程。

图 13.4 明十三陵

图 13.5 鸟巢

6. 圆明园

圆明园位于北京市海淀区的海淀镇之北，有“万园之园”的美称，它建成于清朝乾隆年间，原有亭台楼阁 140 多处，总面积达 350 万平方米。它的陆上建筑面积和北京故宫一样大，水域面积又等于一个颐和园。这里林木繁茂，水泉丰沛，兼具江南和北方风光双重特色。圆明园这座举世名园，于咸丰十年，即 1860 年的 10 月，遭到英法联军的野蛮洗劫和焚毁，成为我国近代史上的一页屈辱史。圆明园遗址如图 13.6 所示。

图 13.6 圆明园遗址

7. 天安门广场

天安门广场是北京的心脏地带，是世界上最大的城市中心广场。占地面积44公顷，东西宽500米，南北长880米，地面全部由经过特殊工艺技术处理的浅色花岗岩条石铺成。每天清晨的升国旗和每天日落时分的降国旗是最庄严的仪式。同时，天安门广场是无数重大政治、历史事件的发生地，是中国从衰落到崛起的历史见证。1949年10月1日，毛泽东在天安门城楼上宣告中华人民共和国成立，并亲手升起第一面五星红旗。从此天安门城楼成为新中国的象征，它庄严肃穆的形象是中国国徽的重要组成部分，如图13.7所示。

天安门广场主要由广场北面的天安门城楼、矗立在广场中央的人民英雄纪念碑和位于广场西侧的人民大会堂组成。

图13.7　天安门广场

13.2.3　北京旅游亚区的特产与美食

景泰蓝是北京特有的传统工艺品，得名于明朝景泰年间（1450—1457年），且以蓝釉为其特点。北京是景泰蓝技术的发源地，现存最早的景泰蓝是元代的产品，已有近千年的历史。制作景泰蓝先要用紫铜制胎，再用扁细的铜丝在铜胎上粘出图案花纹，然后用色彩不同的珐琅釉料镶嵌并填充在图案中。这道工序完成后才是反复烧结，磨光镀金。可以说，景泰蓝的制作工艺既运用了青铜工艺，又利用了瓷器工艺，同时又大量引进了传统绘画和雕刻技艺，堪称中国传统工艺的集大成者。

北京雕漆创始于唐代，距今已有1 400余年历史，为历代皇帝、皇妃宠爱和享用，属于宫廷艺术。1949年以后，雕漆从宫廷走向社会，成为与全世界各国人民进行文化交流的民族工艺品。雕漆制作独特，多以黄铜为内胎，兼有脱胎（布胎）、木胎等。胎型外涂天然大漆，一般的雕漆至少要涂70层，镂空雕的高档雕漆则要涂500层以上大漆，漆厚约300毫米。然后再在漆层上进行精雕细琢。传统的雕漆以红色为主，兼有黑、黄色，现代雕漆以红、黑色为主，并发展了绿、蓝、棕、白、橘黄色等多种色彩。传统的雕刻方法只有浮雕、浅雕，现代又创造了圆雕、半镂空和全镂空雕。

北京烤鸭是北京全聚德烤鸭店的名食，它以色泽红艳、肉质细嫩、味道醇厚、肥而不腻的特色，被誉为“天下美味”而驰名中外。相传，烤鸭之美系源于名贵品种的北京鸭，它是当今世界最优质的一种肉食鸭，因是用填喂方法育肥的一种白鸭，故名“填鸭”。北京烤鸭如图 13.8 所示。

图 13.8　北京烤鸭

北京果脯采用宫廷传统秘方，由鲜果加工精制而成，口味酸甜适中，爽口滑润，甜而不腻，果味浓郁，主要有杏脯、梨脯、秋海棠等上千个品种、几百个规格的各类产品，均被农业部认定为绿色食品。

13.3　天津旅游亚区

学习内容

（1）了解本旅游亚区概况。
（2）熟悉本旅游亚区的主要旅游景点。
（3）熟悉本旅游亚区的特产与美食。

贴示导入

天津这个名字最早出现于永乐初年（1403 年），为燕王朱棣所起，因这里是他到京城夺取帝位时的渡口，所以起名为天津，意为天子渡河的地方。自永乐二年（1404 年）正式设卫建城。翌年设天津左卫，转年又增设天津右卫。清顺治九年（1652 年），三卫合一，归并于天津卫。天津是中国四个中央直辖市之一，是仅次于上海和北京的第三大城市；我国五大中心城市之一，是中国大陆经济、金融、贸易和航运的三大中心之一。

深度学习

13.3.1　天津旅游亚区概况

天津简称津，是中国四大直辖市之一，国内第三大城市。地处华北平原，因漕运

而兴起，明永乐二年十一月二十一日（1404 年 12 月 23 日）正式筑城，是中国古代唯一有确切建城时间记录的城市。600 余年的沧海桑田，特别是近代百年，造就了天津中西合璧、古今兼容的独特城市风貌。“近代百年看天津”，成为世人共识。

2006 年，国务院常务会议将天津完整定位为“环渤海地区经济中心，国际港口城市，北方经济中心，生态城市”，并将“推进滨海新区开发开放”纳入“十一五”规划和国家战略，设立为国家综合配套改革试验区。2009 年，国务院批复同意天津市调整滨海新区行政区划，经济进入高速发展时代，增速连续多年位于全国领先位置，天津已经形成了“双城双港”的城市形态。

天津素有“渤海明珠”之称，有津沽、直沽、丁沽、津门等别称。天津东临渤海，北依燕山，市区依海河而建，景色优美。海河五大支流在此汇合入海口，素有“九河下梢”、“河海要冲”之称。因此天津是海上通往北京的咽喉要道，自古就是京师门户、畿辅重镇。

13.3.2 天津旅游亚区的主要旅游景点

1. 天津古文化街

天津古文化街全长 580 米，宽 7 米，它分为宫南大街、宫北大街和宫前广场三部分，全部建筑以砖木结构为主，是目前天津市最大的一处仿古建筑群，于 1986 年元旦正式开业，如图 13. 9 所示。街内有近百家店铺，主要经营古旧书籍、古玩玉器、传统手工艺制品、民俗用品、天津民间艺术的杨柳青年画、泥人张彩塑、魏记风筝、刘氏砖刻，还有全国各地的景泰蓝、牙玉雕、双面绣、中西乐器、艺术陶瓷、文物古玩、图书字画等。

图 13. 9　天津古文化街

2. 天津蓟县盘山

盘山是国家重点风景名胜区，犹如十里锦屏，巍然屹立于京东、津北，是我国北方著名的旅游胜地，历史上被列为中国十五大名胜之一，以“京东第一山”驰名中外，如图 13. 10 所示。

3. 天津鼓楼

鼓楼是从前天津的“三宗宝”之一，位于天津老城中心，紧邻闻名遐迩的广东会馆，与著名的古文化街、天后宫等景点交相辉映，形成了浓郁的地方文化氛围，如图 13. 11 所示。已完成主体修复工程的鼓楼时常举办各种展览，展出金代、元代、明代、清代、近代、新中国成立前几个历史时期本市住宅的发展变迁史，除此之外还开辟了天津风貌和名人名居展览。

图 13. 10　盘山

图 13. 11　天津鼓楼

4. 天津霍元甲故居

精武门创始人霍元甲是中国近代著名爱国武术家。霍元甲故居位于天津西青区小南河村，依据史料重新翻修成青砖，坐南朝北，是明三暗五的小四合院式建筑，如图 13. 12 所示。堂内有霍元甲于 1909 年在天津拍摄的照片，作为这位爱国武术家的遗像供人祭拜，两侧的喑联“一生侠义、盖世英雄”是他的次子霍东阁所写。

图 13. 12　霍元甲故居

13.3.3　天津旅游亚区的特产与美食

1. 狗不理包子

狗不理包子以其味道鲜美而誉满全国，名扬中外。狗不理包子广受欢迎，关键在于用料精细，制作讲究。在用料上，狗不理包子的肉馅别具特色，选用七成瘦三成肥的新鲜猪肉，上等酱油找口，放上香油、味精、葱姜末等佐料，边加水边搅拌，打成

肉丁水馅。包子皮使用半发酵“一拱肥”富强面。做工上，狗不理包子从揉面、揪剂、擀皮、装馅、掐包、上屉、上大灶，都有明确的规格标准，掐出来的包子褶花匀称，每个包子的褶不少于十五六个。刚出屉的包子，看上去如薄雾之中的含苞秋菊，爽眼舒心，咬一口，油水汪汪，香而不腻。

2. 泥人张

天津泥人在清代乾隆年间、嘉庆年间（1795—1820 年）已享有很大声誉。使天津泥人大放异彩、成为民族艺术奇葩的，是泥人张艺术的创始人张长林的彩塑，它把传统的捏泥人提高到圆塑艺术的水平，又装饰以色彩、道具，形成了独特的风格。

3. 十八街麻花

十八街麻花的创始人是范贵才、范贵林兄弟，因店铺坐落于十八街，人们又习惯称其为十八街麻花。范氏兄弟经过反复探索和创新，在白条和麻条中间夹一条含有桂花、闵姜、桃仁、瓜条等多种小料的酥馅，使炸出的麻花酥软、香甜、与众不同。创造出的什锦夹馅大麻花，香、酥、脆、甜，在干燥通风处放置数月不走味、不绵软、不变质。

4. 杨柳青年画

杨柳青年画是天津民间艺术珍品，也是我国著名的民间木版年画之一。因产生于 17 世纪初叶的天津西郊杨柳青镇而得名。它综合了中国古代绘画、传统木刻版画、工艺美术、戏剧舞台的表现形式，早期作品多以仕女画和娃娃画为主，清乾隆、嘉庆年间，技法上有了创新，出现了多人物的繁复场面，并有背景、道具烘托主题。光绪年间（1874—1908 年）又受到文人画的影响，画法细腻，画面有题词。它采取木刻套印和人工彩绘相结合的方法制作，形成既有道劲功力的木刻韵味，又有民族绘画的独特格调。

13.4　河北旅游亚区

学习内容

（1）了解本旅游亚区概况。
（2）熟悉本旅游亚区的主要旅游景点。
（3）熟悉本旅游亚区的特产与美食。

贴示导入

河北省内环京津，外环渤海，是中国重要的旅游资源大省。文物古迹众多。早在 5 000 多年前，中华民族的三大始祖，即黄帝、炎帝和蚩尤就是在河北由征战到融合，开创了中华文明史。春秋战国时期，河北地属燕国和赵国，故有“燕赵”之称。元代、明代、清代三朝定都北京，河北成了拱卫京师的畿辅之地。悠久的历史使河北形成了深厚的文化积淀。

深度学习

13.4.1 河北旅游亚区概况

河北省地处华北，北依燕山，南望黄河，西靠太行山，东坦沃野，内守京津，外环渤海，周边分别与内蒙古、辽宁、山西、河南、山东等省毗邻，海岸线长487公里，总面积达18.88万平方公里，现有11个地级市、22个县级市、107个县、6个自治县。

13.4.2 河北旅游亚区的主要旅游景点

1. 石家庄

石家庄市历史悠久，所辖国家历史文化名城正定自古为河朔重镇，西柏坡为中国革命圣地。石家庄于1947年成为全国第一个由解放军解放的大城市，孕育了新中国的雏形。人文、自然旅游资源丰富，正定大菩萨和赵州桥同被列入华北四宝。石家庄交通便利，为铁路、高铁枢纽城市，京津冀都市圈第三极核心城市，全国重要的医药、纺织工业中心城市，重要的现代服务业和生物产业基地之一，华北重要商埠。

2. 秦皇岛

秦皇岛因公元前215年中国的第一个皇帝秦始皇东巡至此，并派人入海求仙而得名，是中国唯一一个因皇帝尊号而得名的城市。万里长城犹如一条腾飞的巨龙，“龙头”入海处，就是秦皇岛的山海关。秦皇岛位于环渤海经济圈中心地带，是东北与华北两大经济区的结合部。市辖北戴河、山海关、海港区三个市辖区和抚宁、昌黎、卢龙、青龙满族自治县四个县，总面积7 812.4平方公里。

1）北戴河

北戴河区是河北省秦皇岛市的城区。北戴河区海滩沙质比较好，坡度也比较平缓，是一个优良的天然海水浴场，如图13.13所示。清光绪二十四年（1898年），清政府将北戴河海滨开辟为“各国人士避暑地”，到1938年，这里被建成了一个带有殖民地色彩的避暑佳地。现已成为中国规模较大、设施比较齐全的海滨避暑胜地。

图13.13 北戴河

2）山海关

山海关古称榆关，是明长城的东北起点，境内长城26公里，位于秦皇岛市以东10多公里处。明朝洪武十四年（1381年），中山王徐达奉命修永平、界岭等关，在此创建山海关，因其北倚燕山，南连渤海，故得名山海关。山海关是万里长城的最东端。据史料记载，山海关自1381年建关设卫，至今已有600多年的历史，自古即为我国的军事重镇，如图13.14所示。山海关的城池周长约4公里，是一座小城，整个城池与长城相连，以城为关。城高14米，厚7米。全城有四座主要城门，并有多种古代的防御建筑，是一座防御体系比较完整的城关，有"天下第一关"之称。以威武雄壮的"天下第一关"箭楼为主体，辅以靖边楼、临闾楼、牧营楼、威远堂、瓮城、东罗城、长城博物馆等长城建筑，向游客展示了中国古代城防建筑风格。"天下第一关"匾额长5米多，高1.5米，为明代著名书法家萧显所书，字为楷书，笔力苍劲浑厚，与城楼风格浑然一体，堪称古今巨作。相传，最后的"一"字，不是一起写上去的，而是书者将蘸满墨汁的笔抛向空中点上去的。

图13.14　山海关

3. 承德

承德旧称"热河"，处于华北和东北两个地区的连接过渡地带，地近京津，背靠内蒙古、辽宁。承德是首批24个国家历史文化名城之一、中国十大风景名胜、旅游胜地四十佳、国家重点风景名胜区、国家甲类开放城市。1994年，位于承德市的避暑山庄及其周围寺庙被联合国教育、科学及文化组织批准为世界文化遗产，从而使承德步入了世界文化名城的行列。

13.4.3　河北旅游亚区的特产与美食

河北省农特产品丰富多样，温带果品主要有河北鸭梨、赵州雪花梨、宣化牛奶葡萄、深州水蜜桃、沧州金丝小枣及京东板栗、兴隆红果、承德杏仁等。其中河北鸭梨产地遍布冀中南，昔日集中于天津外销，故又称天津鸭梨，香甜酥脆，富有营养并有清肺润肠功效。承德杏仁还加工成著名的杏仁茶、杏仁露。河北红小豆享有红珍珠的美誉，出口量占全国的2/3。口蘑大量产于坝上草原，由张家口集散，有降血压、抑制胆固醇上升及防癌抗癌作用，故在国际市场上被誉为健康食品。其他农特产有涉县花椒、祁州中药材、河北血杞、白洋淀松花蛋、枣强皮子等。

唐山陶瓷、曲阳石雕、错桥果核雕、冀州玉雕、武强年画、秦皇岛贝雕画、白洋淀苇编等驰名国内外。河北名酒、美食及工艺特产也很多，主要有邯郸丛台大曲、徐水刘伶醉、衡水老白干、宣化长城干白葡萄酒。

13.5 山东旅游亚区

学习内容

（1）了解本旅游亚区概况。
（2）熟悉本旅游亚区的主要旅游景点。
（3）熟悉本旅游亚区的特产与美食。

贴示导入

山东有六大类自然与人文资源。其中，地文景观类有10种，水域风光类5种，生物景观类5种，古迹与建筑景观类30种，休闲健身类10种，购物景观类4种。在中国全部的68种旅游资源中，山东省拥有64种，占总种数的94.1%。山东是中国自然资源、人文资源最为丰富的地区之一。大自然亿万年的造化、五千年的文明与三千年的齐鲁文化的熏陶和滋养，让古老的齐鲁大地更具魅力、改革开放的山东更添活力。自然资源与人文资源交相辉映，传统与现代相得益彰，正是山东风姿绰约、风情万种动人的所在。

深度学习

13.5.1 山东旅游亚区概况

山东省地处黄河下游，位于北半球中纬度地带。山东东临海洋，西靠大陆。水平地形分为半岛和大陆两部分。山东省现辖17个市，138个县级行政单位。人文旅游资源众多而奇特，历史源远流长，文化积淀深厚，自古以来就是全国的文化发达地区。山东文物古迹众多，山川风光秀丽，构成了独特的旅游风景线。

13.5.2 山东旅游亚区的主要旅游景点

1. 济南

位于山东省中西部的济南市是山东省省会，副省级城市，是一座历史悠久、文化灿烂的历史文化名城。

1）趵突泉

趵突泉位于济南市中心，是“泉城”济南的标志，是“泉城”三大名胜之首。济南被誉为“泉城”，“家家泉水、户户垂杨”，构成了独特的自然景观和历史人文特色。趵突泉是七十二名泉之冠，趵突泉群是四大泉群之首。趵突泉公园内泉水众多，有著名的金线泉、漱玉泉、马跑泉、卧牛泉、皇华泉、柳絮泉、老金线泉等共计 27 处名泉。昔日的趵突泉方圆不足 4 亩，既是香火胜地，又是卖艺、说唱、占卜和摆小摊的场所，1956 年正式建园，历经几次扩建，如今面积已达 10.5 公顷，是一处不可多得的具有泉水特色的城市公园，如图 13.15 所示。

图 13.15　趵突泉

2）千佛山

千佛山是济南三大名胜之一，位于济南城东南，海拔 285 米。周朝以前称历山。相传，古代禹、舜曾于山下开荒种田，因此，千佛山又称禹登山、舜耕山。隋开皇年间（581—600 年），依山势镌佛像多尊，并建千佛寺，始称千佛山。唐代将千佛寺改名兴国禅寺，自元代始，“三月三”，“九九”重阳节均举办庙会。明代寺院扩建，遂成香火胜地。1959 年辟建公园，面积 166 公顷。千佛山东西嶂列如屏，风景秀丽，名胜众多。兴国禅寺居于千佛山山腰，内有大雄宝殿、观音堂、弥勒殿、对华亭。南侧千佛崖存隋开皇年间的佛像十余尊。山崖上，由西向东，依次有龙泉洞、极乐洞、黔娄洞、吕祖洞等。兴国禅寺东侧的历山院是儒教、道教、佛教三教合一的大杂院，内有舜祠、鲁班祠、文昌阁、一览亭，保存着北魏、唐宋时代的石刻造像。在千佛山的东麓是辛亥革命烈士陵园。

3）大明湖

大明湖位于济南市北，面积甚大，几乎占了旧城的 1/4。大明湖景色优美秀丽，湖上鸢飞鱼跃，荷花满塘，画舫穿行，岸边杨柳荫浓，繁花似锦，游人如织，其间又点缀着各色亭、台、楼、阁，远山近水与晴空融为一色，犹如一幅巨大的彩色画卷。大明湖一年四季美景纷呈，尤以天高气爽的秋天最为宜人。湖的南面有清宣统年间（1909—1911 年）仿江南园林建造的遐园，遐园内曲桥流水，幽径回廊，假山亭台，十分雅致，被称为“济南第一庭园”。湖边假山上建有浩然亭，登临其上，大明湖的景色一览无余。湖对面北岸高台上有元代建的北格阁，依阁南望，远山近水，楼台烟树，皆成图画。清代书法家铁保留下的“四面荷花三面柳，一城山色半城湖”的名句，绘声绘色地道出了大明湖的佳绝之处。

2. 青岛

青岛位于山东半岛南端、黄海之滨。青岛依山傍海，风光秀丽，气候宜人，是一座独具特色的海滨城市。

1）崂山

崂山是山东半岛的主要山脉，最高峰崂顶海拔 1 133 米，是中国海岸线第一高峰，有着“海上第一名山”之称。它耸立在黄海之滨，高大雄伟。当地有一句古语“泰山云虽高，不如东海崂。”在全国的名山中，唯有崂山是在海边拔地崛起的。绕崂山的海岸线长达 87 公里，沿海大小岛屿 18 个，构成了崂山的海上奇观。因此，古时有人称崂山是“神仙之宅，灵异之府。”传说秦始皇、汉武帝都曾来此求仙，这些活动给崂山涂上了一层神秘的色彩。

2）栈桥

栈桥是青岛的象征，游人漫步于栈桥海滨，可见青岛新月形的城市轮廓，栈桥似长虹卧波，回澜阁熠熠生辉。所谓“长虹远引”、“飞阁回澜”即出于栈桥，如图 13.16 所示。远处，小青岛上白色的灯塔亭亭玉立。东北两侧，红瓦绿树交相辉映，各式建筑参差错落分布在海岬坡地之上。西侧，现代化的高楼大厦紧靠海岸拔地而起，壮丽恢宏。沿岸的防波堤由花岗岩垒砌，高出水面 10 余米。涨潮时，惊涛拍岸，激起簇簇雪白浪花，引来无数游人观看；潮退后，赭色岩礁和金色沙滩露出水面，蔚为壮观。

图 13.16 青岛栈桥

3. 泰安

泰安市是一座全国历史文化名城和中国首批优秀旅游城市，有着丰富的旅游资源优势和良好的交通区位优势。境内的泰山拔地通天、气势恢宏，被誉为“五岳独尊”。还有历代帝王祭祀泰山神之地——岱庙，八百里水泊梁山遗存水域——东平湖水浒文化旅游区，以大汶口文化遗址为主题的大汶口文化旅游区，有“观音胜境，北方普陀”之誉的莲花山旅游风景区，有列入《吉尼斯世界记录大全》的十万亩桃园风景区，有蜿蜒千余里的长城之父——齐长城遗址，有天下第一古寨——穆桂英当年留下的穆柯寨等。

泰山是我国的“五岳”之首，位于山东泰安，有“中华国山”、“天下第一山”之美誉，又称东岳，列中华十大名山之首。1987 年被联合国教育、科学及文化组织列为首例世界文化与自然双遗产，是中国十大顾客满意风景名胜区、世界地质公园、全国首批文明风景旅游区、国家 5A 级旅游景区。泰山自然景观雄伟高大，有数千年精神文化的渗透和渲染及人文景观的烘托，著名风景有天烛峰、日观峰、百丈崖、仙人桥、五大夫松、望人松、龙潭飞瀑、云桥飞瀑、三潭飞瀑等。数千年来，先后有十二位皇帝来泰山封禅。孔子留下了“登泰山而小天下”的赞叹，杜甫则留下了“会当凌绝顶，一览众山小”的千古绝唱。泰山如图 13. 17 所示。

图 13. 17　泰山

4. 曲阜

曲阜是世界著名的历史文化名城和旅游胜地，是伟大的孔子、孟子、颜子、鲁班等历史名人的故乡，黄帝诞生地，儒家文化的发源地，在国内外儒家文化圈具有巨大影响，被誉为“东方耶路撒冷”，在世界文化地理上具有独特的优势和影响力。曲阜是国务院首批公布的二十四个历史文化名城之一，是中国首批优秀旅游城市。文物古迹众多，孔府、孔庙、孔林，统称三孔，被联合国教育、科学及文化组织列入《世界遗产名录》。三孔景区被评为首批国家 5A 级旅游景区，孔子文化节被评为中国十大节庆活动之一。

曲阜之所以享誉全球，与孔子的名字紧密相连。三孔是中国历代纪念孔子、推崇儒学的表征，以丰厚的文化积淀、悠久的历史、宏大的规模、文物珍藏极高的科学艺术价值而著称。

孔府本名衍圣公府，位于孔庙东侧，为孔子嫡长孙的衙署，如图 13. 18 所示。现孔府占地约 7. 4 公顷，有古建筑 480 间，分前后九进院落，中、东、西三路布局。有楼、厅、堂 480 余间，前为官衙，后为内宅。府内存有著名的孔府档案和大量文物，有“天下第一家”之称，是中国封建社会官衙与内宅合一的典型建筑。孔府大门匾额上书“圣府”二字，为明朝严嵩所书。门两边有对联一幅“与国咸休安富尊荣公府第，同天并老文章道德圣人家”，其中“富”字上面少一点，寓“富贵无头”，“章”字一竖通到上面立字，寓“文章通天”，此联概括出千百年来“圣人家”的气派。

孔庙是我国历代封建王朝祭祀孔子的庙宇，位于曲阜城中央，是一组具有东方建筑特色、规模宏大、气势雄伟的古代建筑群。孔庙始于孔子死后的第二年（公元前478年）。弟子们将其生前“故所居堂”立为庙，岁时奉祀。当时只有庙屋三间，内藏孔子生前所用的“衣、冠、琴、车、书”。其后，历代王朝不断加以扩建，以至形成现在规模。

孔林位于曲阜城北，是孔子及其家族的专用墓地，也是目前世界上延时最久、面积最大的氏族墓地，如图13.19所示。孔子卒后，葬于鲁城北泗上。其后代从冢而葬，形成今天的孔林。从子贡为孔子庐墓植树起，孔林内古树已达万余株。自汉代以后，历代统治者对孔林重修、增修过13次，以至形成现在规模，总面积约2平方公里，周围林墙5.6公里，墙高3米多，厚1米。郭沫若曾说：“这是一个很好的自然博物馆，也是孔氏家族的一部编年史。”

图13.18　孔府

图13.19　孔林

13.5.3　山东旅游亚区的主要特产与美食

山东的特产有东阿阿胶、德州扒鸡、苍山大蒜、烟台苹果、乐陵金丝小枣、章丘大葱、胶州大白菜、陈集山药、龙山小米、滕州马铃薯、微山湖麻鸭蛋、大泽山葡萄、莱阳梨、平阴玫瑰、潍县萝卜、崂山绿茶、龙山黑陶、荷泽牡丹、莱州玉雕、莱州毛笔、日照绿茶、莒南花生、阳信鸭梨、明水香稻、荣成大花生、泰山何首乌、白云湖甲鱼等，驰名全国。

鲁菜是中国饮食文化的重要组成部分，为中国四大菜系之首，以其味鲜咸脆嫩、制作精细享誉海内外。鲁菜发端于春秋战国时，形成于秦汉。宋代后，鲁菜就成为“北食”的代表之一。鲁菜的影响已达黄河流域、东北地带，有着广阔的饮食群众基础，是我国覆盖面最广的地方风味菜系之一。山东省内地理差异大，因而形成了沿海的“胶东菜”和内陆的“济南菜”及自成体系的“孔府菜”三大体系。

13.6 河南旅游亚区

学习内容

（1）了解本旅游亚区概况。

（2）熟悉本旅游亚区的主要旅游景点。

（3）熟悉本旅游亚区的特产与美食。

贴示导入

河南是中华文明和中华民族最重要的发源地。河南既是传统的农业大省和人口大省，又是新兴的经济大省和工业大省。少林寺、龙门石窟、黄帝故里、清明上河园、殷墟和云台山、白云山、伏牛山、石人山、鸡公山是河南比较有名的旅游景点。

深度学习

13.6.1 河南旅游亚区概况

河南是中华民族的主要发祥地之一，是我们的先民生活和创业的地方。历史上先后有20多个朝代在这里建都，远在四千年前的新石器时代，中原人民就创造了著名的仰韶文化和龙山文化。中国七大古都中，河南省就占了三个，分别为商都安阳、十三古都洛阳和七朝古都开封。但是河南也是中国历史上战争和灾难最集中的一个地区，在历史上的不同时期，大批河南人为了逃避战乱而迁往异域他乡，促进了祖国很多地方的开发和中华文明的传播。

13.6.2 河南旅游亚区的主要旅游景点

1. 郑州

郑州市位于河南省中部偏北，总面积7 446.2平方公里，总人口910万。郑州地势西高东低，西部多山地、丘陵，占全市面积的2/3，东部平原占总面积的1/3。郑州历史悠久，早在3 500年前，这里就是商王朝的重要都邑，是中华民族的发祥地之一，孕育了中华民族及其光辉灿烂的文化。

1）嵩山

嵩山位于河南省西部，古时曾称外方、嵩高、崇高，五代后称中岳嵩山。由太室山与少室山组成，最高峰连天峰1 512米，面积450平方公里，东西绵延60多公里。崇山是我国文明的发源地，也是我国名胜风景区，入选世界地质公园、《世界遗产名录》。

知识链接

嵩山观星台的设计达到了前所未有的水平，据此可以昼测日影，夜观极星，以正朝夕。郭守敬通过实地测验，掌握了日月星辰和地球的运转规律，测定出一年二十四节气、夏至和冬至、春分和秋分的精确时刻，实行了当时世界最先进的历法——授时历，推算出一个回归年为365天5时49分12秒，与现在的测定仅相差26秒，与世界上通用的公元分秒不差。但授时历比公元早300余年。

2）少林寺

少林寺位于嵩山少室山北麓五乳峰下，建于北魏太和十九年（495年），如图13.20所示。据传，印度名僧菩提达摩禅师曾驻锡于此。唐初，少林寺十三棍僧曾救过秦王李世民，贞观年间（627—649年）重修少林寺，唐代以后僧徒在此讲经习武，禅宗和少林寺名扬天下。千年来少林僧人潜心研究佛法与武学，使得佛教文化在中国广为传播，影响日渐深远，少林武术更是中华武术的瑰宝，蜚声海内外。现存建筑有山门、方丈室、达摩亭、白衣殿、千佛殿等，已毁的天王殿、大雄宝殿等已修复。塔林在少林寺西300米的山脚下，是自唐朝以来历代少林寺主持的墓地，1 000多年来，已经建成250多座，是我国最大的塔林。

图13.20　少林寺

3）黄河风景名胜区

郑州黄河风景名胜区始建于20世纪70年代，到80年代初已颇具规模。建设者耗时18年，种植了60多万棵树木，绿化了6 000多亩的荒山，做到了景区的四季常青。郑州黄河风景名胜区气势磅礴，聚集着众多的自然景观和人文景观，人文景观是郑州黄河风景名胜区的核心景观，如炎黄二帝雕像如图13.21所示。

图13.21　炎黄二帝雕像

2. 开封

开封市位于河南省东部，是我国的七大古都之一，有“七朝都会”之称，是国务院首批公布的国家级历史文化名城。开封历史悠久，早在北宋时期这里就是全国的政治、经济、文化中心，也是当时世界上最繁华的都市之一，素有“国际都会”之称。各个朝代的更迭交替给开封留下了众多的文物古迹，开封的仿古建筑群风格鲜明多样，宋代、元代、明代、清代、民国初期各个时期特色齐备。

清明上河园位于河南省开封城西北，以宋代张择端的名《清明上河图》为蓝本，按照图中布局，采用宋代营造法式，结合现代建筑方法，集中再现了原图的购物景观和民俗风情，如图 13.22 所示。全园占地 510 亩，为国家黄河旅游专线重点配套工程。主要建筑有城门楼、虹桥、街景、店铺、河道、码头、船坊等。

图 13.22　清明上河图

知识链接

中国十大传世名画之一的清明上河图为北宋风俗画作品，宽 24.8 厘米，长 528.7 厘米，绢本设色。该画卷是北宋画家张择端仅存的一幅精品，属国宝级文物，现存于北京故宫博物院。作品以长卷形式，采用散点透视的构图法，生动地记录了中国 12 世纪城市生活的面貌，这在中国乃至世界绘画史上都是独一无二的。总计在五米多长的画卷里，共绘了五百五十多个各色人物，牛、马、骡、驴等牲畜五十余匹，车、轿二十多辆，大小船只二十多艘。房屋、桥梁、城楼等也各有特色，体现了宋代建筑的特征，具有很高的历史价值和艺术水平。

3. 洛阳

洛阳位于河南省西部，跨黄河中游两岸，“居天下之中”，素有“九州腹地”之称，是华夏文明的重要发祥地之一，因地处洛河之阳而得名。洛阳是国务院首批公布的历史文化名城和中国七大古都之一。

1）龙门石窟

龙门石窟始开凿于北魏孝文帝迁都洛阳（494 年）前后，后历经东西魏、北齐、北周，到隋唐至宋代等朝代又连续大规模营造达 400 余年之久。龙门石窟密布于伊水东西两山的峭壁上，南北长达 1 公里，共有 97 000 余尊佛像，最大的佛像高达 17. 14 米，最小的仅有 2 厘米，如图 13. 23 所示。

2）白马寺

白马寺位于河南洛阳城东 10 公里处，古称金刚崖寺，号称“华夏第一古刹”，是佛教传入中国后第一所官办寺院，如图 13. 24 所示。建于东汉明帝永平十一年（68 年），距今已有近 2 000 年的历史。白马寺坐北朝南，是一座长方形的院落，占地约 4 万平方米。寺门之外，左右相对两匹石马，大小和真马相当，形象温和驯良，这两匹宋代的石雕马是优秀的石刻艺术品。

图 13. 23　龙门石窟

图 13. 24　白马寺

13.6.3　河南旅游亚区的特产与美食

河南农特产十分丰富，大枣销往全国各地，有上百个品种，以新郑灰枣、灵宝圆枣最著名。河南芝麻年产量居全国之首，芝麻加工成小磨香油，含维生素 E 较多，有抗病益寿作用。

河南的地方风味丰富多彩，有开封灌汤包、濮阳壮馍、西华逍遥胡辣汤、洛阳浆面条、新乡红焖羊肉、郑州萧记烩面、郏县饸络面、邓城叶氏猪蹄、固墙手擀面、商水疙瘩面、南德糊涂面、洛阳水席、开封凉粉等。

13. 7　山西旅游亚区

学习内容

（1）了解本旅游亚区概况。

（2）熟悉本旅游亚区的主要旅游景点。

（3）熟悉本旅游亚区的特产与美食。

贴示导入

山西是中华文明发祥地之一。悠久的历史留下众多的文化遗产，加上复杂的地形地貌、河流山川形成的自然景观，旅游资源十分丰富。山西现存的古建筑居全国之首，列为国家重点保护的有50处。山西是老革命根据地，革命活动遗址和革命文物遍布全省。

深度学习

13.7.1　山西旅游亚区概况

山西简称晋，位于太行山之西，黄河以东，因居太行山之西而得名。春秋时期为晋国所有，故简称晋，是中华民族的发祥地之一。山西历史悠久，人文荟萃，拥有丰厚的历史文化遗产，迄今为止有文字记载的历史达3 000年之久，素有“中国古代文化博物馆”之美称。

13.7.2　山西旅游亚区的主要旅游景点

1. 太原

太原地处山西省腹部，是我国历史悠久的古城，始建于公元前497年的春秋时代，据今已有2 500年的历史，古称晋阳、并州，曾为唐王朝的“北都”，后唐、后晋、北汉的国都或陪都，是中国北方的军事重镇和重要的商业、手工业城市。

知识链接

晋祠三绝如下。

一绝是周柏唐槐。周柏是北周时代种植的柏树，唐槐是唐代时种植的槐树，至今都还茂盛葱郁。

二绝是圣母殿内宋代的彩塑。圣母殿是北宋年间为叔虞之母邑姜修建的一座规模宏大的殿堂。由于这座殿堂修筑得十分富丽堂皇，再加上古代官员都要到圣母殿来献祭祈雨，这座殿堂就成了晋祠的主体建筑。殿内供奉着四十三尊彩塑，彩塑姿态自然，塑工精美，是中国雕塑史上的精品。

三绝是难老泉。难老泉是晋水的源头，长年流淌，水温保持在17℃，每秒流量是1.8立方米。

2. 大同

大同市别名“云中”、“云城”，位于山西省北部大同盆地的中心、黄土高原东北边缘。大同是中国九大古都之一，山西省第二大城市，是我国重要的煤炭能源重化工基地，素有“中国煤都”之称。

1）云冈石窟

云冈石窟位于大同市以西16公里处的武周山南麓，如图13.25所示。云冈石窟始建于北魏时代，是为供奉佛教创建的，前后共用了64年，其中最早的是昙曜开凿的五个窟，后来逐步开凿了200多个窟，包括了官方的和民间的，现在可以开放的只有45个。云冈石窟拥有很多的历史和文化底蕴，石窟大多数在清代做过泥塑和彩绘，但是还是有很多因为风化等原因都消失了。

图13.25　云冈石窟

2）佛宫寺释迦塔

佛宫寺释迦塔，简称释迦塔，位于应县城内西北，俗称应县木塔，如图13.26所示。应县木塔与比萨斜塔、巴黎埃菲尔铁塔、埃及金字塔并称世界四大奇塔。应县木塔位于寺南北中轴线上的山门与大殿之间，属于“前塔后殿”的布局。木塔建造在4米高的台基上，塔高67.31米，底层直径30.27米，呈平面八角形。第一层立面重檐，以上各层均为单檐，共五层六檐，各层间夹设暗层，实为九层。因底层为重檐并有回廊，故塔的外观为六层屋檐。应县木塔各层均用内、外两圈木柱支撑，每层外有24根柱子，内有八根，木柱之间使用了许多斜撑、梁、枋和短柱，组成不同方向的复梁式木架。

图13.26　应县木塔

3）悬空寺

悬空寺又名玄空寺，是国内仅存的佛教、道教、儒教三教合一的独特寺庙，如图 13.27 所示。恒山悬空寺始建于 1 400 多年前的北魏王朝后期，后历代都对悬空寺做过修缮，北魏王朝将道家的道坛从平城（今大同）南移到此。古代工匠根据道家"不闻鸡鸣犬吠之声"的要求建设了悬空寺，是中国古代建筑精华的体现。悬空寺共有殿阁 40 间，利用力学原理半插飞梁为基，巧借岩石暗托梁柱上下一体，廊栏左右相连，曲折出奇。寺内有铜、铁、石、泥佛像 80 多尊。寺下岩石上"壮观"二字，是唐代"诗仙"李白的墨宝。

图 13.27　悬空寺

3. 五台山

五台山位于山西省东北部，是我国佛教及旅游胜地，位列中国十大避暑名山之首。2009 年被联合国教育、科学及文化组织以文化景观列入《世界遗产名录》，其中大白塔是五台山的标准，如图 13.28 所示。五台山自东汉永平年间（58—75 年）起，历代修造的寺庙鳞次栉比，佛塔摩天，殿宇巍峨，金碧辉煌，是中国历代建筑荟萃之地。雕塑、石刻、壁画、书法遍及各寺，均具有很高的艺术价值。目前，台内外尚有寺庙 47 座。其中佛光寺和南禅寺是中国现存最早的两座木结构建筑。显通寺、塔院寺、菩萨顶、殊像寺、罗睺寺被列为五台山五大禅处。

图 13.28　五台山

13.7.3 山西旅游亚区的特产与美食

山西名产以汾酒、竹叶青最为有名。清徐老陈醋、太原葡萄酒也并不逊色，知名度颇高，而且独树一帜，盛名中外。此外，五台山“台砚”、大同黄花、恒山黄芪、稷山板枣、平陆百合、蒲州青柿、垣曲猕猴桃、清徐葡萄、上党党参、晋城红果、代县辣椒、“沁州黄”小米、晋祠大米、太谷中药“龟龄集”、定坤丹、洪洞甲鱼、运城黄河鲤鱼、高平丝绸、平阳木板年画、大同艺术瓷、铜器、平遥推光漆具均属名产之列。

山西面食历史悠久，可考的有2 000多年的历史。面食种类繁多，原料为小麦粉、高粱面、豆面、荞麦面、莜面，品种为刀削面、拉面、圪培面、推窝窝、灌肠等。有据可查的面食达280余种。

13.8 陕西旅游亚区

学习内容

（1）了解本旅游亚区概况。

（2）熟悉本旅游亚区的主要旅游景点。

（3）熟悉本旅游亚区的特产与美食。

贴示导入

陕西是中华文明的重要发祥地，在长达1 180多年的历史中，先后有周代、秦代、汉代、唐代等十四个王朝在此建都，留下了丰富的人文遗迹，被誉为中华民族文明的摇篮。悠久的历史和独特的地理位置，使陕西成为人文景观与自然景观交相辉映的旅游胜地。作为中国文物古迹荟萃之地，陕西素有“天然历史博物馆”之称，文物景观密度之大、数量之多、等级之高均居中国之首。

深度学习

13.8.1 陕西旅游亚区概况

陕西简称陕，亦称秦。地处关中平原中部，统领八百里秦川，北跨渭河、南依秦岭，土沃物丰、地祥人灵。陕西是中国传统文明的代表，近代的陕西是中国革命的摇篮。陕西被誉为天然的中国历史博物馆。

13.8.2 陕西旅游亚区的主要旅游景点

1. 西安

西安为陕西省省会，地处关中平原中部，北临渭河，南依秦岭，是陕西省政治、经济、文化中心。西安交通畅达、区位优势明显，科技发达、创新力强，生态优美、环境宜人，是历史悠久的世界历史文化名城。

1）秦始皇陵兵马俑

秦始皇陵位于距西安市30多公里的临潼区城以东的骊山之北。据《史记》记载：秦始皇从13岁即位时就开始营建陵园，由丞相李斯主持规划设计，大将章邯监工，修筑时间长达38年。秦始皇陵兵马俑坑是秦始皇陵的陪葬坑，位于陵园东侧1 500米处。秦始皇陵兵马俑陪葬坑坐西向东，三坑呈品字形排列。最早发现的是一号俑坑，呈长方形，东西长230米，南北宽62米，深约5米，总面积14 260平方米，四面有斜坡门道，左右两侧又各有一个兵马俑坑，现称二号坑和三号坑。俑坑布局合理，结构奇特，在深5米左右的坑底，每隔3米架起一道东西向的承重墙，兵马俑排列在过洞中，如图13.29所示。秦始皇陵兵马俑陪葬坑是世界最大的地下军事博物馆。秦始皇陵兵马俑是世界考古史上最伟大的发现之一。秦始皇陵兵马俑被世界誉为“八大奇迹”。

图13.29 秦始皇陵兵马俑

2）华清池

华清池亦名华清宫，东距西安23公里。旖旎秀美的山水风光，自然造化的山地温泉，让周代、秦代、汉代、隋代、唐代历代帝王皆在此营建离宫别苑，享受天然的旖旎风情。“春寒赐浴华清池，温泉水滑洗凝脂。”华清池因杨贵妃和唐玄宗的故事而增添了不少传奇色彩，如图13.30所示。

图13.30 华清池

2. 华山

华山是我国著名的五岳之一，海拔 2 154.9 米，居五岳之首，位于陕西省西安以东 120 公里，位于历史文化故地渭南市的华阴县境内，北临渭河平原和黄河，南依秦岭，是秦岭支脉分水脊北侧的一座花岗岩山。华山现为国家级风景名胜区，如图 13.31 所示。华山不仅雄伟奇险，而且山势峻峭，壁立千仞，群峰挺秀，以险峻称雄于世，自古以来就有“华山天下险”的说法。

图 13.31　华山

3. 延安

延安市位于陕北南半部，属高原大陆性季风气候。延安古称延州，历来是陕北地区政治、经济、文化和军事中心。华山有“塞上咽喉”、“军事重镇”之称，被誉为“三秦锁钥，五路襟喉”。延安是国务院首批公布的全国 24 个历史文化名城之一。延安有轩辕黄帝陵、延安黄河壶口瀑布等全国重点保护单位，还是革命圣地，在中国现代史上占有极为重要的特殊位置。

1）宝塔山

宝塔山是融自然景观与人文景观为一体、历史文物与革命旧址合二为一的著名风景名胜区。宝塔山又称“嘉岭山”，位于延安城东南。在塔旁有一口明代铸造的铁钟，中共中央在延安时，曾用它来报时和报警。宝塔山高 1 135.5 米，山上宝塔始建于唐，现为明代建筑，为平面八角形，共九层，高约 44 米，楼阁式砖塔，登上塔顶，全城风貌可尽收眼底。中共中央进驻延安后，这座古塔成为革命圣地的象征，如图 13.32 所示。

图 13.32　宝塔山

2）黄帝陵

黄帝陵位于延安市的黄陵县。黄帝姓公孙，名轩辕，出生于母系氏族社会，母亲名叫附宝。史书记载，农历二月初二，附宝在沮水河畔（今黄陵县沮水河）沮源关的降龙峡生下黄帝。从此就有了“二月二龙抬头”吉祥之说。黄帝出生于陕北黄土高原，并主要活动于此，逝世后安葬于今黄陵县桥山之巅。自唐代宗大历五年（770年）建庙祀典以来，这里一直是历代王朝举行国家大祭的场所。黄帝陵是中华民族圣地，海外侨胞将其誉为“东方麦加”。1961年，国务院公布其为全国第一批重点文物保护单位，编为“古墓葬第一号”，号称“天下第一陵”。

13.8.3　陕西旅游亚区的特产与美食

陕西地方特产有西凤酒、临潼石榴、陕北红枣、肚兜、陕西党参、陕西青茶、仿唐三彩、民间剪纸、猕猴桃、耀州窑、西安玉雕、西安景泰蓝、兵马俑复仿制品、秦腔脸谱、皮影、德懋恭水晶饼、彩绘泥塑、冬青木烙花筷、陶哨、户县农民画、陕西板栗、稠酒、临潼火晶柿子、木版年画、三原蓼花糖等。

课堂讨论

（1）京津旅游文化有何差异？
（2）晋商文化对当代旅游开发有何影响？
（3）红色旅游如何在革命老区开展体验式消费项目？

小　　结

本单元介绍了中原腹地名山胜水旅游区旅游资源概况、各旅游亚区主要旅游景区和特产及美食。

考　考　你

（1）中原腹地名山胜水旅游区旅游资源的基本特征是什么？
（2）简述齐鲁文化与燕赵文化的异同。
（3）简述中原腹地名山胜水旅游区分区及其主要旅游胜地。
（4）试析中原腹地名山胜水旅游区旅游业的发展前景。

参考文献

[1] 保继刚，楚义芳．旅游地理学（修订版）[M]．北京：高等教育出版社，1999.
[2] 陶犁，杨桂华．旅游地理学 [M]．昆明：云南大学出版社，1995.
[3] 林婉如，罗兹柏．中国旅游地理 [M]．大连：东北财经大学出版社，2002.
[4] 杨载田．中国旅游地理 [M]．2 版．北京：科学出版社，2004.
[5] 罗兹柏，张述林．中国旅游地理 [M]．天津：南开大学出版社，2000.
[6] 甘枝茂，马耀峰．旅游资源与开发 [M]．2 版．天津：南开大学出版社，2007.
[7] 李娟文，游长江．中国旅游地理 [M]．2 版．大连：东北财经大学出版社，2002.
[8] 庞规荃．中国旅游地理 [M]．北京：旅游教育出版社，2003.
[9] 金海龙，石高俊，谭传风．中国旅游地理 [M]．北京：高等教育出版社，2002.
[10] 刘振礼，王兵．新编中国旅游地理（修订版）[M]．天津：南开大学出版社，2001.
[11] 刘振礼．中国旅游地理 [M]．天津：南开大学出版社，1988.
[12] 陈明．中国旅游地理 [M]．北京：中国商业出版社，2005.
[13] 梁明珠．中国旅游地理 [M]．广州：广东旅游出版社，2006.
[14] 马丽明．中国旅游地理 [M]．北京：机械工业出版社，2005.
[15] 周进步，庞规荃，秦关民．现代中国旅游地理 [M]．青岛：青岛出版社，2001.
[16] 陆大道．中国国家地理——国民读本 [M]．郑州：海燕出版社，2005.
[17] 肖星，严江平．旅游资源与开发 [M]．北京：中国旅游出版社，2000.
[18] 陈富义，范保宁．旅游资源学 [M]．北京：中国旅游出版社，2003.
[19] 杨桂华．旅游资源学 [M]．昆明：云南大学出版社，2003.
[20] 朱耀廷．中华文物古迹旅游 [M]．北京：北京大学出版社，2004.
[21] 陆景冈．旅游地质学 [M]．北京：中国环境科学出版社，2003.
[22] 邬宏．中国世界遗产全纪录 [M]．长沙：湖南人民出版社，2004.
[23] 孙刚．新世纪中国区域旅游发展大思路 [M]．北京：中国旅游出版社，2001.
[24] 胡兆量，孙慧淑，阿尔斯郎，等．中国文化地理纲要 [M]．北京：人民教育出版社，2005.
[25] 陈江风．中国文化概论 [M]．南京：南京大学出版社，2005.
[26] 小小．中国南方北方游（南方卷）[M]．北京：中国电影出版社，2005.
[27] 陈锡畴．河南旅游地理 [M]．开封：河南大学出版社，1998.
[28] 万剑敏，陈少玲．中国旅游资源概况 [M]．北京：科学出版社，2007.
[29] 杨桂华．旅游资源学 [M]．昆明：云南大学出版社，1999.
[30] 肖星，严江平．旅游资源与开发 [M]．北京：中国旅游出版社，2002.
[31] 李鼎新，艾艳丰．旅游资源学 [M]．北京：科学出版社，2004.
[32] 高曾伟，卢晓．旅游资源学 [M]．上海：上海交通大学出版社，2007.
[33] 刘震礼．中国旅游地理 [M]．2 版．天津：南开大学出版社，2002.
[34] 鲁峰．中国旅游地理 [M]．海口：南海出版社，2001.
[35] 吴国清．中国旅游地理 [M]．2 版．上海：上海人民出版社，2006.
[36] 佟蔚．中国旅游地理 [M]．武汉：武汉大学出版社，2006.
[37] 杨宇．中国旅游地理 [M]．大连：大连理工大学，2005.
[38] 邹海晶．旅游地理（修订版）[M]．北京：高等教育出版社，2003.

［39］杜飞豹，杜宁．中国旅游指南［M］．北京：中国旅游出版社，2003.
［40］吴晓亮．中国七大古都名胜与文化［M］．昆明：云南大学出版社，2000.
［41］梁茂林，等．中国导游十万个为什么［M］．北京：中国旅游出版社，2011.
［42］骆高远，等．旅游资源学［M］．杭州：浙江大学出版社，2006.
［43］方宝璋．闽台民间习俗［M］．福州：福建人民出版社，2003.
［44］曹诗图．旅游文化与审美（修订版）［M］．武汉：武汉大学出版社，2006.
［45］纪江红．游遍中国（上下卷）［M］．北京：华夏出版社，2008.
［46］黄远水，朱桂凤．中国旅游地理［M］．北京：高等教育出版社，2005.
［47］http：//lvyou. baidu. com/scene/view/7423aa3f6703cc8575ed39f6.
［48］http：//www. qhnews. com/qhly/you/.
［49］http：//www. lasa886. com/.
［50］http：//www. tibetcn. com/.
［51］http：//club. autohome. com. cn/bbs/thread-c-145-12656750-1. html.

北京大学出版社高职高专旅游系列规划教材

序号	标准书号	书 名	主 编	定价	出版年份	配套情况
1	978-7-301-19028-9	客房运行与管理	孙亮，赵伟丽	33	2011	电子课件，习题答案
2	978-7-301-19184-2	酒店情景英语	魏新民，申延子	28	2011	电子课件
3	978-7-301-19034-0	餐饮运行与管理	檀亚芳，王敏	34	2011	电子课件，习题答案
4	978-7-301-19306-8	景区导游	陆霞，郭海胜	32	2011	电子课件
5	978-7-301-18986-3	导游英语	王堃	30	2011	电子课件，光盘
6	987-7-301-19230-6	酒店市场营销	赵伟丽，刘天飞	36	2011	电子课件
7	978-7-301-19029-6	品牌酒店英语面试培训教程	王志玉	22	2011	电子课件
8	978-7-301-18893-4	茶文化与茶艺	檀亚芳，刘学芬	38	2011	电子课件，光盘
9	978-7-301-19337-2	会展概论	崔益红	28	2011	电子课件
10	978-7-301-19963-3	前厅服务与管理	黄志刚	28	2012	电子课件
11	978-7-301-19955-8	酒店经济法律理论与实务	钱丽玲	32	2012	电子课件
12	978-7-301-19932-9	旅游法规案例教程	王志雄	36	2012	电子课件
13	978-7-301-20477-1	旅游资源与开发	冯小叶	37	2012	电子课件
14	978-7-301-20459-7	模拟导游实务	王延君	25	2012	电子课件
15	978-7-301-20478-8	酒店财务管理	左桂谔	41	2012	电子课件
16	978-7-301-20566-2	调酒与酒吧管理	单铭磊	43	2012	电子课件
17	978-7-301-20652-2	导游业务规程与技巧	叶娅丽	31	2012	电子课件
18	978-7-301-21054-3	旅游行业礼仪实训教程	李丽	37	2012	电子课件
19	978-7-301-20884-7	酒店信息化与电子商务	袁宇杰	24	2012	电子课件
20	978-7-301-21137-3	旅游法规实用教程	周崴	31	2012	电子课件
21	978-7-301-21559-3	饭店管理实务	金丽娟	37	2013	电子课件
22	978-7-301-21891-4	酒店情景英语	高文知	36	2013	电子课件，听力光盘
23	978-7-301-22187-7	会展概论	徐静	28	2013	电子课件，习题答案
24	978-7-301-22316-1	旅行社经营实务	吴丽云，刘洁	28	2013	电子课件
25	978-7-301-22349-9	会展英语	李世平	28	2013	电子课件，mp3
26	978-7-301-22777-0	酒店前厅经营与管理	李俊	28	2013	电子课件
27	978-7-301-22416-8	会展营销	谢红芹	25	2013	电子课件
28	978-7-301-22778-7	旅行社计调实务	叶娅丽，陈学春	35	2013	电子课件
29	978-7-301-23013-8	中国旅游地理	于春雨	37	2013	电子课件
30	978-7-301-23072-5	旅游心理学	高跃	30	2013	电子课件

相关教学资源如电子课件、电子教材、习题答案等可以登录 www.pup6.com 下载或在线阅读。

扑六知识网(www.pup6.com)有海量的相关教学资源和电子教材供阅读及下载(包括北京大学出版社第六事业部的相关资源)，同时欢迎您将教学课件、视频、教案、素材、习题、试卷、辅导材料、课改成果、设计作品、论文等教学资源上传到 pup6.com，与全国高校师生分享您的教学成就与经验，并可自由设定价格，知识也能创造财富。具体情况请登录网站查询。

如您需要免费纸质样书用于教学，欢迎登陆第六事业部门户网(www.pup6.com)填表申请，并欢迎在线登记选题以到北京大学出版社来出版您的大作，也可下载相关表格填写后发到我们的邮箱，我们将及时与您取得联系并做好全方位的服务。

扑六知识网将打造成全国最大的教育资源共享平台，欢迎您的加入——让知识有价值，让教学无界限，让学习更轻松。

联系方式：010-62750667，pup6_czq@163.com，szheng_pup6@163.com，linzhangbo@126.com，欢迎来电来信咨询。